Coleção Espírito Crítico

EXPERIÊNCIA E POBREZA

Coleção Espírito Crítico

Conselho editorial:
Alfredo Bosi
Antonio Candido
Augusto Massi
Davi Arrigucci Jr.
Flora Süssekind
Gilda de Mello e Souza
Roberto Schwarz

Vicente Valero

EXPERIÊNCIA E POBREZA
Walter Benjamin em Ibiza, 1932-1933

Tradução
Daniel Lühmann

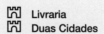

editora 34

Editora 34 Ltda.
Rua Hungria, 592 Jardim Europa CEP 01455-000
São Paulo - SP Brasil Tel/Fax (11) 3811-6777 www.editora34.com.br

Copyright © Editora 34 Ltda. (edição brasileira), 2023
Experiencia y pobreza © Vicente Valero Marí, 2001
A fotocópia de qualquer folha deste livro é ilegal e configura uma apropriação indevida dos direitos intelectuais e patrimoniais do autor.

A Editora 34 agradece a colaboração de Jeanne Marie Gagnebin para a publicação deste livro.

Imagem da capa:
Walter Benjamin na casa de Guyet e Jean Selz em Ibiza, 1933

Capa, projeto gráfico e editoração eletrônica:
Franciosi & Malta Produção Gráfica

Revisão:
Milton Ohata, Beatriz de Freitas Moreira

1ª Edição - 2023

CIP - Brasil. Catalogação-na-Fonte
(Sindicato Nacional dos Editores de Livros, RJ, Brasil)

V241e
Valero, Vicente
  Experiência e pobreza: Walter Benjamin em Ibiza, 1932-1933 / Vicente Valero; tradução de Daniel Lühmann — São Paulo: Duas Cidades; Editora 34, 2023 (1ª Edição).
  272 p.   (Coleção Espírito Crítico)

ISBN 978-65-5525-156-2

Tradução de: Experiencia y pobreza

  1. Ensaio espanhol. 2. Benjamin, Walter (1892-1940). 3. Biografia intelectual. I. Lühmann, Daniel. II. Título. III. Série.

CDD - 864E

Índice

Prefácio 9

I. Spelbrink e a casa primordial 15
II. Noeggerath e a arte de narrar 43
III. Don Rosello e a utopia insular 69
IV. Jockisch e a vida errante 97
V. Hausmann e o olhar nostálgico 121
VI. Selz e a fumaça dos sonhos 159
VII. Gauguin e os mistérios da identidade 185
VIII. Blaupot e o amor angelical 217
IX. Cohn e os últimos caminhos 241

Cronologia 265

Sobre o autor 269

para Eugenia e Javier

Prefácio

Dois anos decisivos na vida de Walter Benjamin, 1932 e 1933, estiveram vinculados de modo muito especial, e pode parecer até que de maneira um tanto surpreendente, à ilha de Ibiza. Durante esses dois anos, a trajetória de vida e também literária do escritor berlinense foi afetada profundamente por uma crise de caráter pessoal. À sua precária situação econômica e à carência de expectativas profissionais, veio se juntar rapidamente a irrupção de outra crise, a de seu próprio país, com a derrocada da economia e a ascensão do nazismo ao poder. Como muitos outros, Benjamin se viu obrigado a sair da Alemanha; no seu caso, para nunca mais voltar. No geral, essa página de sua trajetória em Ibiza, que inclui os primeiros movimentos de seu exílio, passaria, no entanto, com bastante rapidez, apesar de, ao longo dela, ter realizado alguns de seus textos mais lúcidos e apontado motivos e situações que poucos anos depois se tornariam seus temas prioritários de reflexão.[1] O principal ob-

---

[1] Sobre a vida de Walter Benjamin: Gershom Scholem, *Walter Benjamin: Historia de una Amistad* (Barcelona, Península, 1987) [ed. bras.: *Walter Benjamin: a história de uma amizade*, São Paulo, Perspectiva, 1989]; Bernd Witte, *Walter Benjamin: Una Biografía* (Barcelona, Gedisa, 1990) [ed. bras.: *Walter Benjamin: uma biografia*, Belo Horizonte, Autêntica, 2017]; Rolf Tiedemann, Christoph

jetivo deste livro consiste em descrever as razões que levaram Walter Benjamin até Ibiza, bem como reconstruir suas duas estadias: a primeira, ocorrida entre abril e julho de 1932, e a segunda, entre abril e setembro de 1933.

Ao que tudo indica, os viajantes que visitavam a ilha de Ibiza no início dos anos 1930 partilhavam da rara sensação de estar descobrindo um mundo verdadeiramente insólito. Essa experiência inesperada se devia sobretudo à beleza intacta das paisagens da ilha, ao aspecto primitivo das habitações rurais e aos costumes de seu povo. Viajar a Ibiza era, então, como viajar no tempo. Em diversos aspectos, a ilha havia preservado seu caráter antigo, a herança recebida de diferentes civilizações, a solidão ensimesmada de uma comunidade que continuava sendo fiel a suas tradições e na qual nenhum signo de progresso sequer havia conseguido adentrar. Uma estranha mas sólida fidelidade às origens surpreendia, pois, os viajantes que naquele tempo decidiram viajar para a ilha e começaram a fazer dela uma moda.

A verdade é que, também ao que tudo indica, pouquíssimos daqueles viajantes, e aqui cabe apontar inclusive os que chegavam com algum projeto científico debaixo do braço — natu-

---

Gödde e Henri Lonitz, "Walter Benjamin, 1892-1940", *Marbacher Magazine*, 55, 1990-1991; Hans Puttnies e Gary Smith, *Benjaminiana* (Giessen, Anabas, 1991); Concha Fernández Martorell, *Walter Benjamin: Crónica de un Pensador* (Barcelona, Montesinos, 1992); Momme Brodersen, *Walter Benjamin: A Biography* (Londres/Nova York, Verso, 1997); Jean Lacoste, introdução a *Les Chemins du Labyrinthe* (Paris, La Quinzaine Littéraire, 2005); Tilla Rudel, *Walter Benjamin: L'Ange Assassiné* (Paris, Mengès, 2006); Bruno Tackels, *Walter Benjamin: Una Vida en los Textos* (Valência, PUV, 2012). Para as obras de Walter Benjamin: *Gesammelte Schriften I-VII* (Frankfurt, Suhrkamp, 1972-1989), editadas por Rolf Tiedemann, Hermann Schweppenhaüser, Hella Tiedemann-Bartels e Tillman Rexroth. Não havendo tradução do texto em espanhol, somente essa edição será usada como referência.

ralistas, filólogos etc. —, faziam uma ideia precisa do lugar para o qual viajavam. Era esse mesmo desconhecimento que acabava provocando fascinação e surpresa ainda maiores. É óbvio que tampouco tardaram a idealizar todo aquele mundo intacto que haviam descoberto, transformando-o em um novo espaço pessoal para a utopia. Não por acaso, foram eles que criaram o autêntico mito internacional de Ibiza, baseado na possibilidade de viver uma vida diferente no marco de uma natureza privilegiada, renunciando às convenções burguesas e a qualquer tipo de conforto, além de apostar em uma nova comunidade onde o ócio criativo e a liberdade individual tornaram-se protagonistas. Foi assim que, no início dos anos 1930, coincidiram em Ibiza, pela primeira vez e, é claro, também paralelamente, dois mundos: o mais antigo e o mais moderno.

Dentre esses viajantes, foi Walter Benjamin quem, sem dúvida, chegou mais desinformado à ilha. Mas, talvez por essa mesma razão, foi um dos que mais se deixou surpreender pelas paisagens e pelo mundo ainda arcaico. Também dele se pode dizer que foi um dos que dedicou mais tempo a escrever não somente *na* ilha, como também *sobre* a ilha. Precisamente, o que possibilitou reconstruir suas duas estadias foi, em primeiro lugar, o testemunho de seus numerosos escritos: acima de tudo sua correspondência ampla e generosa em detalhes[2] — embora nunca tão generosa quanto gostaria aquele que decidiu abordar um trabalho como este —, mas não menos do que outros textos de natureza diversa, desde narrativas curtas e resenhas de livros até ensaios e séries de caráter filosófico.

---

[2] A correspondência desse período está reunida em Walter Benjamin, *Cartas de la Época de Ibiza*, Vicente Valero (org.), trad. Gérman Cano, Valência, Pre-Textos, 2008.

Este livro trata de todos esses escritos, sempre tentando agregar uma nova luz, capaz de ampliar seu significado a partir do que sabemos sobre a ilha naquela época, bem como sobre os indivíduos com os quais Benjamin nela conviveu e com os quais se relacionou habitualmente. Esses mesmos escritos nos ajudaram também a descobrir aspectos da vida cotidiana do autor em Ibiza, embora, neste último caso, tenham sido levados em conta também outros depoimentos, posto que ainda há em San Antonio — o povoado onde ele residiu durante ambas as estadias — quem se recorde de um alemão de nome Walter, de bigode e óculos redondos, que passava os dias lendo, passeando e escrevendo em seus cadernos incrivelmente pequenos.

Seria possível dizer que, para Walter Benjamin, Ibiza foi, além de um lugar agradável e afastado onde ele pôde refletir sobre sua própria vida — evocando o passado e tratando de fazer planos para o futuro incerto —, o cenário ideal para observar e estudar um dos assuntos que mais o preocupavam: as relações entre o antigo e o moderno. Parecia que ali, naquela "pobre ilha do Mediterrâneo",[3] o mundo continuava sendo como sempre havia sido, e apenas começavam a se notar alterações com a presença de viajantes que, como o próprio Benjamin, chegavam de um mundo em crise, onde a experiência do novo havia deslocado qualquer outra experiência oriunda da tradição, muitas vezes de forma traumática. O objetivo deste livro consiste também em assinalar como alguns de seus ensaios mais importantes, escritos em Paris ao final de sua vida e a respeito desse mesmo assunto, já haviam despontado em Ibiza.

---

[3] É assim que Benjamin se refere a ela em seu diário, conhecido como "Espanha 1932", em *Escritos Autobiográficos* (Madri, Alianza, 1996). Sobre esse diário, ver a nota 11 do capítulo I, "Spelbrink e a casa primordial".

Prefácio

Embora, ao pensar em Benjamin, nos venha à mente a figura de um homem solitário, é certo que poucos dependeram tanto dos outros quanto ele. Solidão e independência nunca puderam ser a mesma coisa em sua vida. Em Ibiza isso não foi diferente, o que justifica a estrutura deste livro. Porque as duas estadias de Benjamin na ilha só podem ser explicadas através daqueles que o acompanharam, daqueles que o antecederam ou daqueles que lá interagiram com ele pela primeira e última vez. Algumas dessas pessoas se tornaram protagonistas de seus relatos, lhe inspiraram textos sobre as questões mais diversas, ou simplesmente o ajudaram a encontrar o que talvez todos eles estavam buscando sem saber: um último respiro pouco antes de começarem a ser arrastados pelos acontecimentos que levariam a Europa à catástrofe.

Lâmina nº 1 do livro de Walther Spelbrink, *Die Mittelmeerinseln Eivissa und Formentera*, publicado em Barcelona em 1937.

I

Spelbrink e a casa primordial

Em junho de 1931, um jovem filólogo alemão chamado Walther Spelbrink desembarcava, junto aos demais passageiros vindos de Barcelona, no porto de Ibiza. Era sua primeira viagem às ilhas Baleares e, para surpresa dos curiosos moradores da ilha, que tinham o hábito de receber os novos visitantes ao pé das escadas, se expressava em catalão impecável, idioma que, enquanto estudante de línguas românicas, havia escolhido como sua especialização na Universidade de Hamburgo.

Havia poucos estrangeiros na ilha em 1931. Tão poucos que a comunidade local sabia bem como se chamava cada um deles, de onde vinham, em que pousada ou casa particular estavam alojados e até — sempre mais ou menos — o que tinham ido fazer lá. Naquela época, um tema habitual de conversa e discussão nos bares e reuniões domésticas pela cidade girava precisamente em torno do "primeiro" estrangeiro a chegar à ilha. Nunca chegavam a um consenso nem se podia esperar que chegassem, mas o tema dava pano para manga a divertidas anedotas, sempre relacionadas aos pequenos problemas que, sem dúvida, todos os estrangeiros, do primeiro ao último, acabavam vivendo em um lugar tão remoto e exótico como verdadeiramente o era a ilha de Ibiza daquele tempo.

Ao caráter reservado e um tanto esquivo, mas também irônico — muitas vezes inclusive sarcástico — dos habitantes da ilha, pareciam convir as idas e vindas daqueles poucos forasteiros, suas dificuldades idiomáticas, seus gestos de surpresa ante a total ausência de qualquer tipo de conforto, assim como de qualquer outro signo material de progresso. Ibiza era uma ilha pobre, inquestionavelmente a mais pobre das Baleares, mas isso significava também para os visitantes que a estadia ali acabava sendo muito econômica. Pode-se dizer que, em muitos casos, os estrangeiros que desembarcavam na ilha naquela época o faziam atraídos precisamente por essa circunstância. Depois, para sua surpresa, acabariam descobrindo um mundo certamente insólito e fascinante e que, em muitos casos, chegaria a marcar suas vidas de forma inesperada. Quando, apenas dez meses depois da chegada de Spelbrink, Walter Benjamin tomou a decisão de viajar também para Ibiza no mês de abril de 1932, ele o fez condicionado pela possibilidade de ali se instalar e organizar sua vida durante uma temporada, com o que poderia ser considerado o "mínimo de uma existência na Europa",[4] algo que exigia cerca de 60 a 70 marcos por mês.

A viagem de Walther Spelbrink, no entanto, tinha um objetivo intelectual muito concreto: realizar um estudo lexicográfico sobre a habitação tradicional da ilha. Formado na corrente conceitual e metodológica de "palavras e coisas" e discípulo do romanista e sacerdote catalão Antoni Griera, o jovem Spelbrink dedicou sua estadia ali à pesquisa linguística e etnológica, com a finalidade de apresentar sua tese de doutorado em Hamburgo. Acontece que Ibiza não era somente uma ilha pobre, como também parecia ter sido esquecida pelo curso e pelo andamento da

---

[4] Carta a Gershom Scholem em 19 de abril de 1933. Walter Benjamin, *Cartas de la Época de Ibiza*, Valência, Pre-Textos, 2008, p. 151 [ed. bras.: Walter Benjamin/Gershom Scholem, *Correspondência, 1933-1940*, trad. Neusa Soliz, São Paulo, Perspectiva, 1993, p. 66].

História, algo que surpreendia os viajantes ainda mais. O próprio Benjamin reparou nisso tão logo chegou lá e, na primeira carta que enviou da ilha, destinada a seu amigo Gershom Scholem, em 22 de abril de 1932, descreveu esse aspecto da seguinte maneira: "Nota-se principalmente que a ilha se situa fora dos circuitos de comércio internacional, inclusive da civilização, de modo que deve-se renunciar a todo tipo de conforto".[5]

Foi precisamente essa situação de esquecimento secular — como se Ibiza tivesse desaparecido por alguns séculos, tal e qual algumas ilhas desaparecem e tornam a aparecer em certas lendas populares — que, durante aqueles mesmos anos, atraiu também alguns pesquisadores, os quais descobriram territórios completamente virgens e, portanto, suscetíveis por parte deles e praticamente pela primeira vez à observação e ao estudo com fundamentos científicos. Zoólogos da Europa Central, como Wilhelm Schreitmüller e Otto Koeller, recorreram à ilha entre 1928 e 1932. O arqueólogo Adolph Schulten, que já havia estado em Ibiza em 1920, voltou no começo dos anos 1930 atraído pela riqueza do mundo púnico. Fotógrafos também não faltaram: José Ortiz Echagüe e Mario von Bucovich chegaram a Ibiza respectivamente em 1932 e 1933, e suas câmeras foram capazes de

---

[5] Carta a G. Scholem em 22 de abril de 1932. W. Benjamin, *Cartas de la Época de Ibiza, op. cit.*, p. 37. [N. da E.: Assim como outras anteriores a junho de 1932, a referida carta não se encontra na edição da correspondência Scholem/Benjamin, publicada em 1980. Foi incluída posteriormente na nova edição da correspondência geral de Benjamin (*Gesammelte Briefe I-VI*, Frankfurt, Suhrkamp, 1996-2016).] Gershom Scholem (Berlim, 1897-Jerusalém, 1982) imigrou para a Palestina nos anos 1920, onde foi professor da Universidade Hebraica de Jerusalém, tornando-se um dos mais prestigiados especialistas em cabala e mística judaica. Era amigo de Walter Benjamin desde a juventude, seu principal correspondente e finalmente também o testamenteiro de sua obra.

registrar o folclore e a vida cotidiana da condição camponesa na ilha.[6] Mas foi a arquitetura tradicional que atraiu um número maior de visitantes e estudiosos. Os jovens arquitetos dos GATCPAC (Grupo de Arquitetos e Técnicos Catalães pelo Progresso da Arquitetura Contemporânea) começaram a visitar a ilha a partir de 1932.

Até então, Ibiza havia sido contemplada e descrita de maneira um pouco romântica por viajantes um tanto pitorescos, como o francês Gaston Vuillier ou a inglesa Margaret D'Este; por funcionários temporários, como o valenciano Víctor Navarro; ou por escritores e pintores de renome, como Vicente Blasco Ibáñez e Santiago Rusiñol. Antes de todos eles, foi o arquiduque Luís Salvador de Áustria quem o fez em seu livro *Die Balearen geschildert in Wort und Bild* [*As Baleares descritas em palavras e imagens*], publicado em Leipzig, em 1869.[7] Walter Benjamin

---

[6] Wilhelm Schreitmüller, "Pflege der Pityuseneidechsen" (s.l., 1929); Otto Koeller, *Die Saügetierfauna der Pityusen (Spanien)*, Viena, Hölder/Pichler/Tempsky, 1931; e Adolph Schulten, "Ibiza, Tagebuchblaetter aus dem Winter 1919-1920", Barcelona, *Deutsche Zeitung für Spanien*, 1944. Sobre José Ortiz Echagüe e Mario von Bucovich em Ibiza, ver Martin Davies e Philippe Derville, *Ibiza. Cien Años de Luz y Sombra* (Ibiza, El Faro, 2000).

[7] Gaston Vuillier, *Les Îles Oubliées*, Paris, Gautherin & Cie., 1893 (tradução catalã: *Les Illes Oblidables*, Ibiza, Res Publica, 2000); Margaret D'Este, *With a Camera in Majorca*, Nova York/Londres, G. P. Putnam's Sons, 1907; Víctor Navarro, *Costumbres de las Pitiusas*, Madri, Academia de las Ciencias Morales y Políticas, 1901; e Vicente Blasco Ibáñez, *Los Muertos Mandan*, Valência/Madri, F. Sempere y Compañía, 1909. Santiago Rusiñol visitou a ilha em 1912 e publicou vários artigos na imprensa catalã, hoje reunidos sob o título "L'Illa blanca" no livro *Des de les Illes* (Barcelona, Abadia de Montserrat, 1999). Do livro de Luís Salvador de Áustria, existe uma versão em castelhano (*Las Baleares por la Palabra y el Grabado*, Palma de Maiorca, Sa Nostra, 1982). Sobre as viagens à ilha destes e de muitos

anotou esse último título em seu diário de Ibiza de 1932,[8] quando alguém lhe falou de sua existência, e um ano mais tarde, em julho de 1933, durante uma rápida viagem a Maiorca — saindo de Ibiza para renovar seu passaporte no consulado alemão —, quando visitou a casa onde o arquiduque havia passado longas temporadas.

---

outros artistas e escritores ao longo do século XX, ver Vicente Valero, *Viajeros Contemporáneos. Ibiza, Siglo XX* (Valência, Pre-Textos, 2004).

[8] Esse diário de Benjamin em Ibiza, de publicação póstuma, é o que se encontra com o título "Espanha 1932" em seus *Escritos Autobiográficos* (Madri, Alianza, 1996, pp. 171-87). A maioria dos fragmentos reunidos nesse diário são esboços de textos que logo seriam ampliados e, em alguns casos, também publicados. Quando chegou a Ibiza, Benjamin começou a escrever textos curtos ao estilo de seu livro *Rua de mão única*, publicado em 1928. Todos esses textos escritos em Ibiza em 1932, junto com outros escritos pouco antes de sua viagem, estão repartidos em diferentes "sequências": "Sequência de Ibiza", "Imagens do pensamento", "Autorretratos do sonhador" e "Sombras curtas (II)", respectivamente em *Cuadros de um Pensamiento* (Buenos Aires, Imago Mundi, 1992) e *Discursos Interrumpidos I* (Madri, Taurus, 1989) [ed. bras.: *Imagens do pensamento*, em Walter Benjamin, *Obras escolhidas II. Rua de mão única*, trad. Rubens Rodrigues Torres Filho e José Carlos Martins Barbosa, São Paulo, Brasiliense, 1987]. Mas nem todos os textos incluídos nessas sequências foram escritos em Ibiza. Naquele mesmo diário constavam também os esboços de três relatos: "O lenço", "O anoitecer da viagem" e "A viagem do Mascote", bem como as primeiras anotações sobre o protagonista de "A sebe de cactos", todos eles incluídos em Walter Benjamin, *Historias y Relatos* (Barcelona, Península, 1991) [ed. bras.: *A arte de contar histórias*, org. Patrícia Lavelle, trad. Georg Otte, Marcelo Backes e Patrícia Lavelle, São Paulo, Hedra, 2018]. Sobre as características desse diário, ver também o capítulo II, "Noeggerath e a arte de narrar".

Walther Spelbrink passou todo o verão de 1931 em Ibiza e voltou a Hamburgo no mês de outubro. Durante esses cinco meses, o jovem filólogo percorreu toda a ilha, internou-se nas paragens mais ocultas, visitou e fotografou inúmeras casas e conversou com seus habitantes. Esse trabalho exigia certa paciência e muita habilidade para conquistar a confiança dos camponeses, pois era preciso entrar nas casas e perguntar o nome de tudo o que via ali: objetos, móveis, detalhes arquitetônicos, instrumentos de trabalho, utensílios de todo tipo — alguns dos quais, com toda certeza, ele nunca tinha visto em nenhum outro lugar. Aqueles camponeses continuavam vivendo da mesma forma e de acordo com os mesmos costumes de seus antepassados, sem que, entre eles, houvesse o menor tipo de brecha para a novidade. As mesmas casas eram exemplos vivos de uma tradição secular ininterrupta e, embora Spelbrink não soubesse grande coisa de arquitetura, arriscou uma denominação para referir-se a elas: "a casa berbere".

Quase todos os dias ao entardecer, depois de uma jornada de trabalho longa e sobretudo quente, caminhando de um local a outro e fazendo anotações, ele ia visitar o cânone e pesquisador local Isidoro Macabich, a quem havia se apresentado tão logo chegara munido de uma carta de recomendação do também sacerdote Antoni Griera. Com Macabich ele conversava sobre seu tema de estudo e recebia conselhos importantes.[9] Spelbrink visitou todos os núcleos populacionais da ilha e também os de Formentera, mas naquela época esses núcleos não passavam de

---

[9] Isidoro Macabich (Ibiza, 1883-1973). Em sua *Historia de Ibiza, IV* (Barcelona, Art-85, 1985, p. 328), ele se refere a Walther Spelbrink: "Permaneceu aqui por uma longa temporada e, como seu trabalho não o levava para fora da cidade, raros eram os dias em que não passava um pouco na minha casa. Era católico praticante e, ao que parece, de muitos bons costumes".

uma igreja, um par de bares e algumas poucas casas. A população estava disseminada no campo, em propriedades que nunca eram muito extensas.

Nessas *fincas* — uma palavra que Benjamin sempre escreverá em castelhano — se cumpriam todas as exigências de uma vida baseada em um processo arcaico e autossuficiente de subsistência. Nada parecia surpreender mais aos estrangeiros do que a quantidade e a variedade de atividades domésticas que um camponês ibicenco tinha de encarar por conta própria: tarefas agrícolas e pecuárias acima de tudo, mas também o preparo de seu próprio pão e vinho, corte de lenha e produção de carvão, o trabalho como caçador, pedreiro, carroceiro... E tinha um espaço para cada coisa, além de cada coisa e cada espaço terem um nome específico. A casa era o mundo. Spelbrink foi descobrindo aos poucos todo aquele mundo repleto de nomes, mais complexo do que ele poderia ter imaginado antes de sua chegada, um universo onde, além do mais, o tempo parecia ter parado.

A ilha de Ibiza, conforme descrita no guia turístico[10] publicado em 1929 que Spelbrink deve ter utilizado, traz

> [...] a imagem de um paralelogramo esticado na região que vai de nordeste a sudoeste, cuja maior extensão é de 41 km por 20 de largura máxima e com uma superfície de 572 km quadrados. A ilha de Ibiza, situada em frente ao golfo de Valência, fica a 52 milhas da costa valenciana, a 45 da cos-

---

[10] Juan B. Enseñat, Bartolomé de Roselló e Alejandro Llobet y Ferrer, *Ibiza y Formentera*, Barcelona, Biblioteca de Turismo de la Sociedad de Atracción de Forasteros, 1929.

ta de Maiorca, a 140 da costa de Barcelona e a 138 da costa africana. As distâncias de um porto a outro são: 98 milhas do porto de Valência, 70 do porto de Palma e 160 do porto de Barcelona. Maiorca fica a 34 milhas de distância de Menorca, que é a ilha mais oriental das Baleares.

O mesmo guia continua descrevendo:

> A ilha de Ibiza é atravessada por duas cordilheiras de montanhas, cuja altura mais elevada é de 475 metros acima do nível do mar, na Atalaia de San José. A população é de cerca de trinta mil habitantes. Além da ilha de Formentera, Ibiza conta com várias ilhotas adjacentes. As principais delas são Espalmador, habitada por uma única família e local predileto dos aficionados por pesca, e Espardell, que fica entre Ibiza e Formentera; Conillera, com seu farol diante do porto de San Antonio; Tagomago, com outro farol a nordeste; e Vedrá, a sudoeste.
>
> O clima, que não comporta animais venenosos, é extremamente agradável, pois os termômetros se mantêm entre 12 e 13 graus no inverno e não passam dos 30 graus no verão. Esses e outros motivos favorecem a longevidade, especialmente em Formentera, onde ela é mais elevada do que em todo o resto da Espanha e em boa parte do exterior.

O guia anuncia também que "para ir do continente europeu até Ibiza, o viajante pode embarcar aos domingos, ao meio-dia, em Alicante; às quartas-feiras, no mesmo horário, em Valência; e às terças-feiras, às cinco da tarde, em Barcelona, a bordo das embarcações da Transmediterránea".

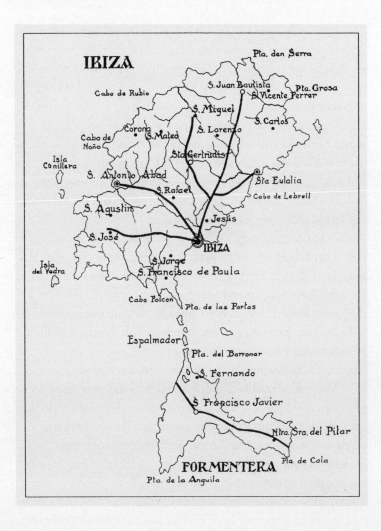

Mapa de Ibiza reproduzido no guia *Ibiza y Formentera*, publicado em Barcelona em 1929.

Naqueles mesmos dias em que Spelbrink percorria a ilha de Ibiza em busca de casas e nomes, Walter Benjamin atravessava um dos períodos mais críticos de sua vida, sem suspeitar que apenas alguns meses depois ele próprio viria a percorrer, com um entusiasmo atípico, aqueles mesmos remotos caminhos insulares. Angustiado e deprimido, ele tentava se recompor, em primeiro lugar, do turbulento processo de quase um ano de duração que havia desembocado, em 1930, em seu divórcio de Dora Kellner, com quem havia se casado há quinze anos — embora já estivessem separados há mais de dez — e com a qual tivera, em 1918, seu único filho, Stefan Rafael.

Naquele mesmo princípio de verão de 1931, seguramente com a finalidade de poder escapar de sua própria crise, ele decidiu viajar para a França. Visitou Sanary, Juan-les-Pins, Saint Paul de Vence, Le Levandou, Marselha e, por fim, também Paris. Nessa viagem teve a oportunidade de encontrar alguns de seus amigos, entre eles os escritores Bertolt Brecht e Wilhelm Speyer, com os quais teve longas e proveitosas conversas literárias, anotadas em um de seus diários daquela época.

Entretanto, também por volta dessas mesmas datas, Benjamin escreveu, pela primeira vez, sobre a possibilidade de tirar sua própria vida, um propósito que nunca lhe abandonaria. Em 12 de agosto, ele escreve: "Incapaz de empreender nada, ficava apeado no sofá e lia. Muitas vezes, me perdia no final das páginas em uma ausência tão profunda que me esquecia de virar as folhas, quase sempre com a mente ocupada pelo meu plano: sendo inevitável, é melhor levar isso a cabo aqui ou no estúdio ou no hotel etc.".[11]

---

[11] Dois diários: "Maio-junho 1931" e "Diário desde 7 de agosto de 1931 até o dia da morte", reunidos em *Escritos Autobiográficos* (*op. cit.*, pp. 146-71). O

Em 15 de julho, ele acabara de completar trinta e nove anos e se sentia, de acordo com suas próprias palavras, "cansado de lutar". Assim, projetava, ainda que sem muita convicção, a publicação de seus ensaios literários em um só volume e pela mesma editora, a Rowohlt, que tinha publicado dois de seus livros em 1928: *Rua de mão única* e *Origem do drama barroco alemão*. Apesar disso, ele logo recuperaria parte da ilusão perdida graças a um projeto literário diferente: a crônica de sua infância e juventude associada a um espaço concreto, a cidade de Berlim. Esse projeto lhe permitiria, em primeiro lugar, elaborar a história de sua relação sentimental com a cidade natal, para, depois, lhe fornecer os instrumentos necessários à realização de um exercício de "escavação", isto é, um esforço mnemônico para chegar às fontes mesmas de sua personalidade.

Seria esse trabalho, apenas iniciado em Berlim e escrito quase integralmente em Ibiza, a "saída" que ele buscava com tanto afinco naqueles dias para sua crise pessoal? Fato é que Benjamin se ocupou da recuperação de sua infância por meio da palavra por quase dois anos, entre o início de 1932 e o final de 1933, primeiro com *Crônica de Berlim* e, pouco depois, com *Infância em Berlim por volta de 1900*, dois livros estreitamente vinculados a Ibiza e suas arcaicas casas rurais, pois terminou de escrever o primeiro deles em uma moradia com essas características.[12]

---

primeiro se ocupa de sua viagem à França, o segundo traz anotações de seus planos de suicídio.

[12] Walter Benjamin, *Crónica de Berlim*, em *Escritos Autobiográficos, op. cit.*, pp. 188-242. Texto de publicação póstuma; existe também uma versão espanhola em *Personajes Alemanos* (Barcelona, Paidós, 1995). Quanto a *Infância em Berlim por volta de 1900* (Madri, Alfaguara, 1990 [ed. bras.: W. Benjamin, *Obras*

Nada causava tanto impacto no viajante que chegava pela primeira vez à ilha de Ibiza quanto sua arquitetura rural. A moradia ibicenca tradicional é uma construção compacta e fechada, com poucos e pequenos vãos, organizada em torno de uma câmara principal de planta retangular, chamada de *porxo*, e composta por corpos cúbicos independentes com tetos individualizados e planos. Segundo definição recente, é "a reprodução, através do tempo, de um número limitado de soluções melhoradas pela experiência secular de um ecossistema ao mesmo tempo adaptado e aperfeiçoado, mas acima de tudo respeitado. É a perfeita simbiose entre modo de produção e recursos".[13] Ao passo que Walther Spelbrink realizava seu trabalho de lexicografia doméstica, o arquiteto espanhol Germán Rodríguez Arias, que havia conhecido a ilha em 1928, preparava um pequeno artigo intitulado "Ibiza, a vila que não precisa de uma renovação arquitetônica", que acabou sendo fundamental, pois abriu caminho definitivo para a pesquisa.

O artigo de Rodríguez Arias, que na verdade era somente uma amostra de oito fotografias acompanhadas de comentários muito breves, foi publicado em 1932 na revista *A.C.*, porta-voz do GATCPAC. As fotografias ressaltavam, notadamente, as características racionalistas e funcionais das moradias de Ibiza e, portanto, tratavam de oferecer pistas — o título do artigo é bastante ilustrativo — a outros jovens arquitetos do grupo — Sert, Torres Clavé e Illescas entre eles —, pois mostravam uma tradição insólita aos postulados modernos que eles estavam estudando e defendendo. Surpreendidos pela descoberta, não tardaram

---

escolhidas II. Rua de mão única, op. cit.]), ver capítulo VI, "Selz e a fumaça dos sonhos".

[13] Ferdinand Joachim e Philippe Rotthier, *Ibiza, le Palais Paysan*, Bruxelas, Archives d'Architecture Moderne, 1984.

a ir até a ilha para conhecer todo aquele mundo. Ordem, clareza, adaptação ao meio, ausência de estilo, justaposição racional, funcionalidade: a arquitetura moderna parecia estar resumida naquelas moradias arcaicas.

O etnógrafo e arquiteto Alfredo Baeschlin notou isso da mesma maneira em um trabalho publicado nos *Cuadernos de Arquitectura Popular*, em 1934: "A casa que mais se parecia com a quinta ibicenca é a casa de campo moderna, criada pelos arquitetos de vanguarda franceses e alemães". A fascinação dos arquitetos do GATCPAC pela moradia e pela paisagem da ilha se materializou em diversos projetos e principalmente em artigos e fotografias para a revista *A.C.*, mas acabou sobretudo por lhes vincular para sempre à ilha, depois de chegarem à seguinte conclusão: "Ibiza, para o arquiteto moderno, é o local ideal para meditar e descansar".[14] Entretanto, Rodríguez Arias, que anos depois viria a construir a casa do poeta Pablo Neruda em Isla Negra, no Chile, fez sua própria casa em Ibiza, no povoado de San Antonio, inspirando-se precisamente nesses traços de racionalidade funcional admiravelmente preservados pela tradição rural da ilha.

Essa arquitetura desprovida de estilo e de arquiteto — como Josep Lluís Sert gostava de dizer —, resultado do *saber* artesanal de uma tipologia herdada e cuja origem é discutida ainda

---

[14] *A.C.*, nº 6, segundo trimestre de 1932. Josep Lluís Sert visitou a ilha pela primeira vez em 1932, segundo ele próprio afirmou em uma conferência dada no Museu de Arte Contemporânea de Ibiza, em 25 de maio de 1973, em *Arquitecturas de Ibiza* (Ibiza, Delegación en Ibiza y Formentera del Colegio de Arquitectos de Baleares, 1983). Naquele mesmo ano, Le Corbusier esteve em Barcelona com Sert e outros arquitetos do GATCPAC.

hoje, deixava admirado também o viajante e estudioso por sua localização, por seus espaços abertos com terraços, muros de pedra, passagens estreitas, amendoeiras, alfarrobeiras, oliveiras... A casa era um elemento a mais da paisagem, e o conjunto se oferecia ao olhar do viajante com uma beleza singular, misteriosa e antiga.

O pintor belga Médard Verburgh, que chegou à ilha junto com Spelbrink em 1931, soube apreciar a força serena e límpida dessas paisagens, dos rostos de seus moradores e também da cidade e do porto, o que transpôs com sensibilidade e beleza para suas pinturas a óleo e aquarelas — mais de cem ao longo de quatro anos. Apenas um ano depois de sua chegada, em 1932, expôs algumas dessas pinturas na galeria Marie Sterner, em Nova York. E, como Verburgh, muitos outros pintores vieram para a ilha naqueles mesmos anos, pintaram suas paisagens e as fizeram conhecidas em galerias da Europa e dos Estados Unidos. Laurea Barraù, Esteban Vicente, Miquel Villà, Olga Sacharoff, Otho Lloyd, Ismael Blat, Rigoberto Soller, Bosch-Roger, Martin Baer, Manfred Henninger, Amadeo Roca, Bruno Beran, Soledad Martínez, Josep Gausachs, Frances Hodgkins, Mary Hoover Aiken... Cabe destacar também que a primeira exposição realizada por Esteban Vicente em Nova York, na galeria Kleeman no final de 1937, teve como tema exclusivo paisagens e retratos ibicencos. Do mesmo modo que os pintores, temos os fotógrafos: Gustav von Estorff, Alfred Otto Wolfgang Schulze "Wols", Florence Henri, Gisèle Freund, Mario von Bucovich, Raoul Hausmann, Jean Moral...[15]

---

[15] Serge Goyens de Heusch, *Médard Verburgh*, Tielt, Lannoo, 1994; Isabel Coll, *Laureà Barrau*, Barcelona, Lunwerg, 2003; María Jesús Soler, *Rigoberto Soler de Cerca*, València, Consejería Comunidad Valenciana, 2011; Freerk Valentien, *Manfred Henninger. Die Ersten Jahren im Exil. Ibiza 1933-1936*, Stuttgart, Gale-

No outono de 1933, se instalou em Ibiza também um arquiteto alemão, Erwin Broner. Na praia de Talamanca, perto da cidade, Broner construiu a primeira casa de banhos da ilha. Mas vale dizer que logo também sucumbiu à força e à beleza da moradia rural. Um artigo seu sobre o tema foi publicado na mesma revista *A.C.*, em 1936. Escreve Broner: "Essas moradias rurais nos impressionam por sua beleza formal, como tudo aquilo que é *bom* e se ajusta ao seu objeto com simplicidade; apesar de serem construídas por simples camponeses, compreendem todos os elementos necessários ao homem exigente. A imaginação se revela como fator natural".

Nesse mesmo número da revista *A.C.* foi publicado outro artigo sobre as moradias de Ibiza assinado por Raoul Hausmann, o multifacetado dadaísta alemão que, desde 1933, morava em San José, um pequeno povoado no interior da ilha, mais precisamente em uma dessas casas rurais que estavam chamando tanta atenção. Quando chegaram, nem Erwin Broner nem Raoul Hausmann tinham nenhuma notícia sobre a arquitetura do lugar — foram a Ibiza por motivos muito diferentes, o primeiro, fugindo do nazismo; o segundo, de férias —, mas ambos acabaram se dedicando quase que exclusivamente a estudá-la.[16]

---

rie Valentien, 1988; Vicente Valero, "Esteban Vicente en Ibiza", suplemento *Dominical* do *Diario de Ibiza* (10/4/2005), e "Miquel Villà, los colores de Ibiza", suplemento *La Miranda* do *Diario de Ibiza* (9/4/2009); Belén García Jiménez, "Florence Henri y la vanguardia europea en las Islas Baleares (1930-1936)", *Goya. Revista de Arte*, nº 325, Madri, 2008.

[16] Sobre Raoul Hausmann, ver o capítulo V, "Hausmann e o olhar nostálgico". Sobre Erwin Broner, ver *Erwin Broner (1898-1971)* (Palma de Maiorca, Collegi Oficial d'Arquitectes de les Illes Balears, 1994).

Tampouco Walter Benjamin, ao desembarcar no porto de Ibiza na manhã de 19 de abril de 1932, tinha qualquer notícia sobre a cultura vernácula da ilha, muito embora os motivos de sua viagem, como veremos mais adiante, não fossem completamente alheios, pelo menos indiretamente, ao interesse intelectual que ela vinha despertando. Na primeira carta escrita de San Antonio, o pequeno povoado onde ele iria morar, apenas quatro dias depois de sua chegada — a carta a Scholem em 22 de abril mencionada anteriormente —, toda aquela paisagem que incluía as moradias rurais como um elemento repetitivo será descrita como um assombro. A ausência de todo tipo de conforto "é relevada facilmente, não somente por causa da calma interior que traz a independência econômica, mas também pelas disposições de espírito a que leva essa paisagem, a mais intacta que jamais encontrei". Ele também observa e anota que "a agricultura e a pecuária continuam sendo arcaicas", da mesma maneira que a "irrigação dos campos é feita como há séculos, com rodas d'água acionadas por mulas".[17]

Em seus quatro primeiros dias, ele também encontraria tempo para entrar em alguma daquelas casas rurais — ou, pelo menos, para enfiar a cabeça pela porta de entrada sempre aberta. A impressão que lhe produz a sala principal, isto é, o *porxo*, em torno do qual se organiza toda a moradia, é descrita na carta da seguinte maneira: "Os interiores também são todos arcaicos: três cadeiras ao longo do muro do cômodo em frente à entrada se oferecem ao estrangeiro com a força e confiança que teriam três Cranach ou três Gauguin colocados em uma parede; um sombreiro dependurado em uma delas é mais extraordinário que uma tapeçaria Gobelin de preço elevado". É justamente es-

---

[17] Carta a G. Scholem em 22 de abril de 1932. W. Benjamin, *Cartas de la Época de Ibiza, op. cit.*, pp. 37-8.

Arquiteturas típicas de Ibiza, em fotografias de Rolph Blakstad (Can Frere Verd, no alto) e Joaquim Gomis (Dalt Vila, acima).

sa impressão rápida e despojada do *porxo* como espaço vazio, desnudado e livre de qualquer elemento decorativo, que dará lugar ao primeiro dos textos que Benjamin escreveu em seu diário de Ibiza:

> As primeiras imagens de San Antonio sobre as quais cabe refletir: os interiores que se deixam descobrir pelas portas abertas cujas cortinas peroladas estão recolhidas. Ainda se sobressai, vencendo a sombra, o branco reluzente das paredes. E, diante das paredes do fundo, normalmente as moradias têm de duas a quatro cadeiras perfeitamente alinhadas e simétricas. Da maneira como são dispostas, sem pretensões na forma, mas com um vime surpreendentemente belo e extremamente representável, pode-se deduzir delas várias coisas. Nenhum colecionador poderia expor nas paredes de seu vestíbulo, com maior confiança em si, valiosas tapeçarias ou quadros da mesma maneira que o faz um camponês com essas cadeiras na moradia desnuda. No entanto, também não são unicamente cadeiras; mudam de função no mesmo instante em que o sombreiro é dependurado sobre o encosto. E nessa nova disposição, o sombreiro de palha não parece menos valioso do que a cadeira. Assim, provavelmente aconteça que, na verdade, em nossas moradias bem organizadas, equipadas com todas as comodidades imagináveis, não haja lugar para o que é verdadeiramente valioso, porque não há espaço para utensílios. Valiosos podem ser cadeiras e vestidos, fechos e tapeçarias, vasos e escovas de carpintaria. E o autêntico segredo de seu valor é essa sobriedade, a parcimônia secreta do espaço vital, no qual ocupam visivelmente não só seu local correspondente, como também têm espaço de manejo o suficiente para poder satisfazer a grande quantidade de funções

ocultas, vez por outra também surpreendentes, em virtude das quais o objeto vulgar se torna valioso.

O que Benjamin parece querer destacar aqui é, acima de tudo, a sobriedade do espaço tradicional, rigorosamente humilde, sem a mínima ambição decorativa e em claro contraste com o sempre pretensioso acúmulo de objetos, característica de toda casa burguesa. Tudo aqui é funcional, mas os utensílios adquirem um valor isento de beleza. Como os jovens e entusiastas arquitetos do GATCPAC, também Benjamin se mostra surpreso pela resolução — sempre de grande simplicidade e muito prática — de alguns dos elementos construtivos da casa ibicenca tradicional. Apesar disso, diferente de outros estudiosos, Benjamin não vê nesses elementos nada que lhe possa sugerir um novo rumo para a arquitetura moderna. Para ele, ao contrário, a moradia tradicional da ilha será exemplar para definir com exatidão as diferenças entre os modos de construção pré-industriais e a arquitetura de seu tempo. Dessa forma, as diferenças são mais que notáveis, atendo-se, em primeiro lugar, não tanto às formas, mas sim aos materiais de construção — isto é, no lugar da pedra da casa tradicional, entram o aço e o vidro na arquitetura de vanguarda — e, em segundo lugar, levando em conta também a disposição e o uso dos espaços.

Assim, seria possível dizer que, enquanto os jovens arquitetos catalães buscavam pontos de contato entre a moradia ibicenca tradicional e seus futuros projetos pessoais, baseados na funcionalidade racional e no espírito mediterrâneo clássico, Benjamin se dedicava a observar com atenção, naquelas mesmas casas, tudo aquilo a que tanto a arquitetura moderna quanto a vida burguesa tinham renunciado há tempos, algo que confirmava tudo o que ele já sabia. Os olhares sobre o mesmo objeto eram muito distintos, ainda que às vezes pudessem coincidir em algum ponto. Os jovens arquitetos do GATCPAC buscavam uma opção mediterrânea para a arquitetura moderna que não fosse fundamentada em vidro e aço, materiais que julgavam ser "nórdicos", impossíveis de adaptar ao clima meridional. Orientado por outras razões, Benjamin já tinha elaborado há tempos sua crítica a esses materiais da modernidade, e o que ele faz em Ibiza é reafirmar essa crítica.

Em outro lugar, mais especificamente uma carta enviada a sua amiga Gretel Karplus[18] em meados de maio, ele se refere à "engenhosa ordenação do espaço e dos muros de quase um metro de largura que não deixam passar quase nada de ruído (nem de calor)". E na versão definitiva do texto citado anteriormente, que leva o título bastante descritivo de "Espaço para o precioso" — um dos nove textos que compõem a "Sequência de Ibiza"[19] —, ele menciona outros utensílios que podem ser encontrados nessa sala para acabar assinalando o efeito produzido por sua disposição cambiante:

> Assim podem se encontrar a rede de pesca e o tacho, remos e ânfora de barro, e cem vezes ao dia, por conta da necessidade, estarão prontos a mudar de lugar, a se reunir novamente. Todos eles são mais ou menos preciosos. E o segredo de seu valor é a sobriedade — aquela parcimônia do espaço vital no qual não ocupam apenas o local visível

---

[18] W. Benjamin, *Cartas de la Época de Ibiza, op. cit.*, p. 50. Gretel Karplus, doutora em filosofia e amiga de Benjamin desde 1928, casou-se com Theodor W. Adorno em 1937.

[19] "Serie ibicenca", em Walter Benjamin, *Imágenes que Piensan*, Madri, Abada, 2012 ["Sequência de Ibiza", em W. Benjamin, *Obras escolhidas II. Rua de mão única, op. cit.*, p. 243]. Foi publicada pela primeira vez no *Frankfurter Zeitung*, em 4 de junho de 1932.

que ocupam, mas também os espaços sempre novos para os quais são criados.

Assim, o arcaico *porxo* das casas de Ibiza se transformou, ao olhar sereno do recém-chegado viajante Walter Benjamin e em contraposição às tão confortáveis moradias burguesas, em um espaço concebido para acolher o que é verdadeiramente útil. "Mas em nossas casas bem providas não há espaço para o precioso porque não há folga para os seus serviços." Não deixa de ser significativo que, enquanto os jovens arquitetos catalães se atinham principalmente ao exterior das casas rurais da ilha, o que chamou a atenção de Benjamin foi sobretudo o interior daquelas mesmas casas.

Inesperadamente, em 1932, Benjamin se deparou em Ibiza não só com algumas moradias singulares — falando principalmente de sua tipologia arcaica —, mas também com um ambiente intelectual não menos singular que surgiu em torno dessas moradias. Entre os forasteiros não muito numerosos que se encontravam na ilha naquela época, fossem eles estrangeiros ou da própria península, quase não se falava de outra coisa. Como a própria paisagem, as casas rurais de lá pareciam trazer consigo um selo do primordial. Assistir a esse "descobrimento" acabava sendo uma experiência fascinante.

Em artigo sobre *Mont-Cinère*, o primeiro romance de Julien Green, publicado em 1930, Benjamin havia escrito que "habitar uma casa é sempre um acontecimento cheio de magia e de medo". O que, na sua opinião, a "nova escola arquitetônica" estava fazendo, consistia precisamente na erradicação dessa experiência: "Querem nos transformar de habitantes em usuários das casas, de orgulhosos proprietários em menosprezadores práticos".[20] A nova arquitetura transformava o espaço vital, desumanizando-o. O vidro e o aço eram os materiais básicos dessa transformação desumanizadora. No geral, em todos os escritos que tratam direta ou indiretamente dessa questão, Benjamin sempre tenta encontrar motivos "profundos e legítimos" naquilo que, paradoxalmente, também significa para ele a importante e irreparável perda da "aura".

O conceito de aura parece estar intimamente ligado a outros conceitos, como o de experiência, beleza, singularidade e por vezes até o de tradição. Como se sabe, alguns dos ensaios mais importantes de Benjamin giram precisamente em torno da perda da aura no mundo moderno. Porque, para ele, essa perda era o preço que o mundo atual deveria pagar por sua entrada na modernidade. É da experiência singular, única e irreproduzível que o indivíduo tem com os objetos deste mundo que surge a aura. Mas a técnica e as cidades — ou seja, os dois elementos mais emblemáticos da modernidade — impedem a possibilidade dessa experiência singular. Para Benjamin, a arquitetura era, então, um cenário magnífico onde as relações cambiantes do indivíduo com o mundo se representavam melhor do que em qualquer outro lugar.

Ele refletiu e escreveu sobre essas questões em Ibiza. Em primeiro lugar, ele o fez em um dos fragmentos que compõem sua segunda série de "Sombras curtas",[21] intitulado "Habitar

---

[20] Walter Benjamin, "Trés iluminaciones sobre Julien Green", em *Imaginación y Sociedad* (Madri, Taurus, 1998). O artigo sobre *Mont-Cinère* foi publicado pela primeira vez na *Neue Schweizer Rundschau*, em 1930.

[21] Uma primeira série foi publicada em 1929 na *Neue Schweizer Rundschau*. A segunda série, na qual Benjamin trabalhou em Ibiza, foi publicada no *Kölnische Zeitung* em 25 de fevereiro de 1933. Ambas as séries de "Sombras curtas" podem ser lidas em W. Benjamin, *Discursos Interrumpidos I, op. cit.* [ed. bras.: W. Benja-

sem vestígios". Benjamin chega a dizer que a arquitetura recente é o exemplo mais explícito da renúncia a toda forma de experiência que a modernidade comporta. O que propõem os novos arquitetos com o vidro e o aço consiste em habitar casas "sem rastros", isto é, desprovidas de toda tradição e experiência. Na verdade, o texto é um comentário ao livro que, em 1914, quase vinte anos antes, Paul Scheerbart havia escrito acerca desse mesmo tema, intitulado *Glasarchitektur* [arquitetura do vidro], e no qual chega a afirmar que "o novo ambiente de vidro transformará o homem por completo". Benjamin abordará tudo isso principalmente em outro lugar, o ensaio "Experiência e pobreza",[22] escrito durante sua segunda estadia na ilha, em 1933, reunindo todo o texto de "Habitar sem vestígios" para ampliá-lo notadamente.

É neste importante ensaio "Experiência e pobreza" que Benjamin expressará sua convicção de que, para "apagar os vestígios" da experiência, os arquitetos modernos — entre os quais cita Le Corbusier — criaram "casas de vidro" que representam a "nova forma de miséria" de toda uma geração que, depois da Guerra, precisou sair na dianteira fazendo tábula rasa, prescindindo da experiência e do conselho da tradição: "um conceito novo e positivo de barbárie". Essa nova e inevitável "barbárie" tinha se convertido, então, no principal signo da cultura moderna. Com isso, por mais que o vidro representasse mais um signo

---

min, *Obras escolhidas II. Rua de mão única, op. cit.*, pp. 207-13 e 264-7]. Ver também o capítulo III, "Don Rosello e a utopia insular".

[22] Walter Benjamin, "Experiencia y pobreza", em *Discursos Interrumpidos I, op. cit.* [ed. bras.: Walter Benjamin, "Experiência e pobreza", *Obras escolhidas I. Magia e técnica, arte e política*, São Paulo, Brasiliense, 1987, 3ª ed.]. Esse texto foi publicado em Praga pela primeira vez em dezembro de 1933, no *Die Welt im Wort*.

dos novos tempos ou até, como ele havia escrito em 1929, "uma virtude revolucionária por excelência",[23] Benjamin não irá ocultar sua decepção, porque "As coisas de vidro não têm nenhuma aura. O vidro é em geral o inimigo do mistério".

Caso a aura de uma casa tivesse algo a ver, como ele parece nos sugerir quando fala da casa de *Mont-Cinère*, isto é, a casa que protagoniza o romance de Julien Green, com os "poderes mágicos", o fogo da chaminé, a cama que é o "trono ocupado por aqueles que sonham ou pelos moribundos", os "trabalhos domésticos mais primitivos", enfim, com a experiência e a tradição, aí sim pode-se dizer que a moradia rural ibicenca — a quem, obviamente, o vidro e o aço eram desconhecidos — sugeriu a Benjamin, tanto em sua primeira viagem, em 1932, quanto na segunda, em 1933, algumas reflexões sobre a modernidade e, especialmente, sobre as perdas que esta vinha arrastando consigo de maneira inevitável.

Foi dessa maneira que a ilha se revelou a ele desde o primeiro momento, acima de tudo como um lugar onde a antiguidade podia ser contemplada ainda como um objeto animado, e não como um apanhado de ruínas. Além do mais, esse era um sentimento generalizado entre os viajantes daquela época. Eles acreditavam estar contemplando um espaço em que muitos dos elementos arquetípicos do Mediterrâneo haviam sido preservados de qualquer contaminação, inclusive cultural. Quase todos os escritos de Benjamin em Ibiza — não só os ensaios, como

---

[23] "El surrealismo", em Walter Benjamin, *Imaginación y Sociedad, op. cit.* [ed. bras.: "O surrealismo. O último instantâneo da inteligência europeia", em W. Benjamin, *Obras escolhidas I. Magia e técnica, arte e política, op. cit.*, p. 24]. Publicado pela primeira vez em 1929, no *Die Literarische Welt*. Sobre Walter Benjamin e a arquitetura de vidro, ver Pierre Missac, *Walter Benjamin: De un Siglo a Otro* (Barcelona, Gedisa, 1997).

também os relatos e outros textos de caráter diverso — serão marcados por essa experiência, como veremos.

Como já vimos, as primeiras impressões de Walter Benjamin sobre a ilha de Ibiza foram vinculadas às casas tradicionais e coincidiram no tempo com os primeiros estudos mais ou menos rigorosos feitos sobre elas, indo desde os artigos dos jovens e entusiastas arquitetos do GATCPAC até as análises um pouco mais minuciosas de Baeschllin ou de Hausmann. O entusiasmo dos primeiros atingiu sua expressão máxima no IV Congresso Internacional de Arquitetura Moderna, realizado no verão de 1933 em Atenas — enquanto Benjamin estava em Ibiza —, e a partir do qual o próprio Le Corbusier acabou reconhecendo "um despertar mediterrâneo extraordinariamente interessante" em uma busca teórica pelas raízes comuns da arquitetura moderna.[24]

Nesse contexto, o trabalho lexicográfico de Walther Spelbrink ocupa, sem dúvida, um lugar único como produto de uma época e de uma corrente filológica. Sua tese, intitulada *Die Mittelmeerinseln Eivissa und Formentera: eine kulturgeschichtliche und lexigraphische Darstellung* [As ilhas mediterrâneas de Ibiza e Formentera: uma apresentação histórico-cultural e lexicográfica], foi aceita pela Universidade de Hamburgo em 23 de junho de 1938, época em que já havia sido publicada em duas partes e em seu idioma original no *Butlletí de Dialectologia Catalana*, em 1936 e 1937.[25] O motivo pelo qual Spelbrink escolheu essas

---

[24] Sobre essa questão: Josep M. Rovira, *Urbanización en Punta Martinet, Ibiza 1966-1971*, Barcelona, Archivos de Arquitectura/Colegio de Arquitectos de Almería, 1996.

[25] Números 24 e 25. Não existe tradução dessa tese.

duas ilhas para sua tese de filologia estava diretamente ligado aos interesses científicos de seu propulsor inicial, isto é, o filólogo catalão Antoni Griera, que, naqueles idos, preparava um livro intitulado *La Casa Catalana*, de características idênticas e também dedicado à lexicologia doméstica, que só viria a ser publicado dois anos mais tarde, em 1933.[26]

Indiretamente, os motivos que levaram Walter Benjamin até Ibiza também guardam relação, sem que ele chegasse a sabê-lo, com toda essa atmosfera quase reverencial que se criou em torno da arquitetura popular da ilha ou, menos ainda, com as iniciativas do professor Antoni Griera, que, é certo, também visitou a ilha muito antes, em 1912, e pôde comprovar com grande surpresa a singularidade daquela arquitetura "pré-romana".

Os esforços de Antoni Griera na Alemanha foram centrados principalmente no campo da linguística, desde que, em 1908, ele se transferiu para a Universidade de Halle com a finalidade de estudar metodologia científica no campo da romanística para aplicá-la aos estudos de catalão. Essa universidade era, então, a única na Alemanha a oferecer cursos daquele idioma, conduzidos pelo filólogo Bernhard Schädel e com o apoio político de Prat de la Riba, à época presidente da Deputação da Catalunha. Quando, por motivos diversos, esse projeto veio a fracassar, Antoni Griera conseguiu colocar em prática novos cursos

---

[26] Antoni Griera, "La casa catalana", *Butlletí de Dialectologia Catalana*, Barcelona, 1933. No prólogo desse texto, o autor descreve o seguinte: "O homem convive na casa com a família e com todo o mundo que o envolve; ela, por sua vez, é uma espécie de templo familiar. E nenhuma outra coisa dá uma ideia tão exata da convivência do homem com a casa quanto o vocabulário desta". Sobre sua visita a Ibiza em 1912 e suas passagens por universidades alemãs e suíças, ver Antoni Griera, *Memòries* (Barcelona, Instituto Internacional de Cultura Románica, 1963).

de catalão em outras universidades alemãs, aproveitando o auge dos estudos de romanística. É a ele que se deve, em parte, o fato de muitos jovens alemães terem estudado catalão e viajado para a Catalunha ou para outros âmbitos linguísticos ligados ao catalão, como as ilhas Baleares, especialmente na década de 1920. Walther Spelbrink foi um desses jovens, mas não o único.

No início de março de 1932, apenas alguns meses depois da partida de Spelbrink, outro jovem filólogo alemão chegou a Ibiza, também falando catalão e de posse de uma carta de recomendação de Antoni Griera destinada ao pesquisador local Isidoro Macabich. Era Jakob Noeggerath, que chegou acompanhado de seu pai, Felix Noeggerath, e da mulher dele, Marietta, condessa de Westarp e sua terceira esposa.[27] Instalaram-se em uma modesta casa situada na magnífica baía de San Antonio, um povoado pequeno e tranquilo, na costa oeste da ilha. Seu objeto de pesquisa, orientado pelo romanista Ernst Gamillscheg, professor da Universidade de Berlim e bastante amigo de Antoni Griera, era a tradição oral camponesa de Ibiza: canções, contos, lendas e provérbios.

Doutor em filosofia e pai desse jovem filólogo, Felix Noeggerath era amigo de Walter Benjamin desde 1916. Eles haviam se conhecido em Munique, cidade onde Benjamin morou por

---

[27] Benjamin também fala, em sua primeira carta a Scholem, em 22 de abril de 1932, a respeito da "nora" de Felix Noeggerath, mas ninguém no povoado se lembra de Hans Jakob ter chegado à ilha acompanhado de uma mulher (W. Benjamin, *Cartas de la Época de Ibiza, op. cit.*, p. 38). Além do mais, parece que nunca se casou. Sobre Felix Noeggerath, ver Gershom Scholem, "Walter Benjamin und Felix Noeggerath", *Merkur: Deutsche Zeitschrift für europäisches Denken*, nº 393, Stuttgart, 1981.

alguns meses e em cuja universidade ambos participaram como alunos de um curso muito especial — ao qual só se tinha acesso por meio de convite — sobre a cultura e a língua do México antigo. Durante esse curso, que também tinha o poeta Rainer Maria Rilke como aluno, tiveram a ocasião de iniciar uma amizade baseada principalmente na admiração mútua. Desde essa época, Benjamin o chamava de "gênio", pois seus estudos abrangiam, com o mesmo entusiasmo e rigor, disciplinas tão variadas quanto teologia e psicologia, história e filosofia, linguística e matemática.

Quase não tinham se reencontrado desde então, embora ambos estivessem vivendo em Berlim. No entanto, em fevereiro de 1932, durante um encontro casual, Felix Noeggerath lhe contou sobre a tese de seu filho Hans Jakob e de sua viagem iminente a Ibiza. Naquele período crítico de sua vida, a predisposição de Benjamin para abandonar a cidade e partir em viagem a qualquer momento não podia ser mais favorável. No início do mês de abril, conseguiu juntar algum dinheiro, colocou na mala alguns livros e o caderno onde havia começado a escrever as primeiras anotações da *Crônica de Berlim* e se foi para Ibiza, onde a família Noeggerath já o estava esperando.

II
Noeggerath e a arte de narrar

Por que motivo a arte de contar histórias estava chegando ao fim era uma pergunta que Walter Benjamin vinha se fazendo pelo menos desde 1929, quando falou sobre essa questão em carta a seu admirado amigo Hugo von Hofmannsthal.[28] Agora, em San Antonio, um pequeno povoado de pescadores e camponeses, a mesma pergunta volta com força e se tornará um dos seus principais objetos de reflexão.

Inesperadamente, a ilha ia lhe proporcionar algumas das respostas que andava buscando. Em primeiro lugar, Benjamin pôde nela tratar com pessoas ansiosas por contar histórias, autênticos *globe-trotters* que, depois de dar muitas voltas, pareciam ter encontrado em Ibiza um lugar para se resguardar. Ao mesmo tempo, o jovem Hans Jakob Noeggerath, filho de seu amigo Felix e a quem chamavam familiarmente de Jean Jacques, acabara de iniciar um trabalho de campo, com a finalidade de realizar sua tese de doutorado. Esse trabalho, como foi dito, consistia em compilar contos, lendas, canções e provérbios da tradição oral do campesinato ilhéu. Inclusive, na mesma viagem de barco de

---

[28] Carta a Hugo von Hofmannsthal em 26 de junho de 1929. Walter Benjamin, *Gesammelte Briefe III, 1925-1930*, Frankfurt, Suhrkamp, 1997, pp. 472-3.

Hamburgo a Barcelona, uma longa travessia de onze dias, Benjamin não perdeu a oportunidade de ouvir e anotar as histórias que alguns membros da tripulação lhe contaram.

As circunstâncias, pois, não podiam ser mais favoráveis para meditar, mais uma vez, sobre a arte da narração, "meu velho tema, que me preocupa mais a cada dia",[29] uma arte que sempre bebeu da mesma fonte: a da experiência transmitida de boca em boca. Se a arquitetura moderna parecia empenhada em acabar com o significado da experiência da moradia tradicional, do próprio conceito de "casa", o romance estava fazendo o mesmo com os fundamentos da verdadeira arte da "narração". Contudo, o mais interessante é que Benjamin não se limitou a dar apenas respostas teóricas — que encontramos repetidas em vários textos, entre eles, mais uma vez, o ensaio "Experiência e pobreza" —, como também práticas, posto que ele próprio ia desenvolver uma importante atividade como narrador durante sua estadia em Ibiza.[30]

Benjamin saiu de Hamburgo a bordo do navio mercante Catania em 7 de abril de 1932. Foi nessa mesma embarcação

---

[29] Carta a Gretel Karplus em 26 de maio de 1933. Walter Benjamin, *Cartas de la Época de Ibiza*, Valência, Pre-Textos, 2008, p. 190.

[30] Durante sua primeira estadia em Ibiza, Benjamin escreveu quatro relatos: "A viagem do Mascote", "O lenço", "O anoitecer da viagem" e "A sebe de cactos". Durante sua segunda estadia, em 1933, escreveu "Histórias da solidão" e provavelmente também "Conversa assistindo ao corso (Ecos do carnaval de Nice)" e "A mão de ouro (Uma conversa sobre o jogo)", todos eles incluídos em Walter Benjamin, *Historias y Relatos* (Barcelona, Península, 1991) [ed. bras.: *A arte de contar histórias*, org. Patrícia Lavelle, trad. Georg Otte, Marcelo Backes e Patrícia Lavelle, São Paulo, Hedra, 2018].

que ele realizou sua primeira viagem à Espanha, em 1925.[31] Como da outra vez, o barco chegou a Barcelona ao fim de onze dias. A decisão de empreender essa viagem tendo Ibiza como destino final teve a ver, em primeiro lugar, com as recomendações feitas por seu amigo Felix Noeggerath não somente acerca das condições de absoluta tranquilidade oferecidas pela ilha, como também, e mais importante, sobre seus preços incrivelmente baixos. A decisão, no entanto, parece ter sido tomada com alguma precipitação, já que, em carta a Theodor W. Adorno, datada de 31 de março, apenas uma semana antes de sua partida, Benjamin disse que acabara de solicitar "algumas brochuras segundo as quais se pode fazer a viagem marítima de duas semanas via Holanda e Portugal em condições humanas relativamente dignas — embora de terceira classe, claro — por 160 marcos. Portanto, é grande a possibilidade que eu parta de Hamburgo rumo às Ilhas Baleares a 9 de abril".[32]

Benjamin dependia economicamente tanto dos pequenos trabalhos que entregava à imprensa quanto de suas colaborações

---

[31] O destino dessa viagem de 1925 era Nápoles. A bordo do Catania fez algumas escalas na Espanha, como a do Guadalquivir, o que lhe permitiu visitar Sevilha e Córdoba. Foram conservadas algumas cartas dessas visitas (ver Walter Benjamin, *Gesammelte Briefe III, 1925-1930*, Frankfurt, Suhrkamp, 1997), bem como um brevíssimo texto intitulado "Alcazar de Sevilha", parte da série "Lembranças de viagem" no livro *Rua de mão única*. Além do mais, em Sevilha conheceu as pinturas de Valdés Leal, "um imenso pintor barroco". De Barcelona, última escala na Espanha antes de partir para a Itália, escreveu que se tratava de "uma agreste cidade portuária que sobre um reduzido espaço imita muito aceitavelmente os bulevares de Paris".

[32] Carta a Theodor W. Adorno em 31 de março de 1932. Walter Benjamin/Theodor W. Adorno, *Correspondencia 1928-1940*, Madri, Trotta, 1998, p. 33 [ed. bras.: W. Benjamin/T. W. Adorno, *Correspondência, 1928-1940*, São Paulo, Editora da UNESP, p. 64].

radiofônicas, e essa situação que logicamente condicionava não só seus deslocamentos, como também seus projetos literários, começava a pesar para ele, à beira de completar quarenta anos. Em carta a Scholem em 28 de fevereiro, ele lamenta "as dificuldades com as quais tenho que lidar precisamente quando me ponho a escrever", para logo acrescentar que "meu único consolo nessa atividade dirigida a dez direções diferentes é que estou aprendendo cada vez mais a reservar minha mão e minha pena para alguns poucos assuntos importantes, de tal modo que faço da máquina de escrever o instrumento corrente para dizer as bobagens destinadas ao rádio e à imprensa".[33]

Pois bem, apenas alguns dias depois de escrever essa carta, ele recebeu uma dessas encomendas da imprensa, relacionada ao centenário de morte de Goethe. Tratava-se de uma bibliografia essencial e comentada da literatura sobre o autor para as páginas literárias do *Frankfurter Zeitung*. O texto foi publicado sem assinatura em 20 de março. Um mês depois, na primeira carta a Scholem a partir de Ibiza, enviada em 22 de abril, Benjamin descreveu de maneira despojada os fatores que tinham intervindo para possibilitar sua inesperada viagem: "A conjuntura mercantil do ano de Goethe me permitiu ganhar algumas centenas de marcos que não estavam previstas, ao mesmo tempo em que Noeggerath me falava de uma certa ilha para onde ele próprio e sua família pretendiam partir em êxodo".[34]

---

[33] Carta a Gershom Scholem em 28 de fevereiro de 1932. Walter Benjamin, *Gesammelte Briefe IV, 1931-1934*, Frankfurt, Suhrkamp, 1998, pp. 77-8.

[34] Carta a G. Scholem em 22 de abril de 1932. W. Benjamin, *Cartas de la Época de Ibiza, op. cit.*, p. 35.

A bordo do navio mercante Catania, Benjamin teve a chance de conversar longamente com o capitão e os oficiais, graças a quem conseguiu se sentir naquele barco "um pouco como em casa", durante os onze dias de percurso. Interessou-se principalmente pelo próprio barco e pela história da companhia de navegação. Tudo o que dizia respeito a essa viagem foi escrito em seu diário algumas semanas depois, já instalado em Ibiza.

Esse diário é composto pelas anotações reunidas sob o título "Espanha 1932" em um manuscrito de 78 páginas encadernado em couro marrom. Quase todo o caderno — 59 folhas — é ocupado pelo relato autobiográfico *Crônica de Berlim*; é nas páginas seguintes que encontramos as anotações sobre sua viagem no Catania, bem como aquelas que fazem referência a observações particulares sobre a ilha de Ibiza. Algumas delas serviram imediatamente tanto para seus relatos quanto para outros textos de natureza diversa, como veremos. Jean Selz, um dos principais componentes do que o próprio Benjamin acabaria denominando como o "círculo de conhecidos de Ibiza", teve a oportunidade de ver esse e outros cadernos:

> Às vezes ele lia para mim as anotações que escrevia em seus pequenos cadernos com uma escrita tão minúscula que nunca encontrava uma pena fina o bastante para traçá-la, o que o obrigava a escrever colocando sobre o papel a ponta da biqueira ao contrário. Ele tinha vários cadernos pequenos. Além daqueles em que tomava notas, tinha um em que se dedicava a anotar os títulos de todos os livros que lia.[35]

---

[35] "Walter Benjamin en Ibiza", em Jean Selz, *Viaje a las Islas Pitiusas*, Ibiza, TEHP, 2000. Sobre o diário de Benjamin, ver nota 11 do capítulo I, "Spelbrink

A primeira coisa que se pode dizer a propósito desse diário de Ibiza é que não pretendia ser um diário convencional. Talvez tampouco pretendia que fosse um diário e, certamente, seu autor nunca fará referência a ele dessa maneira. De todo modo, pretendia sim que fosse algo que viesse a substituir o diário convencional. Tudo nele parece mostrar com clareza que Benjamin estava realmente interessado em escrever sobre essa viagem de maneira diferente da que costumam ser escritos os diários de viagem, diferente inclusive do que ele próprio vinha fazendo. Isso é demonstrado também nas primeiras avaliações que ele chegou a fazer sobre o que estava escrevendo naquele momento. Em carta enviada a Scholem em 10 de maio, expressou a ele sua convicção de que os novos escritos sobre Ibiza estão limpos "pelo menos de todas as sínteses e impressões habituais de viagem".[36]

Ele também propõe evitar, conforme aponta em um dos trechos do diário, "uma estranha mania" própria dos escritores de livros de viagens: que "tenham se obrigado ao esquema da *satisfação de desejos*, querendo manter em cada país a bruma que o afastamento teceu em torno dele, o favor outorgado a cada local pela fantasia do ocioso". O que importava agora a Benjamin, que não era exatamente um principiante na autoria de diários e que tinha provado diferentes fórmulas em algumas de suas viagens,[37] era outra coisa bastante diferente e para a qual o mesmo

---

e a casa primordial". Sobre Selz e Benjamin, ver capítulo VI, "Selz e a fumaça dos sonhos".

[36] Carta a G. Scholem em 10 de maio de 1932. W. Benjamin, *Cartas de la Época de Ibiza*, op. cit., p. 43.

[37] Sobretudo o *Diario de Moscú* (Madri, Taurus, 1988) [ed. bras.: W. Benjamin, *Diário de Moscou*, trad. Hildegard Herbold, São Paulo, Companhia das Letras, 1989]. Mas também os textos de viagem sobre Nápoles, Marselha, Paris e

No alto, retratos de Felix Noeggerath e Walter Benjamin
(este na foto que seria usada em seu passaporte).
Acima, Jean Selz, Benjamin e Noeggerath em La Casita,
a casa de Guyet e Jean Selz em Ibiza.

diário, tal e qual o conhecemos, não podia passar de um projeto. A mesma travessia a bordo do Catania e suas conversas com a tripulação parecem ter-lhe inspirado esse novo tipo de diário que pretendia escrever, algo mais aberto e, principalmente, mais objetivo.

No ensaio "O narrador", escrito em Paris, em 1936, Benjamin lembra um ditado popular: "Quem viaja tem muito o que contar". Nesse mesmo ensaio,[38] aproveitando sua leitura recente das narrativas do escritor russo Leskov, estão reunidas suas reflexões sobre a arte de narrar, sua decadência e as possíveis causas disso, e faz referência ainda a dois grupos arcaicos dos quais sempre surgiram narradores anônimos, segundo ele. Um desses grupos, ele diz no texto, é o que abrange os camponeses sedentários. O outro é encarnado pelos marinheiros mercantes. "A extensão

---

Noruega em *Imágenes que Piensan* (Madri, Abada, 2012) [ed. bras.: *Imagens do pensamento*, em W. Benjamin, *Obras escolhidas II. Rua de mão única*, trad. Rubens Rodrigues Torres Filho e José Carlos Martins Barbosa, São Paulo, Brasiliense, 1987].

[38] "El narrador", em Walter Benjamin, *Para una Crítica de la Violencia y Otros Ensayos* (Madri, Taurus, 1991) [ed. bras.: "O narrador", em W. Benjamin, *Obras escolhidas I. Magia e técnica, arte e política*, trad. Sergio Paulo Rouanet, São Paulo, Brasiliense, 1987, 3ª ed.]. Esse texto foi publicado pela primeira vez em 1936, em *Orient und Occident. Staat-Gesellschaft-Kirche. Blätter für Theologie und Soziologie*. Algumas reflexões que aparecem nesse ensaio também se encontram em outros escritos anteriores, como é o caso de "O lenço" (ver nota a seguir) e no ensaio "Experiência e pobreza" (ver nota 22, capítulo I), bem como em alguns textos curtos de "Imagens do pensamento" e "Pequenos trechos sobre arte", em W. Benjamin, *Imágenes que Piensan, op. cit.* [ed. bras.: *Imagens do pensamento*, em W. Benjamin, *Obras escolhidas II. Rua de mão única, op. cit.*].

real do reino narrativo, em todo o seu alcance histórico, só pode ser compreendida se levarmos em conta a interpenetração desses dois tipos arcaicos".

A bordo do Catania, Benjamin se dedicou a escutar com interesse as histórias do capitão V... Sobre esse mesmo capitão, que parecia cumprir verdadeiramente com quase todas as expectativas daqueles que, como Benjamin, ainda buscavam nesse ofício todos os traços românticos possíveis, ele escreveu depois uma breve entrada em seu diário:

> E aqui poucos poderiam ser tão bem-vindos para mim quanto o capitão, em cujo barco me senti um pouco como em casa, e que, felizmente, trazia o primeiro exemplar da minha coleção de histórias. Que esse capitão é um caso especial, e não precisamente afortunado, fui me dar conta com clareza um pouco depois de Hamburgo. Tinha uma relação com Tom — um cachorro que um alemão lhe havia emprestado em Gênova — que era exclusiva dos sujeitos incomuns. E que ideia alguém pode tirar do passar do seu dia? Pulava o jantar e o café da manhã, de tal modo que sua jornada de trabalho se estendia, na verdade, de meio-dia a meio-dia, pois, de acordo com ele, quando o mar está agitado, o descanso noturno é algo precário para um capitão. E a partir de Hamburgo passamos por tormentas durante muitos dias. Ademais, em que pese sua timidez, nunca era antipático e, depois de ter ficado nos contando as obrigatórias piadas de marinheiro até a desembocadura do Elba (diante de um público bastante mal--agradecido, porque só havia um novato entre os três passageiros), não se incomodava com cinco minutos de uma conversa mais séria de vez em quando.

Creio que seja possível dizer que as novas anotações de viagem que Benjamin tinha se proposto a realizar deviam incluir "histórias e relatos". E essa era para ele a inovação mais evidente, pelo menos no que diz respeito a seus diários anteriores: ouvir e contar histórias, participar ativamente da cadeia da tradição oral. Tratava-se de tentar compreender o lugar para o qual se viajava através das histórias dele contadas ou que podiam ser nele encontradas ao sabor das circunstâncias. Em conjunto, todos os relatos que escreveu sobre sua viagem a Ibiza partilham de uma estrutura narrativa muito parecida e, acima de tudo, de uma mesma intenção.

Essa estrutura é nada menos do que aquela determinada pelo narrador que conta o que outra pessoa lhe contou. Essa outra pessoa deve ser sempre um personagem real, aquele que Benjamin acabara de conhecer em sua viagem. E a intenção também parece ser sempre a mesma: comprimir ao máximo, às vezes em poucas frases, informações sobre o lugar ou sobre os indivíduos — ou até sobre o barco no qual se viaja — que lhe chamaram especialmente a atenção. Tanto os indivíduos quanto as informações concretas do lugar se encontram, entretanto, sob o domínio da pura ficção, considerando que Benjamin sempre inventa o assunto que serve de fio condutor e sempre estrutura o relato avançando rumo a um desfecho inesperado. Acredito que, com esse modo de proceder, o que ele buscava não era outra coisa senão recuperar — pelo menos para si próprio — "a faculdade de trocar experiências", uma faculdade que, conforme ele afirma também em "O narrador", sempre foi o fundamento da arte de narrar, mas que agora se encontrava em inevitável decadência.

Assim, o capitão do Catania se tornou o protagonista do primeiro de seus relatos da ilha: "O lenço".[39] Nele, Benjamin conta uma bela história que, como as de todos os demais relatos relacionados à sua viagem a Ibiza, tem um final surpreendente. O texto se inicia precisamente com a mesma pergunta que não deixou de atormentá-lo durante sua estadia na ilha: "Por que acabou a arte de contar histórias? Eis uma pergunta que muitas vezes faço a mim próprio quando me deixo ficar à mesa com os outros conviras". E, depois da pergunta, algumas respostas: as mesmas que, alguns anos mais tarde, desenvolveria em seu ensaio "O narrador".

Para Benjamin, "quem jamais se entedia não é capaz de contar", e é essa razão pela qual o capitão do navio, que na versão definitiva se chama "capitão O...", não só é um bom narrador, como "o primeiro e talvez último contador de histórias que encontrei em minha vida". Assim é que em pouquíssimos lugares se produz uma combinação tão perfeita entre um velho ofício rotineiro e o tédio quando na ponte de comando de um barco. "O tédio, porém, não tem mais espaço em nosso agir. As atividades que se uniram a ele secreta e intimamente estão se extinguindo. E também por isso o dom de contar histórias está chegando ao fim: não se tece e não se fia mais. Não se constrói nem se aplaina objetos enquanto se ouve histórias."

Em seus escritos daquela época, e especialmente nos que assinará depois de suas duas estadias em Ibiza, Benjamin quis, uma vez ou outra, mostrar seu convencimento de estar assistindo à dissolução de um mundo que, nas mãos de uma geração que parecia ter se instalado na "pobreza da experiência" por ne-

---

[39] "O lenço", em Walter Benjamin, *Historias y Relatos, op. cit.* [ed. bras.: W. Benjamin, *A arte de contar histórias, op. cit.*]. Foi publicado pela primeira vez no *Frankfurter Zeitung* em 24 de novembro de 1932.

cessidade, jamais voltaria a se repetir. A escritora Susan Sontag fez um bom retrato de Benjamin quando disse que ele "sentia estar vivendo em uma época em que tudo o que tinha valor era o último de sua espécie".[40] Naquela viagem de 1932 até a ilha e durante os três meses de sua estadia, ele viveu essa experiência plenamente. Aquele mundo antigo em processo de dissolução lhe foi revelado com tamanha intensidade de matizes através da arquitetura, dos costumes e das paisagens, que ele não pôde fazer menos do que se entregar a isso para descrever e refletir sobre suas manifestações, como se fosse também "o último de sua espécie". O mesmo pode ser dito de sua viagem de Hamburgo a Barcelona a bordo do navio mercante Catania. Já não se faziam mais viagens como aquela.

Seus relatos pretendem participar da velha atmosfera — talvez pudéssemos falar em "aura" — da tradição oral, na qual alguém conta algo que lhe foi contado por outra pessoa. Desse modo, em "O lenço", o narrador diz contar uma história que lhe fora contada pelo capitão O... Esse capitão, durante uma de suas viagens, tinha conhecido uma mulher bela e misteriosa, que veio a se tornar protagonista de um incidente em seu barco: enquanto o barco se dispunha a realizar as manobras de atracamento, a mulher se arrojou ao mar. "Então aconteceu o improvável", segundo conta o capitão. "Houve alguém que fez a tentativa formidável. Era possível vê-lo, cada um dos músculos distendidos, as sobrancelhas virando uma só, como se quisesse fazer mira, saltar da grade e, enquanto o vapor foi se aproximando em todo seu comprimento a estibordo — para horror de todos os que acompanhavam o espetáculo —, a bombordo apareceu, sem que

---

[40] Susan Sontag, *Bajo el Signo de Saturno*, Barcelona, Edhasa, 1987 [ed. bras.: Susan Sontag, *Sob o signo de Saturno*, Porto Alegre, L&PM, 1980, p. 103].

a princípio se notasse, pois ninguém olhava para aquele lado, o homem, salvo, e em seu braço a moça, na superfície da água."

O argumento de "O lenço" contém uma estrutura muito frequente nas narrações orais. Aquele que conta a história — na qual confluem heroísmo e amor, beleza e mistério, e um lenço bordado como símbolo conciliador de todos esses valores — não só a ouviu previamente, como também acrescentou um novo e inesperado elemento ao final, iluminando tudo o que fora contado até então. Porque aquele rapaz que havia se lançado com valentia rumo ao mar para salvar a mulher misteriosa era ninguém menos que o capitão. O narrador, a ponto de zarpar rumo a Ibiza, chega a essa conclusão, "a mais surpreendente das conclusões", graças ao lenço com o qual, a partir da doca, o capitão lhe faz um último aceno de despedida e que acontecia de ser o mesmo lenço que levava a mulher protagonista do relato.

Foi efetivamente durante essa mesma longa travessia que o levou primeiro até Barcelona a bordo do navio mercante alemão e, imediatamente depois, até Ibiza no Ciudad de Valencia, um barco da Transmediterránea, que Benjamin, conforme escreve em seu diário, tomou consciência do tipo de caderno de viagem que queria escrever:

> Estava de pé e pensava no famoso tema de Horácio — "alguém pode fugir de sua pátria, mas nem por isso conseguirá escapar de si mesmo" — e no quanto ele é discutível. Ora, viajar não é uma superação, uma purificação das paixões instaladas que estão arraigadas no entorno habitual e, com isso, também uma oportunidade de desenvolver outras novas, o que certamente é uma espécie de transformação? Eu, pelo menos, acabava de tomar consciência

de uma dessas novas paixões, e os dez dias no mar que ficavam para trás tinham me bastado para inflamar essa chama: desta vez queria fixar toda minha atenção no épico, reunir todos os feitos, todas as histórias que pudesse encontrar e, consequentemente, provar como acontece uma viagem desprovida de toda impressão vaga. Que não se pense isso como uma questão exclusiva dos relatos de viagem; é uma questão de técnica de viagem, de uma boa e antiga técnica, como as que eram praxe antes do domínio do jornalismo.

À medida que ele se aproximava do seu local de destino, ia configurando com precisão cada vez maior o seu novo projeto de escrita. Ele imaginava — e o fazia bem — que, ao chegar a Ibiza, teria a oportunidade de conhecer facilmente novas histórias para contar. Nem as vagas impressões subjetivas nem o discurso da reportagem jornalística lhe serviriam: tratava-se de uma "questão de técnica de viagem", uma técnica "antiga", baseada no relato oral e na transmissão de experiências. Mas, acima de tudo, seria possível dizer que era baseada em uma atitude receptiva pessoal, ou seja, como a que ele manteve durante os dias em que lidou com a tripulação do Catania.

Porém, entre as histórias que ouviu a bordo do navio mercante alemão antes de sua chegada, houve outra pela qual sentiu interesse especial: a que relatava "a viagem do Prival" em 1919, um ano em que "não só a frota de guerra tinha o ambiente revolucionário dos Dias de Kiev até a medula". Essa é a origem de outro de seus relatos de Ibiza, intitulado "A viagem do Mascote".[41]

---

[41] "El viaje de la *Mascotte*", em Walter Benjamin, *Historias y Relatos, op. cit.*

O relato dessa viagem, sem dúvida de caráter "épico", ocupa um espaço importante de seu diário, mas parece que já com a confiança de que ia se tornar também uma narração independente. O barco protagonista, a princípio chamado de Prival, depois Mascot e, na versão definitiva original, Mascote, levou a cabo uma viagem singular de Hamburgo até o Chile, com a missão de recuperar os outros barcos da mesma companhia que, com a eclosão da Primeira Guerra Mundial, tinham ficado na América.

Assim, o Prival estava repleto de marinheiros dispostos a se tornarem tripulantes de todos aqueles barcos. Mas esses marinheiros, durante o longo e turbulento trajeto, acabaram se apoderando do controle do barco que os levava até o Chile e, por fim, do controle da própria companhia. Benjamin se reserva esse último dado para dar um desfecho surpreendente à narração. Também aqui o narrador coloca na boca de outrem — nesse caso, "meu amigo, o sinaleiro de bordo" — toda a história, "uma dessas histórias que se costuma ouvir no mar, para a qual o casco do navio é a caixa de ressonância perfeita e o socar das máquinas o melhor acompanhamento, e diante das quais não se deve insistir para saber de onde elas vêm".

Walter Benjamin chegou por fim à ilha de Ibiza na manhã de uma terça-feira, dia 19 de abril, a bordo do Ciudad de Valencia, "um belo e novo barco a motor ao qual quiseram atribuir uma função mais importante do que se ocupar desse pequeno

---

[ed. bras.: "A viagem do Mascote", em W. Benjamin, *A arte de contar histórias, op. cit.*, p. 69].

tráfego insular".[42] Seu amigo Felix Noeggerath o esperava ali, no porto da capital, ainda que trazendo uma má notícia. Como consequência da precipitação com que haviam sido feitos os planos dessa viagem,[43] Noeggerath, ainda em Berlim, havia alugado uma casa em Ibiza de um indivíduo que descobriram ser um vigarista procurado pela polícia e que, claro, não era o proprietário da tal casa. Ao mesmo tempo, Benjamin, por mediação de Noeggerath, havia alugado o apartamento onde morava em Berlim — que lhe fora cedido por uma amiga desde seu divórcio com Dora Kellner — a esse mesmo indivíduo, que não tardou a fugir da cidade, motivo pelo qual ele se viu de pronto sem a única renda mensal fixa com a qual contava para custear sua estadia na ilha. Em resumo, e como ele escreve a Scholem em 22 de abril, em sua primeira carta a partir da ilha: "É uma daquelas coisas que é melhor contar diante da lareira do que por carta".

Dessa maneira, Benjamin, que chegava com a cabeça cheia de relatos marítimos, viu-se em meio a uma nova e complicada história, na qual ele próprio estava envolvido de forma desagradável. Acontece que pensou nela não só por suas consequências pessoais, como também enquanto argumento narrativo, conforme se pode ler em um dos fragmentos de seu diário, onde des-

---

[42] Essa frase pertence a seu diário "Espanha 1932", em Walter Benjamin, *Escritos Autobiográficos* (Madri, Alianza, 1996).

[43] Parece que os Noeggerath também decidiram viajar para Ibiza de última hora. Foram levados a deixar Berlim não só pela tese de doutorado de Hans Jakob, mas também, como escreve Benjamin em seu diário, por "um apaixonado desejo de sair da situação em que vivem" (*Escritos Autobiográficos, op. cit.*, p. 180). Ele se referia aqui principalmente à situação econômica. A inflação tinha afetado Felix Noeggerath consideravelmente, e ele se mantinha graças às traduções que lhe encomendavam; traduziu, entre outros, o pensador italiano Benedetto Croce.

creve sua surpresa diante do fato de que "na era das comunicações, uma pobre ilha do Mediterrâneo possa se converter em base de operações para um impostor". Anotou no mesmo lugar sua intenção de escrever um relato a respeito de todo esse assunto, o que afinal não chegou a fazer. O que importava era "reunir todos os fatos, todas as histórias que pudesse encontrar". Esse era o propósito com o qual desembarcara no porto de Ibiza naquele dia 19 de abril de 1932.

O acontecimento significou, além de dinheiro perdido — pois já tinham adiantado ao vigarista parte do valor mensal por sua suposta casa —, uma mudança radical de planos em relação a alojamento. Os Noeggerath conseguiram, então, uma velha casa rural — isto é, uma daquelas casas de arquitetura tradicional que vinham causando tanto impacto nos viajantes —, situada em local "modesto e afastado",[44] na baía de San Antonio, embora não no povoado em si, pelo período de um ano e sem pagar nenhum tipo de aluguel, mas reformando-a por conta própria.

Essa casa, conhecida como Ses Casetes, estava a pouquíssimos metros do mar, em uma saliência da baía chamada Sa Punta des Molí, junto de um velho moinho desativado e de uma casa maior onde o proprietário da *finca* vivia com sua família. Era uma pequena casa rodeada de urumbebas, construída sobre um terreno rochoso, que tinha nada mais do que dois dormitórios, uma sala grande — o *porxo* — e uma cozinha. Atrás da casa, mas de costas para ela, ficavam os currais, onde o proprietário guardava seus porcos e cabras. Dali, a vista para a baía, para as ilhotas próximas e para o próprio povoado era extraordinária. E,

---

[44] Carta a G. Scholem em 22 de abril de 1932. W. Benjamin, *Cartas de la Época de Ibiza, op. cit.*, p. 36.

se de um lado estava o mar, do outro ficava um extenso e harmonioso bosque de pinheiros e zimbros.

Ninguém habitava aquela casa desde o início de 1931, quando seu último hóspede, um alemão de nome Jockisch, havia decidido se mudar para viver não muito longe dali, em meio às montanhas, no pequeno povoado de San José. Mas por causa das reformas, até meados do mês de maio Benjamin não pôde se alojar nela. Escreveu, então, a sua amiga Gretel Karplus: "O que tem de bom é a vista da janela para o mar e para uma ilha rochosa cujo farol me ilumina à noite".[45]

Enquanto os Noeggerath realizavam os trabalhos de reforma da casa, Benjamin tinha se instalado provisoriamente em outra casa menor. Por essa "casa só para mim" e também por "três refeições por dia, de uma cozinha bastante provinciana, sem dúvida, com um certo *goût du terroir*, mas delicada como um todo", ele pagava apenas "1,80 marco por dia".[46]

---

[45] Carta para G. Karplus em meados de maio de 1932. W. Benjamin, *Cartas de la Época de Ibiza, op. cit.*, p. 50. O moinho e a casa principal mantêm-se conservados, mas a pequena casa onde Benjamin e os Noeggerath se instalaram foi demolida nos anos 1980. Quanto ao farol, ele se refere ao da ilhota chamada Conejera. Não era o único farol visível dali, pois havia mais um do outro lado da baía, em uma das extremidades do povoado, chamado Coves Blanques.

[46] Carta a G. Scholem em 22 de abril de 1932. W. Benjamin, *Cartas de la Época de Ibiza, op. cit.*, p. 37. Essa casa, a primeira ocupada por Benjamin em San Antonio, não pôde ser identificada. O que ele diz acerca das três refeições diárias leva a supor que, diante da situação inesperada em que se viu assim que chegou lá, teve que recorrer a uma pousada. Em 1932, havia duas pousadas no povoado. Ambas ofereciam serviços de café da manhã, almoço e jantar, e acomodavam os clientes em casas particulares. Não podia haver muitos turistas em San Antonio naquela ocasião, assim não foi difícil Benjamin ter ficado sozinho em uma daque-

Acima, Sa Punta des Molí, em San Antonio,
com o grande moinho branco no centro e Ses Casetes à esquerda,
a casa onde Walter Benjamin e os Noeggerath
moraram durante a primavera de 1932.

Vista de Sa Punta des Molí nos dias de hoje.

Viajar é também uma maneira de reunir histórias. Essa era a ideia com a qual Benjamin tinha chegado a Ibiza e também a que lhe fez estar especialmente receptivo durante toda sua estadia na ilha. No pequeno povoado de San Antonio, encontrou novos e interessantes argumentos. Por um lado, os que foram lhe contando os outros estrangeiros instalados ali, pessoas solitárias que pareciam ter encontrado na ilha um refúgio seguro ou um espaço apropriado para a utopia pessoal. Mas também se interessou pelas histórias locais, aquelas que a própria comunidade insular — o "camponês sedentário" — vinha contando para si própria há séculos. Entretanto, sua principal atividade literária consistiu em escrever, durante esses três meses, sua própria história de infância e juventude, ou seja, as páginas da *Crônica de Berlim*. Para essas primeiras histórias e, sobretudo, para as segundas, que se relacionavam ao mundo rural da ilha, Benjamin teve como guia o jovem Hans Jakob Noeggerath, único filho de seu amigo Felix.

Em sua primeira carta a Scholem, escrita em 22 de abril, Benjamin afirma que o jovem Noeggerath encontrava-se também em Ibiza fazendo uma tese sobre "o dialeto da ilha".[47] As atividades de Hans Jakob — assim chamado por causa de seu bisavô paterno, Johann Jakob Noeggerath, importante mineralogista e bom amigo de Goethe — no povoado de San Antonio são recordadas ainda hoje pelos moradores mais antigos do lugar. A poucos meses de sua chegada, já havia se tornado um personagem muito popular. Não só conversava com os camponeses no idioma deles, como, pelo visto, não tardou a vestir-se como

---

las casas reservadas para vários clientes. Quanto aos Noeggerath, eles se instalaram na mesma casa que tiveram que reformar.

[47] Carta a G. Scholem em 22 de abril de 1932. W. Benjamin, *Cartas de la Época de Ibiza*, op. cit., p. 38.

eles. Dessa maneira, conseguiu acessar um mundo onde ainda se fiava e se tecia, se construía e se aplainava: um mundo onde sempre tinha sido possível a arte de contar histórias, de acordo com Benjamin. Seu trabalho o obrigava não só a lidar assiduamente com os camponeses, como também a participar de suas festas e celebrações, pois era nessas ocasiões que conseguia ouvir o maior número de relatos e canções, que sempre anotava em sistema taquigráfico.

Esse nível de familiaridade não era fácil de conseguir, pois os camponeses da ilha eram também bons guardiões de seus costumes e de tudo que dissesse respeito à sua intimidade. Poucos meses antes, também veio a se dar conta desse mesmo fato Walther Spelbrink, a quem os camponeses deixaram entrar em todas as dependências de suas casas, exceto nos dormitórios, o que fez com que ele recorresse a outros meios para terminar seu trabalho sobre lexicografia doméstica.[48] Assim, os ibicencos, que davam apelidos muitas vezes sarcásticos a todos os estrangeiros, chamavam ao jovem Noeggerath simplesmente de *Jaume* ou *es payés alemany*.[49]

O jovem compilou dezenas de contos e lendas tradicionais, e não é difícil imaginar Walter Benjamin ouvindo alguns deles na casa dos Noeggerath. Interessou-se também por muitos dos costumes ancestrais da ilha, algo que Benjamin chegou a conhecer, pois são mencionados em outro de seus relatos, intitulado

---

[48] Os camponeses nunca deixaram Spelbrink entrar nos dormitórios. Foi o cânone e pesquisador local Isidoro Macabich que, para solucionar o problema, deixou que ele entrasse no seu, embora não fosse exatamente um dormitório de camponeses. O mesmo Spelbrink conta o episódio em sua tese de doutorado, *Die Mittelmeerinseln Eivissa und Formentera, op. cit.*, capítulo 3.

[49] Isto é, "Jaime" e "*payés* alemão". [N. do T.: "*payés*" é a maneira como são chamados os camponeses da Catalunha ou das Ilhas Baleares.]

"O anoitecer da viagem".[50] Quase todos os protagonistas dos contos de Ibiza são aparentados com os personagens arquetípicos da narrativa popular ocidental: as figuras do menino tolo, do irmão caçula, daquele que queria saber o que era o medo etc. Todos eles serão abordados por Benjamin quatro anos depois no ensaio "O narrador", para explicar que "o conto de fadas ensinou há muitos séculos à humanidade, e continua ensinando hoje às crianças, que o mais aconselhável é enfrentar as forças do mundo mítico com astúcia e arrogância".

Com "O narrador", Benjamin culminou em 1936, em Paris, um projeto que vinha arrastando há mais de seis anos e que teve em San Antonio, tanto em 1932 quanto em 1933, alguns de seus avanços mais importantes. Foi onde ele encontrou motivos e situações para refletir sobre essa questão. Sua predisposição para escutar e anotar histórias não podia ser mais favorável, como vimos anteriormente, a partir do próprio momento em que saiu de Hamburgo a bordo do navio mercante Catania. Na casa dos Noeggerath também não era um assunto estranho. Foi precisamente de uma conversa entre Benjamin e eles que surgiu um breve texto intitulado "Conto e cura", que logo foi incorporado à série "Imagens do pensamento",[51] e que trata das possíveis relações existentes entre a arte de narrar contos e a cura de

---

[50] "Una tarde de viaje" em Walter Benjamin, *Historias y Relatos, op. cit.* [ed. bras.: "O anoitecer da viagem", em W. Benjamin, *A arte de contar histórias, op. cit.*]. Publicado postumamente. Sobre esse relato, conferir o capítulo III, "Don Rosello e a utopia insular".

[51] "Imágenes que piensam", em Walter Benjamin, *Imágenes que Piensam, op. cit.* [ed. bras.: W. Benjamin, *Obras escolhidas II. Rua de mão única, op. cit.*, p.

doenças. Essa relação foi pressentida por Benjamin quando Felix Noeggerath lhe falou um dia sobre os poderes curativos das mãos de sua mulher Marietta, nos seguintes termos: "Seus movimentos eram altamente expressivos. Contudo, não poderia descrever sua expressão... Era como se contassem uma história". Veio, então, à cabeça de Benjamin a cena do menino que fica doente: em primeiro lugar, a mãe manda que se deite, para logo sentar-se a seu lado e começar a lhe contar histórias. Ele se pergunta: "a narração não formaria o clima propício e a condição mais favorável de muitas curas"? "E mesmo se não seriam todas as doenças curáveis se apenas se deixassem flutuar para bem longe — até a foz — na correnteza da narração"?

 A cura através da narrativa, já a conhecemos das fórmulas mágicas de Merseburg. Não é só que repitam a fórmula de Odin, mas também relatam o contexto no qual ele as utilizou pela primeira vez. Também já se sabe como o relato que o paciente faz ao médico no início do tratamento pode se tornar o começo do processo curativo. Daí vem a pergunta se a narração não formaria o clima propício e a condição mais favorável de muitas curas, e mesmo se não seriam todas as doenças curáveis se apenas se deixassem flutuar para bem longe — até a foz — na correnteza da narração. Se imaginamos que a dor é uma barragem que se opõe à corrente da narrativa, então vemos claramente que é rompida onde sua inclinação se torna acentuada o bastante para largar tudo o que encontra em seu caminho

---

269]. A série é constituída de sete breves textos, quase todos escritos em Ibiza, e foi publicada pela primeira vez no *Frankfurter Zeitung*, em 15 de novembro de 1933, sob o pseudônimo Detlef Holz.

ao mar do ditoso esquecimento. É o carinho que delineia um leito para essa corrente.

Pode parecer estranho, no entanto, que nada do que ele escreveu em "Conto e cura" tenha sido retomado depois, em 1936, em "O narrador", levando em conta que o que Benjamin fez nesse ensaio foi, sobretudo e precisamente, resumir de maneira definitiva os fragmentos do mesmo assunto que tinha escrito aqui e ali; e, entre esses fragmentos, alguns anotados em Ibiza, como o início do relato "O lenço", abordado há pouco. É possível que, em 1936, em Paris, ele se lembrasse daquela conversa e também do texto que surgiu dela. Mas não resta dúvida de que também deve ter guardado em mente o trágico acontecimento ocorrido em setembro de 1934 — um ano depois de sua última estadia na ilha —, em San Antonio, na casa dos Noeggerath, quando nem as mãos de Marietta nem as narrativas tradicionais conseguiram salvar o jovem Noeggerath da morte. Como consequência de febres tifoides, uma doença que não era rara na Ibiza daquele tempo, Hans Jakob morreu aos 28 anos de idade.[52]

O que se seguiu imediatamente a esse doloroso e inesperado acontecimento também é digno de relato. A seu enterro, no dia 4 de setembro, no cemitério de San Antonio, compareceram

---

[52] Por outro lado, a mesma ideia que relaciona a arte de contar com a cura de enfermidades aparece em "A febre", um dos capítulos de *Infancia en Berlín hacia 1900* (Madri, Alfaguara, 1990) [ed. bras.: *Infância em Berlim por volta de 1900*, em W. Benjamin, *Obras escolhidas II. Rua de mão única, op. cit.*). Esse capítulo foi publicado no *Vossische Zeitung* em 17 de março de 1933, ou seja, antes da morte do jovem Hans Jakob.

dezenas de camponeses, todos eles comovidos com a morte de "en Jaume". Parece que, a princípio, o cura do povoado se negou a acompanhar o cortejo, posto que os Noeggerath não eram católicos. Essa decisão desagradou os camponeses — e todos os outros que acompanharam o enterro, pescadores e outras pessoas do lugar —, que acabaram por ir buscar o cura e o levaram até o cemitério quase à força, obrigando-o a rezar algumas orações. A imprensa local ecoou a morte de "Jaime Noeggerath". Em sua edição do dia 4, o *Diario de Ibiza* elogiava as virtudes do jovem filólogo: "Todos eram seus amigos e gostavam dele". Poucas semanas depois chegou a Ibiza a mãe de Hans Jakob, Lola Kühner, primeira esposa de Felix Noeggerath. Ela visitou o túmulo de seu filho e alguns dos lugares que ele havia descrito em suas cartas.

Felix Noeggerath e sua mulher Marietta continuaram morando em San Antonio, onde haviam comprado um terreno para construir uma casa. A quantidade de moradores estrangeiros, bem como a de veranistas em geral, tinha aumentado consideravelmente naqueles meses. Entre os recém-chegados estava um jovem catalão, Josep Roure-Torent, que tinha mostrado também um grande interesse pela cultura popular da ilha. A ele, Felix Noeggerath confiou, poucos meses depois da morte de seu filho, todas as anotações e transcrições taquigráficas de Hans Jakob, com o pedido de com elas fazer algo que valesse a pena.

Quando, por fim, Roure-Torent se dispôs a realizar aquele trabalho, teve início a Guerra Civil espanhola. Pouco antes, em 1935, tinha sido publicada em uma revista alemã, por intermédio do escritor Friedrich Burschell — que visitou Benjamin em San Antonio no verão de 1933 —, uma breve amostra do trabalho de Hans Jakob sobre a literatura popular ibicenca.[53] Fin-

---

[53] "Balearische Volkmärchen aus Ibiza", *Atlantis*, nº 3, 1935. Trata-se de

da a guerra, Roure-Torent teve que se exilar no México, onde finalmente se ocupou das anotações e transcrições taquigráficas de Hans Jakob, editando-as e refazendo-as com plena liberdade, até transformá-las em um breve livro chamado *Contes d'Eivissa*, que obteve, em 1944, o "Prêmio Extraordinário" dos Jogos Florais da Língua Catalã, celebrados em Havana.

Quatro anos depois, o livro foi publicado no México,[54] com prólogo do poeta catalão Josep Carner e introdução do próprio Roure-Torent, na qual explica, entre outras coisas, parte da história do livro: uma história percorrida sigilosamente, quase na ponta dos pés, por Walter Benjamin. Mas, acima de tudo, uma daquelas histórias que, sem sombra de dúvida, ele teria gostado de ouvir e de poder contar alguma vez.

---

uma amostra de dois contos populares da ilha traduzidos pelo próprio Burschell, com introdução que elogia o trabalho de Hans Jakob, cuja morte não é mencionada.

[54] Josep Roure-Torent, *Contes d'Eivissa*, México D.F., Club del Llibre Català, 1948 (reeditado: Ibiza, Mediterránea, 1997).

III

Don Rosello e a utopia insular

Ainda que Walter Benjamin conhecesse outras ilhas do Mediterrâneo, como Córsega e Capri, e algumas cidades do sul da Espanha, quando vemos sua correspondência, tudo parece indicar que a ilha de Ibiza se revelou a ele de maneira muito especial e diferente. Sua primeira estadia, entre 19 de abril e 17 de julho de 1932, transcorreu entre a surpresa inicial com a "ausência quase total de estrangeiros" e a crescente fascinação pela paisagem, pela arquitetura e pelos costumes da ilha, além da "serenidade e beleza" de seus habitantes.[55] Na verdade, é possível dizer que Benjamin, devido principalmente à precipitação com que havia decidido realizar essa viagem, não sabia muito bem que mundo iria encontrar ali, motivo pelo qual não é de se estranhar a manifestação bastante particular de sentimentos de surpresa e fascinação nos seus escritos desse período.

Efetivamente, a ilha se revelou a ele de maneira especial, como um espaço ainda "intacto", ou seja, que não tinha sido tocado pela força esmagadora do capitalismo, feito um mundo apartado do mundo. Nos capítulos anteriores, vimos como esse

---

[55] Carta a Gershom Scholem em 22 de abril de 1932. Walter Benjamin, *Cartas de la Época de Ibiza*, Valência, Pre-Textos, 2008, p. 38.

caráter arcaico tanto da moradia tradicional autóctone quanto das narrativas populares conseguiu impressioná-lo profundamente, a ponto de sugerir reflexões sobre a arquitetura e sobre a arte da narração. Além do mais, abril era, como sempre foi, um bom mês para chegar a Ibiza. Com suas cerca de mil plantas silvestres diferentes, a maioria delas em plena floração, um clima suave que torna possível os primeiros banhos de mar, e uma luz clara e cabal vinda do céu por sobre os campos e muros revestidos de cal, a ilha se mostrava aos escassos viajantes da época como um espaço dos sonhos, superando qualquer expectativa pessoal. Assim, tudo facilitava a idealização desse espaço, a que sua condição de ilha conseguia acrescentar um conjunto perfeito de fantasias utópicas ou de relatos míticos.

Mais ou menos um mês depois de sua chegada, Benjamin descreveu de maneira muito expressiva, em carta a sua amiga Gretel Karplus,[56] a placidez e a beleza com que passava os dias junto da baía de San Antonio. Levantava-se todos os dias no mesmo horário, "às sete", e tomava um banho de mar, "onde, por mais longe que se observe, não existe uma alma viva sequer sobre a orla, quando muito um veleiro no horizonte bem na altura da minha vista". Depois do banho de mar, vinha outro de sol, "apoiado em algum tronco suave do bosque". O que se seguia a essas privilegiadas primeiras horas da manhã era "um longo dia" dedicado à leitura e à escrita.

É possível dizer que, inesperadamente, Benjamin se viu obrigado a levar em San Antonio um tipo de vida que, ainda que

---

[56] Carta a Gretel Karplus em meados de maio de 1932. W. Benjamin, *Cartas de la Época de Ibiza, op. cit.*, pp. 49-53.

compreendesse algumas carências importantes — por exemplo: "a luz elétrica e a manteiga, as bebidas alcoólicas e a água corrente, o flerte e a leitura de jornais" —, também lhe oferecia uma singular disposição de ânimo em pleno contato com a natureza. Essas carências materiais, descritas por ele próprio a Gretel Karplus com simpatia, como algo um pouco pitoresco, sempre eram compensadas pela beleza e serenidade de uma natureza surpreendente, pode-se dizer que em estado puro. Aqui se faz necessário mencionar não só o mar ou a esplêndida e ampla baía de San Antonio, onde ele vivia e na qual se banhava todas as manhãs, como também o interior montanhoso da ilha, com caminhos antigos e intrincados, torrentes e vales cultivados, e ainda casas solitárias.

Embora ele passasse a maior parte do tempo lendo e escrevendo, vez por outra decidia fazer "longas caminhadas solitárias por uma região ainda maior e mais solitária".[57] Esses longos passeios pelo interior da ilha lhe revelaram a natureza muito especial de uma paisagem repleta de rastros, marcada por uma cultura antiga e persistente. A cada passo, essa cultura se manifestava de alguma maneira: um caminho ou trilha, um forno de carvão ou de cal, uma cisterna, terraços escalonados com paredes de pedra. E, por todas as partes, campos com amendoeiras, oliveiras, figueiras e alfarrobeiras. A perfeita associação entre natureza e cultura tão característica das ilhas mediterrâneas.

A partir da contemplação dessas paisagens do interior da ilha, "as mais desnudadas e intactas que já vi",[58] surgiu um

---

[57] *Idem, ibidem.*

[58] *Idem, ibidem.*

curioso texto intitulado "Ao sol".[59] De todos os textos e anotações de Benjamin sobre Ibiza, este é sem dúvida o que descreve com maior intensidade sua experiência da natureza insular. Com uma prosa decididamente poética, o texto segue o itinerário de um daqueles passeios pelos campos e bosques da ilha, com narração em terceira pessoa — como era de hábito para Benjamin[60] —, e contém um esplêndido exercício de percepção e representação das primeiras semanas de um verão ibicenco. Os frutos das amendoeiras, alfarrobeiras e figueiras ainda por amadurecer, o onipresente e monótono canto das cigarras, as gotas de suor escorrendo pelo rosto do caminhante, as sombras das árvores, o sol... O texto abre com uma reflexão bastante benja-

---

[59] Walter Benjamin, *Imágenes que Piensan*, Madri, Abada, 2012 [ed. bras.: *Imagens do pensamento*, em Walter Benjamin, *Obras escolhidas II. Rua de mão única*, trad. Rubens Rodrigues Torres Filho e José Carlos Martins Barbosa, São Paulo, Brasiliense, 1987, p. 255]. O texto foi publicado pela primeira vez no *Kölnische Zeitung*, em 27 de dezembro de 1932. Em referência a esse mesmo texto, Scholem escreve o seguinte em *Walter Benjamin: Historia de una Amistad* (Barcelona, Península, 1987), p. 191 [ed. bras.: *Walter Benjamin: a história de uma amizade*, São Paulo, Perspectiva, 1989, p. 184]: "Em vista do seu quadragésimo aniversário, escreveu, como uma lembrança de Jula Cohn, a peça autobiográfica *In der Sonne* [*Ao sol*]. Um trecho absolutamente místico dessa obra contém um eco estranho do prefácio de Buber ao seu livro *Daniel. Gespräche von der Verwirklichung* [*Daniel. Diálogos sobre a realização*]. Benjamin o lera muitos anos antes com grande reserva e, evidentemente de modo inconsciente, ficou gravada em sua memória a frase de Buber sobre seu encontro com um tronco de freixo". Sobre Jula Cohn, ver nota 187 do capítulo VI, "Selz e a fumaça dos sonhos".

[60] Sobre essa questão, Benjamin escreveu o seguinte, também em Ibiza: "Se escrevo em melhor alemão que a maioria dos escritores da minha geração, devo isso em grande parte ao cumprimento de uma única regra menor há vinte anos. Diz o seguinte: Nunca usar a palavra 'eu', exceto em cartas". *Crónica de Berlim*, em Walter Benjamin, *Escritos Autobiográficos*, Madri, Alianza, 1996, p. 200.

miniana, mas que também ecoa o trabalho de Walther Spelbrink, sobre a necessidade de conhecer os nomes das coisas para melhor apreender sua essência:

> Dizem que há dezessete espécies de figos na ilha. Seus nomes — diz para si o homem que caminha ao sol — deveriam ser sabidos. Aliás, não se deveria apenas ter visto os capins e os animais que dão à ilha rosto, som e cheiro, as camadas de relevo e os tipos de solo, que vão desde o amarelo poeirento até o marrom violeta, com amplas superfícies de cinabre de permeio, mas, antes de tudo, deveria se saber os seus nomes. Não será cada região a lei de um encontro irreproduzível de plantas e animais, e a denominação de cada lugar, portanto, um código sob o qual flora e fauna se encontram pela primeira e última vez? Só que o camponês possui a chave dessa escrita cifrada. Sabe os nomes. Todavia, não é capaz de declarar coisa alguma sobre o seu lugar. Não teriam os nomes o transformado num homem de poucas palavras? Então, a opulência de palavras é característica apenas daquele que possui o saber sem os nomes, e a plenitude do silêncio daquele que nada tem a não ser os nomes?
> Por certo, não é nativo da região aquele que caminha assim ensimesmado e, em casa, se lhe ocorriam ideias a céu aberto, era sempre de noite. É com estranheza que se recorda de que povos inteiros — judeus, hindus, mouros — fundaram suas doutrinas sob um sol que parecia lhes vedar o pensamento. Este sol está lhe queimando as costas. Resina e tomilho impregnam a atmosfera, na qual, respirando, crê que vai sufocar. Um zangão martela em seu ouvido. Mal tinha percebido sua aproximação e o remoinho do silêncio já o tinha afastado. A mensagem de muitos verões

abandonada ao acaso — pela primeira vez, seu ouvido estava aberto a ela, e então ela se interrompe. A senda quase apagada vai se tornando mais larga; pegadas levam até uma carvoaria. Atrás da névoa se esconde a montanha que o homem que sobe procura com os olhos.

Com "Ao sol", Benjamin se aproxima de um tipo de literatura muito específico, que tem em Robert Walser e Hugo von Hofmannsthal suas referências mais importantes: o caminho como espaço para a revelação e o caminhante como receptor especial da essência das coisas. Seu encontro com a natureza e, mais especificamente, com essa natureza particular da ilha, tão cativante por diversas razões, permitiu a ele testar um gênero que não lhe era completamente desconhecido, mas que até então só tinha tentado na e para a cidade. De fato, esse texto foi escrito enquanto ele trabalhava em sua *Crônica de Berlim*, uma obra em que as recordações de infância e juventude parecem ser possíveis somente através da persistência de um espaço na memória: a cidade de Berlim.

Seria possível dizer que o *flâneur* urbano, isto é, aquele que passeia na multidão, uma figura que Benjamin descreveu e reinventou para a literatura, agora passeia solitário pelos campos e bosques meridionais, mas com a mesma atenção apaixonada a tantos detalhes quantos lhe forem oferecidos. Ele se infiltra em outra multidão, a das árvores, e em outros ruídos, os dos insetos do verão. Agora, sua embriaguez nasce da contemplação, "ao sol", e de seu encontro com aquilo que só pode ser definido como "uma beleza antiga". Creio que não seja o caso de procurar nesse caminhante da natureza, tão parecido com os de Walser ou de Hofmannsthal, uma figura oposta à do *flâneur*, e sim um antecedente, um indivíduo antigo. Se a cidade substituiu a natureza, o *flâneur* fez a mesma coisa com o caminhante solitário.

Nesse texto, Benjamin volta ao caminhante que se deixa levar pelo caminho, o caminhante místico ou alucinado, aparentado com aquele outro que, depois de ter consumido haxixe, sai pelas ruas de Marselha em seu relato "Myslowitz — Braunschweig — Marselha", publicado em 1930.[61]

Especialmente por sua linguagem, "Ao sol" foi considerado como um dos escritos mais surpreendentes de seu autor. A experiência da paisagem e a experiência da linguagem parecem se fundir de maneira misteriosa nesse passeio solar — como ocorreria poucos anos depois e em uma paisagem quase idêntica em alguns textos de Albert Camus.[62] Quanto ao fato da embriaguez daquele que passeia em "Ao sol" ter a ver não apenas com a natureza, mas também com o consumo de haxixe, é uma questão a não ser descartada. "Ao sol" foi escrito em 15 de julho, ou seja, no dia em que Benjamin completou 40 anos e talvez um ou dois dias antes de ter conhecido Jean Selz, que na época consumia haxixe regularmente e com quem, um ano mais tarde, Benjamin experimentaria também ópio. De fato, o próprio Selz explicou, passados quase trinta anos, que por volta daquela mesma data — entre os dias 14 ou 15 de julho e o dia 17 daquele mesmo mês de 1932 — eles tinham conversado sobre os efeitos do ha-

---

[61] Walter Benjamin, *Historias y Relatos*, Barcelona, Península, 1991 [ed. bras.: Walter Benjamin, *Haxixe*, trad. Flávio de Menezes e Carlos Nelson Coutinho, São Paulo, Brasiliense, 1984, 2ª ed., p. 15]. Ver também a nota 189 do capítulo VI, "Selz e a fumaça dos sonhos".

[62] Aqui me refiro principalmente aos textos de "Bodas" e "El Minotauro o Alto de Orán" em Albert Camus, *El Verano. Bodas* (Barcelona, Edhasa, 1995) [ed. bras.: "Núpcias" e "O Minotauro ou A inércia de Orã", em Albert Camus, *Núpcias, o verão*, Rio de Janeiro, Nova Fronteira, 1979]. Em 1935, Albert Camus também visitou Ibiza, ver nota 80 deste mesmo capítulo.

xixe ao mesmo tempo em que o consumiam.[63] Por outro lado, o caminhante de "Ao sol" somente experimenta seus próprios sentidos durante o passeio pelo campo, tratando de concentrar-se nos odores, sons e cores da natureza de Ibiza, os quais ele consegue perceber de maneira muito especial. Até então, suas experiências com drogas não consistiam em nenhuma outra coisa. O que importava era, por meio de seus efeitos na consciência do indivíduo, poder contemplar e sentir a realidade "imensamente aumentada".

Foi precisamente Jean Selz quem também nos proporcionou uma descrição expressiva do Walter Benjamin que caminhava por Ibiza: "Ele tinha dificuldades para caminhar, não conseguia andar muito rápido, embora fosse capaz de fazê-lo por muito tempo. As longas caminhadas que fizemos juntos pelo campo, entre alfarrobeiras, amendoeiras e pinheiros, ficavam ainda mais longas por causa de nossas conversas, que faziam com que ele se detivesse constantemente".[64] Em "Ao sol", Benjamin caminha e se detém vez por outra para contemplar a paisagem, colher e comer amêndoas, escolher uma nova trilha e observar as ilhotas de longe:

> Nenhum som dá a conhecer a vizinhança dessas povoações. No seu âmbito a quietude do meio-dia parece duplicada. Mas agora os campos rareiam, se separam uns dos outros para liberar a região para um segundo, um terceiro

---

[63] "Una experiencia de Walter Benjamin", em Jean Selz, *Viaje a las Islas Pitiusas*, Ibiza, TEHP, 2000, p. 45. Ver capítulo VI, "Selz e a fumaça dos sonhos".

[64] "Walter Benjamin en Ibiza", em Jean Selz, *Viaje a las Islas Pitiusas, op. cit.*, p. 32.

caminho e, enquanto há muito os muros e as eiras se esconderam atrás de cumes ou de folhagens, abre-se no abandono dos roçados a encruzilhada que estabelece o meio. Não são estradas nem caminhos postais que levam para cima, tampouco picadas ou sendas, mas é o lugar, em campo aberto, onde os caminhos se encontram, sobre os quais camponeses, mulheres, filhos e rebanhos vêm andando há séculos de um campo a outro, de uma casa a outra, de uma pastagem a outra, e raramente acontecia de não voltarem a casa para dormir no mesmo dia. O chão aqui soa como se fosse oco; o ruído com que responde aos passos faz bem àquele que está a caminho. Com esse som, a terra coloca a solidão a seus pés. Quando chega a lugares que lhe são agradáveis, sabe que foi a solidão que os indicou; indicou-lhe esta pedra como assento, esta depressão como ninho para o repouso de seus membros. Mas já está cansado demais para se deter e, enquanto perde o controle dos pés, que o transportam a toda velocidade, percebe como a sua fantasia se desligou dele e, apoiada contra aquela larga encosta que acompanha seu caminho ao longe, começa a dispor dele a bel-prazer. Remove rochedos e cumes? Ou será que os toca apenas como se fosse um bafejo? Não deixa pedra sobre pedra ou será que deixa tudo como antes?

A um observador tão sagaz quanto Benjamin, não escapavam alguns detalhes muito concretos, que podem resultar bastante curiosos ao leitor. Por exemplo, o fato de que a terra parecia soar como se fosse oca. Em seu diário, encontramos essa mesma observação acompanhada de duas possíveis explicações: "Talvez existam lugares ocos na lava (se é que a ilha é realmente vulcânica); mas também há quem garanta que são tumbas". É necessário dizer que, embora estivesse completamente equivocado em ambas as explicações, a segunda refletia nada além de uma opinião muito difundida naqueles anos e que, obviamente, cativava os viajantes: a de que a ilha estava repleta de tumbas púnicas ainda a serem descobertas.[65]

Em outro trecho de "Ao sol", ele se detém para descrever algumas árvores. A aparição delas — e de uma delas especificamente — consegue fazer com que o sujeito que passeia recorde um episódio íntimo de sua vida:

> Nenhuma é mais embandeirada e, contudo, mais quebradiça; mais rica em sinais que, no entanto, mal se deixam ver. Um deles, porém, atinge o passante. Chega-lhe à memória o dia em que o seu sentir se uniu ao de uma árvore. Naquele tempo, bastavam aquela que ele amava — a que estava no relvado e era totalmente indiferente a ele — e sua tristeza ou fadiga. Aí se encontrava no tronco que lhe ensinava a sentir. Aprendeu a tomar ar quando o tronco começava a oscilar e a expirar quando voltava à posição inicial.

Um episódio bastante parecido e de idênticas ressonâncias místicas pode ser encontrado em outro texto dele, do qual se ocupou em Ibiza por volta das mesmas datas. Trata-se de "A ár-

---

[65] Em 1913, escreveu Santiago Rusiñol, sem dúvida de maneira exagerada: "Talvez fosse que aqui os homens morressem mais de uma vez, ou que o terreno fosse propício para os defuntos e morria-se bem; fato é que, por onde quer que se vá, ali onde se semeia uma cepa, há uma tumba, e ali onde se semeia um vinhedo, há um cemitério". Santiago Rusiñol, "L'illa interior", *Des de les Illes*, Barcelona, Abadia de Montserrat, 1999.

vore e a linguagem", um dos breves capítulos da série "Sombras curtas".[66] Durante sua estadia na ilha, Benjamin decidiu ampliar essa série — da qual havia publicado alguns capítulos poucos anos antes — escrevendo trechos novos, como "Habitar sem vestígios", ou dando forma definitiva a outros, como "A distância de as imagens", escrito durante sua temporada em Sanary, em maio de 1931. Uma simbiose tão perfeita entre pensamento, paisagem e palavra ocorre em poucos textos, como é o caso de "A árvore e a linguagem":

> Subi um talude e deitei-me sob uma árvore. Era um choupo ou um amieiro. Por que não retive sua espécie? Porque, de súbito, enquanto olhava a folhagem e seguia seu movimento, a linguagem em mim foi de tal modo arrebatada pela árvore que as duas, ainda mais uma vez, consumaram em minha presença o antiquíssimo enlace. Os ramos, e com eles a copa, balançavam-se pensativos ou dobravam-se renunciantes; os galhos mostravam-se compla-

---

[66] "Sombras breves", em Walter Benjamin, *Discursos Interrumpidos I*, Madri, Taurus, 1989 [ed. bras.: "Sombras curtas I" e "Sombras curtas II", *Imagens do pensamento*, em Walter Benjamin, *Obras escolhidas II. Rua de mão única, op. cit.*, pp. 207 e 264]. Sobre a série "Sombras curtas", conferir nota 21, capítulo I. A ideia do diálogo com uma árvore, que Scholem afirma ter sido tomada de Martin Buber (nota 59 deste mesmo capítulo), não surgiu pela primeira vez em Ibiza. Em seu diário "Maio-junho 1931", Benjamin já tinha escrito o esboço de "A árvore e a linguagem", situando a cena em pleno campo, enquanto percorria um pico da estrada de Marselha a Paris: "Soprava um pouco de vento; a árvore era um salgueiro ou um álamo: qual fosse o caso, uma planta com galhos muito flexíveis que se moviam ligeiros. Enquanto olhava a folhagem e acompanhava seu movimento, pensei imediatamente quantas imagens, quantas metáforas da linguagem se aninham em uma única árvore". W. Benjamin, *Escritos Autobiográficos, op. cit.*, p. 165.

centes ou arrogantes; a folhagem eriçava-se contra uma rude corrente de ar, estremecendo diante dela ou lhe fazendo frente; o tronco dispunha de um bom pedaço de solo sobre o qual se assentar; e uma folha lançava sua sombra à outra. Uma brisa tocava música de bodas, e logo a seguir, como um discurso de imagens, levou por todo o mundo os rebentos que haviam rapidamente brotado desse leito.

Se a "aura" que Benjamin desejava abordar consistia, segundo a definição de Alberto Giordano,[67] em "um evento impessoal, algo que acontece instantaneamente entre um objeto que começou a brilhar e um sujeito fascinado por esse brilho, e que não pode ser explicado pelas propriedades daquele nem pelas aptidões deste", também seria possível dizer que essas duas breves prosas poéticas, isto é, "Ao sol" e o pequeno capítulo das "Sombras curtas" intitulado "A árvore e a linguagem", ambos oriundos da relação particularíssima de Benjamin com a paisagem, contêm a melhor aproximação da linguagem com a "aura" que nasce da fusão entre natureza e cultura: uma fusão que caracterizava a paisagem mediterrânea dos anos 1930 melhor do que qualquer outra coisa.

A curiosidade que, durante aqueles três meses de 1932, Benjamin chegou a sentir por tudo o que dizia respeito à ilha pode ser acompanhada por meio de suas cartas, das anotações em seu diário, de seus relatos e ainda de outros escritos de gêneros variados. Seu interesse abarcava praticamente todos os aspec-

---

[67] Alberto Giordano, "L'aura de la narració", em Jordi Llovet (org.), *Walter Benjamin i l'Esperit de la Modernitat*, Barcelona, Societat d'Estudis Literaris, Barcanova, 1993, p. 102.

tos: a paisagem, os costumes locais, o caráter dos habitantes, as moradias tradicionais. O tópico da ilha como microcosmo também se revelou a Benjamin em toda sua plenitude. Nada do que Ibiza era capaz de oferecer a um viajante deixou de interessá-lo. Tudo lhe parecia especialmente belo e agradável.

Também sua relação com os Noeggerath, durante esse período, parece ter sido bastante boa, embora tenha observado, tão logo chegou à ilha, em sua primeira carta a Scholem em 22 de abril, que "com o passar dos anos, havia perdido um pouco"[68] seu amigo Felix, o que demostra também que apenas se cumprimentavam em Berlim e que Benjamin conservava dele somente a recordação dos anos de amizade em Munique, durante a temporada passada lá em 1916. Por outro lado, o jovem Noeggerath, filho de Felix, que dominava o idioma local e se interessava pelo costumbrismo rural ibicenco, acabou sendo muito importante para Benjamin, a quem tanto o catalão quanto o castelhano eram totalmente desconhecidos. Na verdade, como já vimos, Hans Jakob logo se tornou a primeira fonte de informação sobre questões locais para Benjamin.

Seu estado de ânimo também era bastante positivo e, a princípio, pode-se dizer que conseguira fazer aquilo a que se propunha. Tinha encontrado um lugar aprazível e interessante onde podia trabalhar à vontade. Também tinha conseguido estabelecer uma espécie de trégua de seus problemas pessoais. Além de barata, a vida corria fácil em Ibiza, e o mundo parecia ficar muito distante dali. Pela primeira vez em muito tempo, seus desejos pareciam estar sendo cumpridos. Para ele, nunca tinha sido fácil conseguir uma vida simples e despreocupada co-

---

[68] Carta a G. Scholem em 22 de abril de 1932. W. Benjamin, *Cartas de la Época de Ibiza, op. cit.*, p. 39.

mo aquela. Não lhe faltaram, pois, motivos para idealizar todo aquele mundo insólito.

Em 1932, San Antonio — isto é, seu núcleo urbano estabelecido junto à baía, mas do lado oposto onde morou Benjamin, e no entorno de uma igreja construída no século XVI — tinha não mais que setecentos habitantes.[69] Havia duas pousadas, "as melhores da ilha", segundo afirma Walther Spelbrink em sua tese de doutorado,[70] onde eram oferecidas apenas refeições. Os escassos turistas da época tinham que alugar quartos em casas particulares. Caso tivessem previsto passar uma temporada mais longa, podiam alugar alguma casa, fosse no próprio povoado ou nos arredores. Na hora de comer, era fácil que quase todos se encontrassem em uma ou outra pousada. Também era fácil que a sobremesa se prolongasse e que, em meio à fumaça dos cigarros e cafés, a conversa passasse por temas locais, especialmente se houvesse algum morador natural da ilha participando da reunião. Em um ambiente parecido, "na casa de Don Rosello" e na hora da sobremesa, Benjamin situou um de seus

---

[69] O município de San Antonio contava com cinco mil habitantes, mas não mais que setecentos destes moravam em seu núcleo urbano. Em toda a ilha não havia mais de trinta mil habitantes. Claudio Alarco von Perfall, *Cultura y Personalidad en Ibiza*, Madri, Editora Nacional, 1981.

[70] Walther Spelbrink, *Die Mittelmeerinseln Eivissa und Formentera: eine kulturgeschichtliche und lexikographische Darstellung* [As ilhas mediterrâneas de Ibiza e Formentera: uma apresentação histórico-cultural e lexicográfica], *Butlletí de Dialectologia Catalana*, XXIV-XXV, 1936-1937. Além de estudar em profundidade o léxico da casa rural, a tese de Spelbrink oferece uma visão geral da ilha tal como a conheceu em 1931.

relatos, intitulado "O anoitecer da viagem",[71] no qual reúne boa parte das informações de caráter etnológico anotadas durante sua estadia na ilha.

Como em outros textos de Benjamin, também neste o narrador se limita a contar uma história ouvida anteriormente noutro lugar. O protagonista dessa história é "um estrangeiro que, depois de ficar vários meses na ilha, conseguiu angariar amizades e confiança, vê o último dia de sua permanência chegando". Um par de horas antes de ir embora, depois de deixar a bagagem e o casaco no barco, o forasteiro decide ir até a loja de um vinicultor para tomar umas "*copitas*" de vinho, mas também, ou talvez principalmente, para perguntar a ele, "uma autoridade em todas as questões que dizem respeito à crônica do lugar", várias coisas relacionadas à ilha. O relato é, na verdade, uma boa desculpa para reunir uma quantidade razoável de informações sobre costumes populares ibicencos, algo que sem dúvida havia chamado a atenção de Benjamin e de qualquer outro viajante atento, devido à sua beleza ou exotismo — ou ambos.

> Ocorrem-lhe perguntas sobre a história dos belos galgos, descendentes dos cães dos faraós, que perambulam sem dono pela ilha, sobre os velhos costumes de seduzir e raptar mulheres, a respeito dos quais jamais conseguiu saber algo mais detalhado, sobre a origem daqueles nomes estranhos que os pescadores usam para designar as montanhas, e que são bem diferentes dos nomes que as mesmas

---

[71] "Una tarde de viaje", em W. Benjamin, *Historias y Relatos, op. cit.* [ed. bras.: "O anoitecer da viagem", em Walter Benjamin, *A arte de contar histórias*, org. Patrícia Lavelle, trad. Georg Otte, Marcelo Backes e Patrícia Lavelle, São Paulo, Hedra, 2018]. Texto de publicação póstuma.

montanhas têm na língua dos camponeses. [...] nas últimas semanas conheceu a hospitalidade fanática dos moradores da ilha, de modo suficiente para saber que é preciso estipular de antemão e com boa antecipação a hora de lhes oferecer alguma coisa. [...] Mas voltemos às anotações do estrangeiro; em que passagem há, nas novelas italianas de Stendhal, um tema comparável a esse tema típico de Ibiza: o da moça casadoira, cercada de pretendentes em um dia de feriado, mas com o pai estipulando rigorosamente a duração das conversas com todos os candidatos; uma hora, uma hora e meia no máximo, ainda que sejam trinta rapazes ou mais, de modo que cada um deles é obrigado a resumir tudo o que quer dizer em poucos minutos.

Mais do que um catálogo de curiosidades locais, "O anoitecer da viagem", que também possui um esboço no diário, é outra amostra da idealização do mundo ibicenco arcaico, que atinge seu cume no momento em que aparece inesperadamente o tema da bondade natural dos moradores da ilha. Quando, depois de muito vinho e muita conversa, desaparece a carteira do forasteiro protagonista do relato, é posta à prova a "louvada honradez dos moradores da ilha" na figura do vinicultor. No entanto, o tópico rousseauniano passa pelo teste com êxito. O vinicultor encontra a carteira em sua loja pouco depois do forasteiro ter embarcado, e rapidamente devolve a ele seu dinheiro por meio de transferência. Nesse ponto do relato, somente o "progressista" Don Rosello, que ouviu toda a história "com um sorriso de concessão", coloca em dúvida os tópicos da bondade natural e prefere outra explicação: "'A nossa gente..., ela agora já andou tanto pelo vasto mundo. E acabou aprendendo a diferenciar entre o bem e o mal.' O contato com o mundo incentiva a moralidade. Isso é tudo".

Na figura de Don Rosello é possível distinguir claramente o perfil de um novo tipo de comerciante local: aquele que via o ainda tímido mercado turístico como grande solução para acabar com o atraso material e social de que a ilha padecia verdadeiramente. Para esses novos comerciantes, os costumes ancestrais dos camponeses e, em geral, todas aquelas histórias sobre eles — algo que, segundo Benjamin, era capaz inclusive de superar as "novelas de Stendhal" — já não representavam mais do que uma carga densa para o progresso necessário. Por esse motivo, o entusiasmo que os estrangeiros manifestavam por todo aquele universo só podia ser visto com bastante ceticismo, como no caso de Don Rosello. Um debate sobre a bondade natural dos habitantes da ilha só podia ser ouvido "com um sorriso de concessão". Os costumes arcaicos podiam parecer muito atraentes para os viajantes que tinham o hábito de idealizá-los, mas não tanto para aqueles que desejavam alcançar a prosperidade, o conforto e, definitivamente, a água corrente e a luz elétrica. A utopia insular não era a mesma para todos. E os novos comerciantes, embora escassos, estavam começando a trabalhar para tornar possível a sua utopia.

Como vimos, assim que chegou a San Antonio, Benjamin descreveu a beleza e a serenidade do lugar, com sua paisagem intacta e sua arquitetura original, mas também, imediatamente após os elogios, tinha expressado seu temor quanto ao fim de tudo isso, pois "já existem em Ibiza e em San Antonio construções inacabadas de hotéis, nos quais se oferece água corrente aos estrangeiros".[72] Esse temor veio a aumentar um ano depois, no

---

[72] "España 1932", em W. Benjamin, *Escritos Autobiográficos*, *op. cit.*, p.

verão de 1933, quando a febre da construção quase conseguiu tornar impossível a vida no povoado, ainda que, ao que parece, não tanto pela quantidade de construções, mas pelo ruído que provocavam. Fato é que o desejo íntimo de qualquer viajante da época — o de continuar vendo a ilha de Ibiza intacta, como sempre parecia ter sido — se opunha com força à ânsia compreensível dos comerciantes locais de sair definitivamente de uma situação de atraso econômico e social. O turismo começava a ser visto como uma possibilidade imediata.[73]

Naqueles anos, San Antonio se transformou no centro turístico mais importante da ilha e, segundo Walther Spelbrink, não apenas por contar com duas magníficas pousadas — algo difícil de encontrar em qualquer outra parte, inclusive na capital —, mas também por ser o único lugar de Ibiza onde não havia "pragas de mosquitos".[74] Logo no início de 1933 viriam a se somar a essas pousadas outras duas: a Fonda Miramar e a Fonda

---

173. Referência ao Grande Hotel, na cidade de Ibiza, e ao Hotel Portmany, em San Antonio. Ambos estavam em obras naquele verão de 1932.

[73] O turismo era um dos temas mais importantes na imprensa local daquela época. Discutia-se sobre o que era preciso fazer mais urgentemente para favorecer o afluxo de turistas. Nesses debates participavam também estrangeiros, já que alguns deles gerenciavam pensões e bares. Cabe destacar toda uma série de artigos, publicados no *Diario de Ibiza*, entre maio e julho de 1932, assinados por Thomas Schlichtkrull, professor de línguas e entusiástico defensor da indústria do turismo — a ponto de chegar a diretor do primeiro escritório de turismo da ilha. Além disso, em 1932, começaram a ser construídos na ilha três hotéis: o Hotel Buenavista, em Santa Eulalia; o Grande Hotel — atualmente Hotel Montesol —, na cidade de Ibiza; e o Hotel Portmany, em San Antonio. Os três foram inaugurados na primavera e no verão de 1933.

[74] W. Spelbrink, *Die Mittelmeerinseln Eivissa und Formentera: eine kulturgeschichtliche und lexikographische Darstellung*, op. cit., p. 62.

Esmeralda, já com quartos próprios. Quanto ao "hotel em construção" que Benjamin havia mencionado com tanto temor logo que se instalou no povoado, foi terminado e inaugurado um ano depois, em julho de 1933. Era o Hotel Portmany, o primeiro a ser construído em San Antonio. Seu proprietário era José Roselló Cardona, o homem mais rico do povoado. Antes de começar a se dedicar plenamente à hotelaria, ou seja, quando Benjamin o conheceu, atuava principalmente como "atacadista de vinhos". Estamos falando, pois, do autêntico Don Rosello, personagem do relato "O anoitecer da viagem".

Assim, as transformações na paisagem e na própria sociedade daquele pequeno povoado da costa oeste da ilha estavam prestes a acontecer. Em breve, a venda de terrenos se tornaria também uma das principais atividades econômicas do povoado. E Benjamin, que foi testemunha do começo de todas aquelas mudanças e esteve inclusive com aqueles que aspiravam ser seus protagonistas, intuiu com clareza qual seria o desfecho. Como anotou em seu diário: "Entretanto, os caminhos ainda são solitários: o do caminhante que se sobressalta com os estalidos dos lagartos, e os lagartos, com os do caminhante, estão, ainda que por pouco tempo, em família".[75] No fundo, toda a ilha tinha se revelado a ele como um verdadeiro milagre, algo que ele acreditava ter conseguido acompanhar quase em seu último momento.

José Roselló Cardona nasceu em 1903 no seio de uma rica família de camponeses de San Antonio. Não é de se estranhar

---

[75] "España 1932", em W. Benjamin, *Escritos Autobiográficos, op. cit.*, p. 173.

que tenha chamado a atenção de Benjamin, que o transformou no Don Rosello de seu relato. Não era um homem comum. Em que pese sua origem camponesa, José Roselló tinha adquirido um hábito insólito para os homens de sua condição: viajar. Conhecia, entre outras cidades europeias, Paris, Londres e Berlim. Falava vários idiomas e tinha estudado enologia em Valência.

As propriedades e o dinheiro de José Roselló, que, diferente do Don Rosello benjaminiano, nunca se dedicara à política, tinham chegado a ele através da herança de sua família. Essa herança lhe permitiu dar vazão à mente imaginativa e à disposição de empreendedor. Tornou-se atacadista de vinhos e, em certa ocasião, chegou a exportá-los para a Alemanha. Criou também a primeira fábrica de gelo do povoado e os primeiros viveiros de lagosta. Era realmente um homem "progressista", tal e qual Benjamin nos apresenta em "O anoitecer da viagem", no sentido de que estava empenhado em conseguir o progresso necessário para seu povoado, algo em que ninguém parecia estar interessado — nem os desconfiados habitantes de lá, nem os escassos turistas. A verdade é que, em uma ilha tão conservadora e de costumes quase intocáveis, não era fácil encontrar muitos sujeitos como ele. No entanto, havia alguns e, pouco a pouco, foram surgindo mais. Seria possível dizer que, talvez, José Roselló tenha sido um dos primeiros. A cena descrita no relato, de alguns estrangeiros tomando café e conversando sobre temas da ilha, como convidados de "Don Rosello" e em sua própria casa, pode perfeitamente ter ocorrido dessa mesma maneira e, na realidade, com os mesmos protagonistas na realidade.

Por ter viajado a diferentes capitais europeias e se hospedado em seus melhores hotéis em fins da década de 1920, ele se tornou a única pessoa do povoado capaz de entender o potencial econômico que o turismo podia significar. De modo que, em 1932, decidiu dar um passo além de tantos outros que haviam

José Roselló Cardona, conhecido como Don Rosello, o empresário de Ibiza personagem do relato "O anoitecer da viagem", de Walter Benjamin.

Projeto do Hostal del Molino, na Punta des Molí, em San Antonio, "propriedad de D. José Roselló".

sido dados naquele povoado — onde só havia pousadas familiares — e começou a construir aquilo que inquestionavelmente seria sua utopia insular pessoal: um hotel naquele mesmo povoado, de frente para o mar. A festa de inauguração ocorreu um ano depois, em 12 de julho de 1933, e é possível que Benjamin tenha participado dela como convidado. Na resenha publicada no *Diario de Ibiza* no dia seguinte em razão do evento, são mencionados, entre outros estrangeiros presentes, os "Srs. Noeggerath e família". O Hotel Portmany significou um grande êxito econômico para seu proprietário e, por fim, também e indiretamente a todo o povoado, que acabou entendendo que o progresso, ou seja, o turismo, era algo bastante conveniente. Tanto o gerente quanto o administrador do hotel eram alemães. O primeiro se chamava Wilhelm Heizmann, e o segundo, Ernst Retze. Contava com vinte e três quartos, carro próprio, camareiros bilíngues de gravata borboleta e um cardápio baseado principalmente em lagosta. Ninguém nunca tinha visto nada igual em Ibiza.

Como homenagem àquele último momento que ele acreditava estar presenciando, o da Ibiza ainda surpreendentemente intacta, Benjamin escreveu a "Sequência de Ibiza".[76] Trata-se de

---

[76] Parece que, a princípio, "Sequência de Ibiza", publicada no *Frankfurter Zeitung* em 4 de junho de 1932, pretendia ser mais ampla. No entanto, alguns dos textos que Benjamin tinha pensado também para ela — entre eles "A distância e as imagens" ou "Conto e cura" — foram incluídos depois em outras séries, como "Sombras curtas" e "Imagens do pensamento". Quanto a essa questão, conferir Walter Benjamin, *Gesammelte Schriften IV-2*, Frankfurt, Suhrkamp, 1991, p. 1002.

uma coleção de nove textos curtos, na qual começou a trabalhar tão logo chegou à ilha e que foi publicada no *Frankfurter Zeitung* em 4 de junho de 1932, enquanto Benjamin ainda estava em San Antonio. Quatro desses textos também foram esboçados no diário. Se em "Ao sol" a paisagem insular era a única protagonista, agora, nos nove textos que compõem a "Sequência de Ibiza", o protagonismo fica sobretudo a cargo do pensamento, mas um pensamento que, a cada caso, nasce para iluminar alguma sinuosidade autobiográfica, algum objeto visível, algum sonho. Ibiza se faz presente em cada uma dessas reflexões como o espaço que as torna possíveis e, assim, Benjamin consegue se aproximar do local de viagem evitando "as impressões habituais" do viajante e tratando de aprender somente aquilo que parece ter sido despertado no justo momento em que o viajante e o lugar felizmente se encontram.

No texto da sequência intitulado "Espaço para o precioso", o olhar do viajante repousa sobre o interior de uma casa rural,[77] mas também se detém em outros aspectos bastante diversos, alguns deles de natureza moral, como no trecho de "Cortesia", que poderia ser um comentário muito pessoal à leitura feita por ele do *Oráculo manual* de Baltasar Gracián;[78] ou simplesmente práticos, como em "Não dissuadir". Também é um bom lugar para descrever um sonho amoroso, como em "Primeiro sonho". Ou para refletir sobre o êxito e o fracasso, em "Rosa dos ventos do sucesso". Assim, o viajante não descreve o local da viagem e

---

[77] Conferir capítulo I, "Spelbrink e a casa primordial".

[78] Essa é a opinião de José Muñoz Millanes, em "La presencia de Baltasar Gracián em Walter Benjamin" (ver *Ciberletras: Revista de Crítica Literária y de Cultura*, 2000). Sobre as leituras de Benjamin em Ibiza, conferir o capítulo IV, "Jockisch e a vida errante".

foge dos tópicos próprios a cada lugar. O que ele faz é pensar sob os efeitos desse novo encontro, à luz de um espaço revelador recém-descoberto por ele próprio.

É em um desses textos da "Sequência de Ibiza", intitulado "Não te esqueças do melhor", que Benjamin descreve a transformação pessoal sofrida de forma inesperada por um indivíduo, "uma pessoa conhecida minha". Um belo dia, "sobrevieram circunstâncias", e esse conhecido deixou de ser o homem escrupuloso, pontual e extremamente detalhista, para se transformar em um homem despreocupado, tranquilo e feliz.

Começou que ele aboliu o relógio. Exercitou-se em chegar atrasado, e, quando o outro já tinha ido, sentava-se para esperar. Se tivesse de apanhar alguma coisa, então raramente a encontrava, e se tivesse de arrumar algum canto, então a desordem cresceria em outro na mesma proporção. Quando se achegava à sua escrivaninha, era como se alguém ali tivesse arruinado tudo. Mas era ele mesmo que vivia em destroços como num ninho de ratos, e não importava do que estivesse tratando, logo se instalava dentro da coisa, tal como o fazem as crianças ao brincar. E tal como as crianças, que em toda parte se deparam com o objeto esquecido — em bolsos, na areia, na gaveta, onde o mantivessem escondido —, assim também lhe acontecia, não apenas no pensar, mas também no viver. Amigos o visitavam quando menos pensava neles e quando tinha deles maior precisão, e seus presentes, que não eram valiosos, vinham assim no momento oportuno como se ele tivesse nas mãos os caminhos do céu. Naquela época, gostava sobretudo de se lembrar da lenda do filho do pastorzinho que, num domingo, recebeu permissão de entrar na montanha com os seus tesouros e, ao mesmo tempo, a enigmática instrução: — Não te esqueças do melhor. — Nesse tempo se achava razoavelmente bem. Pouca coisa executava e nada considerava como feito.

O tom e o conteúdo desse texto nos devolvem mais uma vez ao princípio deste capítulo, à carta que Benjamin enviou a sua amiga Gretel Karplus em meados de maio e na qual descrevia o transcorrer plácido e despreocupado de seus dias em San Antonio, que começavam às sete da manhã com um banho de mar. Agora, em "Não te esqueças do melhor", Benjamin descreve uma atitude vital idealizada, mas que certamente se aproximava bastante da que ele pôde observar em alguns dos ociosos viajantes que encontrara na ilha. Talvez nem mesmo o decorrer de seu próprio cotidiano durante aqueles três meses, especialmente no início, se distanciasse muito do que é descrito no texto. Ele lia, escrevia, passeava, se banhava no mar, tomava sol, conversava com amigos, enviava cartas e cartões postais, enfim, "como se ele tivesse os caminhos do céu na palma da mão".

Tampouco deve parecer estranho que, durante aquele período de 1932, esteve bastante presente para ele a figura mítica do guardião do tesouro, aquele que recorda ao sujeito que vai entrar na montanha que não se esqueça de levar o mais importante. Porque, em conjunto, os textos de "Sequência de Ibiza" podem ser lidos como uma homenagem à hospitalidade da ilha, um reconhecimento ao tipo de vida que se podia levar ali, ao seu ritmo vital — nada a ver com o de qualquer outra cidade europeia —, uma vida simples mas em contato permanente com uma natureza privilegiada, com a presença viva do arcaico. Um estilo de vida que, certamente, desde pouco depois da estadia de Benjamin e muito especialmente nos anos 1950 e 60, foi associada sempre e de maneira quase exclusiva ao nome da ilha de Ibiza.

O mito internacional de Ibiza, que teve o movimento hippie dos anos 1960 como seu maior propulsor e difusor, foi criado na década de 1930 por intelectuais e artistas que, talvez um pouco por acaso, fizeram da ilha um espaço alternativo, onde era possível escrever ou pintar livremente, banhar-se nu, consumir haxixe e, acima de tudo, sentir-se um intérprete da natureza em uma espécie de Arcádia perdida e felizmente encontrada.[79] Entre 1932 e 1936, a ilha foi visitada por um bom número de jovens que aspiravam ser artistas consagrados e professavam nobres ideais antiburgueses. Entre eles, além dos que são mencionados neste livro, estão o escritor Albert Camus, Jacques Prévert, Pierre Drieu La Rochelle, Josep Palau i Fabre, Elliot Paul, o pintor Wolfgang Schulze "Wols", e o casal formado por Rafael Alberti e María Teresa León.[80] Foi também assim que a moradia tradicional ibicenca se transformou em símbolo de ambas atitu-

---

[79] Vicente Valero, "Introducción" a J. Selz, *Viaje a las Islas Pitiusas, op. cit.*; idem, *Viajeros Contemporáneos. Ibiza. Siglo XX*, València, Pre-Textos, 2004. Sobre a viagem a Ibiza de Rafael Alberti e María Teresa León, ver Antonio Colinas, *Rafael Alberti en Ibiza* (Barcelona, Tusquets, 1995). Sobre o movimento hippie em Ibiza, ver Danielle Rozenberg, *Ibiza, una Isla para Otra Vida* (Madri, Centro de Investigaciones Sociológicas, 1990).

[80] Albert Camus visitou a ilha em 1935, vindo de Palma de Maiorca. Sobre essa viagem, escreveu um artigo intitulado "Amor a la vida", em Albert Camus, *Obras I. El Revés y el Derecho* (Madri, Alianza, 1996) [ed. port.: "Amor à vida", em Albert Camus, *O avesso e o direito*, Lisboa, Livros do Brasil, 1966]. Outras de suas anotações sobre a ilha se encontram em *Obras I. Carnets I, op. cit.* Quanto ao pintor Wols, parece que se encontrava na ilha já no final de 1933, pois se conservam fotografias tiradas por ele principalmente de casas rurais por volta dessas mesmas datas.

des: por sua localização, era propícia para a criação artística e, também por suas condições, estrutura e tipologia arcaica, um espaço favorável para levar uma vida afastada de qualquer convencionalismo burguês.

Nem mesmo o interesse pela astrologia, pelo ocultismo e pelas religiões orientais — algo que sempre permaneceu vinculado ao mito de Ibiza — esteve ausente durante aqueles anos. O mesmo Benjamin se ocupou em San Antonio de um livro dedicado às ciências ocultas. Sua resenha desse livro foi publicada pouco depois no *Frankfurter Zeitung*.[81] Naquelas mesmas datas, escreveu ainda um texto chamado "Zur Astrologie" ("Sobre astrologia").[82] Parece que seus habituais companheiros de mesa tinham bastante interesse nessas questões, principalmente Marietta, a mulher de Felix Noeggerath.

Assim, sem se propor a isso, Walter Benjamin contribuiu também para a fundação do mito de Ibiza, especialmente com um texto como "Não te esqueças do melhor". Sem dúvida, ele deve ter pensado que não podia ter encontrado uma atmosfera mais favorável do que a que encontrara ali para escrever sua *Crônica de Berlim* — tarefa que trouxe consigo da Alemanha —, ou seja, para recuperar os dias perdidos de sua infância e juventude, que são o assunto do livro. Precisamente em uma de suas páginas, escrita, como quase todas as outras, sob uma luz primaveril bastante clara, entre lembranças felizes, junto a um mar trans-

---

[81] Hans Liebstoeckl, *Die Geheimwissenschaften im Lichte unserer Zeit* [As ciências ocultas à luz do nosso tempo], Zurique/Leipzig/Viena, Amalthea, 1932. A resenha desse livro foi publicada no *Frankfurter Zeitung* em agosto de 1932.

[82] Walter Benjamin, *Gesammelte Schriften VI*, Frankfurt, Suhrkamp, 1991, pp. 192-3. Sobre esse texto de publicação póstuma, conferir o capítulo VII, "Gauguin e os mistérios da identidade".

parente e sereno, em uma casa solitária, sem luz elétrica nem água corrente, ele afirma com convicção que "o guardião do tesouro do verde bosque de abetos ou a fada, que concedem um desejo a um indivíduo... Aparecem para todos pelo menos uma vez na vida".[83]

---

[83] *Crônica de Berlim*, em W. Benjamin, *Escritos Autobiográficos, op. cit.*, p. 218.

IV

Jockisch e a vida errante

Entre os estrangeiros que se encontravam em Ibiza na primavera de 1932, nenhum parecia cumprir tão perfeitamente os ideais de uma vida baseada no mito de liberdade individual e isolamento do mundo de Robinson Crusoe quanto um alemão de Stuttgart chamado Jockisch. Ele havia chegado à ilha na década de 1920 e, depois de passar um par de anos em San Antonio, em Sa Punta des Molí, isto é, na mesma casa onde depois se instalaram os Noeggerath e Walter Benjamin, mudou-se para San José, um pequeno povoado próximo, nas montanhas a sudoeste da ilha.

Ele morava em uma dessas casas rurais que tanto surpreendiam os viajantes por suas características singulares e tipologia arcaica, com muros largos e janelas pequenas, conhecida como Can Bagotet. Era, como ainda recordam algumas pessoas do povoado, um homem de caráter forte, independente e extravagante. Vivia com duas mulheres também alemãs, Alice e Gertrudis, as quais havia apresentado no povoado como suas "sobrinhas", desde que chegara. Assim que se instalou ali, comprou uma pequena embarcação e fez da pesca uma de suas principais ocupações. Antes disso, o ofício de marinheiro o havia levado a terras da América do Sul e da África. Durante a Primeira Guerra, teve seu rim atravessado por um sabre e, desde então, recebia pontual e mensalmente uma pensão do Estado. Pelo visto, também era ou tinha sido escultor.

A primeira notícia sobre esse singular viajante pode ser encontrada na tese etnolinguística de Walther Spelbrink. Sete das quase setenta fotografias que ilustram o trabalho de doutorado do jovem filólogo de Hamburgo são assinadas por ele. Seu nome também aparece nos agradecimentos. Todas as sete fotografias são de moradias tradicionais. Jockisch recebeu Spelbrink em sua casa em San José no verão de 1931 e o acompanhou nas visitas a casas do povoado. Naqueles idos, ele era o único estrangeiro ali. A popularidade de Jockisch entre os moradores da ilha cresceu rapidamente. Sem dúvida e em primeiro lugar porque ele se ocupava de algumas tarefas como eles, caso da pesca. Mas acabou se tornando um personagem célebre também entre os estrangeiros que chegavam, como alguém que valia a pena conhecer. Para começar, todos — nativos e estrangeiros — ficavam surpresos sobretudo com uma de suas atividades favoritas: a caça e exportação de lagartos.[84]

Também Walter Benjamin ouviu falar de Jockisch assim que chegou a San Antonio. E disposto como estava para ouvir todo tipo de relatos, para "reunir todos os fatos e histórias que pudesse encontrar", não tardou a encontrar-se com ele. Através de seu diário ficamos sabendo que esteve na casa dele em San

---

[84] O lagarto é o único animal terrestre que é seguramente originário de Ibiza e Formentera. É, pois, um animal endêmico e com diversas subespécies. A variedade afeta também suas cores: há lagartos em tons vermelhos, azuis, pretos etc. Podem ser encontrados não só em Ibiza e Formentera, mas também nas ilhotas desabitadas situadas entre as duas ilhas maiores.

José,[85] mas mais do que isso, ficamos sabendo também que acabou sucumbindo à força extraordinária de seus relatos, viagens e principalmente de seu singular ofício de caçador de lagartos, algo que aprendeu com outro estrangeiro e morador da ilha quando lá chegou, a quem "pagou mil marcos pela lista de clientes e pelo compromisso de não continuar fazendo nenhum tipo de comércio com animais na ilha". Benjamin conta ainda em seu diário como Jockisch chegou lá, em um trecho que parece querer principiar um relato baseado na figura desse indivíduo.

No entanto, não foi aquele primeiro caçador quem soube contar tudo isso; mas parece que seus segredos profissionais só foram revelados em troca de uma boa quantia de dinheiro — pelo menos é o que se pode deduzir da história de como o segundo veio a se estabelecer aqui. Isto é, um belo dia, a crise no continente resultou no fim dos lagartos, na medida em que compunham o *ameublement*. Mais ou menos nessa mesma época — o ano de 1922 —, foi quando, em Stuttgart, um escultor ocioso que perdera sua fortuna com a inflação, sentou-se com seus pensamentos desconsolados perto do rádio que raramente era usado. Esse escultor era um ser inquieto, um desses sujeitos que soube sair da casa dos pais no momento adequado e que,

---

[85] Benjamin cita o nome de Jockisch em uma única ocasião em seu diário, para dizer que tinha estado na casa dele: "É muito bonita a história de Jockisch sobre o tratamento que seu mobiliário recebeu na aduana. Como ele tinha influências, desmontaram seus móveis tanto quanto possível e, na hora de pagar a aduana, foram avaliados apenas como tábuas. Quando eu estava em sua casa, ele também contou como descobriu que as formigas comem lagartos...". Ele é mencionado mais duas vezes no mesmo trecho, mas apenas com a inicial de seu nome (J...). Walter Benjamin, *Escritos Autobiográficos*, Madri, Alianza, 1996, p. 178.

aos quinze anos de idade, já vivia como o único branco de um povoado indígena sul-americano. O barco no qual ele viajava como grumete naufragou, e o resto da tripulação foi despachado de volta para a Alemanha, mas em casa tinham lhe proibido de continuar viajando pelo mar. Como isso não o agradava, acabou ficando com os índios, por mais que o cônsul de Pernambuco o tivesse advertido dos muitos bichos-de-pé que havia naquele povoado. Esse homem que tinha mudado de rumo a tempo estava, então, sentado perto do rádio. E diante do microfone estava um alemão que fora detido na Espanha antigamente e que, graças à generosidade dos espanhóis, pôde conhecer o país muito bem durante a guerra. Também tinha vindo a Ibiza e agora falava de "uma ilha esquecida". Assim foi que J..., o escultor, chegou à ilha, a princípio apenas para passar uma estadia informativa, mas como nela encontrou condições favoráveis, lagartos múltiplos e diversos, e nativos complacentes, voltou e começou a se estabelecer.

Os "segredos profissionais" que Jockisch comprou do primeiro caçador e exportador de lagartos não eram outros senão aqueles que se referiam às diferentes formas de capturar esses pequenos animais: tipos de armadilhas que despertaram a curiosidade de Benjamin, que logo acabou descrevendo-as em seu diário. A venda era feita por correio, aproveitando a circunstância de que os lagartos podem ficar até três ou quatro semanas sem comer. O destino era sempre o mesmo: os terrários "que há alguns anos eram montados no canto de cactos dos *boudoirs* ou em jardins de inverno". Mas quando Benjamin conheceu Jockisch, este tinha abandonado aquele negócio — embora, ao que tudo indica, nunca o tenha abandonado de todo —, devido à demanda cada vez menor:

As comissões não chegavam a ninguém mais além dos dois comerciantes, e seus custos não compensavam a captura. Pois cada viagem a uma das solitárias ilhas desabitadas onde se encontram as espécies mais exóticas — algumas delas ainda não descritas — supõe dois ou três dias de trabalho, além de um risco para o barco, que ali não encontra um ancoradouro em parte alguma. E J..., que tinha se instalado ali por fim, viu desvanecer seu sonho de ganhar a vida na ilha de maneira mais respeitável, mais emancipada, por assim dizer. Ela, com suas velhas tradições e arcaicos modos de vida, tinha reservado a palavra final para si. Ele se fez pescador e, quando acende um cigarro hoje em dia, usa um isqueiro a gás. "No barco é melhor. Fósforos são apagados pelo vento, enquanto esse outro, quanto mais se assopra, melhor arde a chama", diz.

Diante do olhar sempre muito atento e, naquele momento, especialmente entusiasmado de Walter Benjamin, um indivíduo como esse não poderia se tornar menos do que o protagonista de um relato. Assim surgiu "A sebe de cactos",[86] em que o protagonista, O'Brien, é ninguém menos do que o popular e excêntrico Jockisch. Também é certo que, na mesma época, vivia na ilha um marinheiro irlandês chamado O'Brien, o qual, como conta Jean Selz,[87] tinha dado a volta ao mundo em um estranho

---

[86] "La cerca de cactos", em Walter Benjamin, *Historias y Relatos*, Barcelona, Península, 1991 [ed. bras.: "A sebe de cactos", em Walter Benjamin, *A arte de contar histórias*, org. Patrícia Lavelle, trad. Georg Otte, Marcelo Backes e Patrícia Lavelle, São Paulo, Hedra, 2018]. Texto publicado pela primeira vez no *Unterhaltungsblatt der Vossischen Zeitung*, em 8 de janeiro de 1933.

[87] "Walter Benjamin en Ibiza", em Jean Selz, *Viaje a las Islas Pitiusas*, Ibiza,

barco a vela "que se parecia com um galeão espanhol do século XVII". (Este mesmo marinheiro irlandês, com seu pitoresco barco a vela, encontramos também, ainda que com o nome de O'Connor, no romance *Gilles*, de Pierre Drieu La Rochelle).[88] Entretanto, por mais que o nome pertença a outra pessoa, tudo o que é contado em "A sebe de cactos" pertence unicamente a Jockisch, "um tipo esquisito como nunca conheci outro igual".

Também aqui, como nos demais relatos surgidos de sua experiência em Ibiza, o que Benjamin faz é construir, sobre a base de acontecimentos e personagens reais e imediatos, um breve argumento imaginário que avança rumo a um desfecho surpreendente. Jockisch aparece nele em toda sua amplitude, como se Benjamin, enquanto escrevia, tivesse prestado atenção especial para não deixar de lado nenhum aspecto de sua personalidade inconfundível, nenhum detalhe de suas atividades excêntricas. Assim, somos apresentados a um Jockisch sem dúvida exótico, pouco sociável e misterioso; caçador não só de lagartos, mas também de pássaros, insetos, borboletas etc.; pescador, admirado principalmente "por causa de sua maestria com nós"; e, acima de tudo, escultor. É precisamente sobre esse último ofício que Benjamin constrói o fio de argumentação do relato.

Um elemento indissociável da moradia ibicenca tradicional era o que Benjamin chamou em seu relato de cerca de cactos.

TEHP, 2000, p. 38. Os editores de Benjamin sempre relacionaram o protagonista do relato com esse O'Brien de quem Selz fala. No entanto, o diário ibicenco de Benjamin oferece pistas suficientes para se poder afirmar que o protagonista é mesmo Jockisch.

[88] A respeito de Pierre Drieu La Rochelle, o último capítulo de seu romance *Gilles* (Madri, Alianza, 1996) está ambientado em Ibiza.

Na verdade, eram cercas-vivas de urumbebas que os camponeses deixavam crescer normalmente em algum lado ou atrás da casa. Já em seu diário, encontramos uma referência bastante particular a essas cercas-vivas, que deixa claro como elas tinham chamado a atenção de Benjamin profundamente: "As casas brancas com suas cercas-vivas de cactos, atormentadas por um tumulto de fantasmas verdes e ameaçadores". Essa mesma observação das urumbebas como fantasmas ameaçadores amontoados junto da casa, dotada de grande força imaginativa, lhe serviu depois para construir seu relato. Porque em "A sebe de cactos", o multifacetado protagonista O'Brien, enquanto escultor, tira inspiração das fantasmagóricas folhas da urumbeba de sua casa — que o atormentavam através da janelinha de seu quarto —, para reconstruir toda uma série de máscaras africanas idênticas às de sua antiga coleção, que fora roubada e destruída em um incêndio. Assim, o relato é principalmente uma descrição da vida e das atividades de seu protagonista na ilha, mas termina com o próprio narrador em Paris, em um "negociante de arte da Rue la Boétie", onde calha de encontrar e admirar algumas máscaras negras tidas como autênticas, mas que são justamente as que ele tinha visto seu amigo O'Brien fazendo em Ibiza.

Como em outros de seus escritos do mesmo período, modernidade e primitivismo parecem se encontrar em "A sebe de cactos". Na realidade, pode-se dizer que esse foi precisamente o grande tema ibicenco de Benjamin. Nos passeios pelo campo, na vida cotidiana simples e austera junto ao mar, nas novas amizades, nos relatos que ouvia, em todas e em cada uma de suas atividades, a consciência da modernidade e do primitivismo do mundo insular se encontraram vez por outra com seu mistério próprio, entre fascinação e surpresa, mas também contavam com uma vontade muito clara da parte de Benjamin de decifrar o código desse encontro. Assim, seus escritos da época constituem, à maneira de um peculiar caderno de viagens, um reflexo desordenado mas bastante fiel disso, no qual se intercalam real e imaginário, concreto e abstrato, reflexão geral e pormenorizada. Os nove trechos de "Sequência de Ibiza", os relatos e "Ao sol": todos esses textos, de certa maneira, partilham de uma mesma intenção, baseada em uma nova aproximação por meio da palavra à essência de uma viagem — uma viagem que, em algumas ocasiões, parece acontecer sobretudo em uma única direção temporal, isto é, rumo ao passado.

Assim como em outros relatos de Ibiza, também em "A sebe de cactos" manifesta-se a mesma vontade de contar tudo, de transformar o texto em um depósito de informações locais, de descobertas do viajante esclarecido. Se "O anoitecer da viagem" contém todo o anedotário de costumes locais que ele pôde reunir durante sua estadia, "A sebe de cactos" é o catálogo geral da vida de Jockisch, um indivíduo que escolheu viver sozinho em uma ilha, afastado do mundo. O mesmo se pode dizer também de "O lenço" e "A viagem do Mascote", que contêm as informações de sua viagem de Hamburgo até Barcelona, a relação com a tripulação do Catania e as histórias nele ouvidas. Assim, como foi visto nos capítulos anteriores, Benjamin renunciou à descrição geral e sintética do diário de viagem para substituí-lo por algo mais complexo: o relato com estrutura tradicional no qual o viajante conta o que outros lhe contaram, e que oferece mais informações acerca da viagem e do local visitado, muito embora sempre venha acompanhado de um argumento imaginário.

Benjamin escreveu a Scholem, em 10 de maio: "Um serviço de correios de tipo europeu existe uma vez por semana aqui, o que faz com que tudo convide a escrever longas cartas".[89] Além dos relatos, dos trechos de seu diário e de outros escritos como "Ao sol" ou "Sequência de Ibiza", Benjamin escreveu um bom número de cartas e cartões postais para seus amigos, graças aos quais conhecemos também outros detalhes de sua estadia na ilha. Por eles sabemos que, durante aqueles três meses, aproveitou para ler *A cartuxa de Parma* "pela segunda vez" — "existem poucas coisas tão belas" —; dois livros de Trótski, *História da revolução de fevereiro* e *Minha vida*, que darão vez a um breve texto chamado "Uma vez só é nada";[90] o *Oráculo manual*, de Baltasar Gracián, sobre o qual disse querer escrever um trabalho que acabou não se concretizando; *Stechlin*, de Fontane, "cuja leitura em pleno Mediterrâneo traz um refinamento particular, além do sólido conforto que este autor procura"; *The Cabala*, de Thornton Wilder, que recomenda a seu amigo Scholem "particularmente pelas seis últimas páginas"; *Paludes*, de Gide, que disse ler enquanto tomava seu primeiro banho de sol matutino;[91] *Épaves*, "o último livro de Green, que me diz muito menos do que os anteriores";[92] e Proust: "pela primeira vez nos úl-

---

[89] Carta a Gershom Scholem em 10 de maio de 1932. Walter Benjamin, *Cartas de la Época de Ibiza*, Valência, Pre-Textos, 2008, p. 46.

[90] "Una vez no es ninguna", em Walter Benjamin, *Imágenes que Piensan*, Madri, Abada, 2012 [ed. bras.: "Uma vez só é nada", em Walter Benjamin, *Obras escolhidas II. Rua de mão única*, trad. Rubens Rodrigues Torres Filho e José Carlos Martins Barbosa, São Paulo, Brasiliense, 1987, p. 272]. Foi publicado pela primeira vez no *Der Öffentlich Dienst* em 23 de fevereiro de 1934.

[91] Carta a Gretel Karplus de meados de maio de 1932. W. Benjamin, *Cartas de la Época de Ibiza, op. cit.*, pp. 50-2.

[92] Carta a G. Scholem em 10 de maio de 1932. W. Benjamin, *Cartas de la Época de Ibiza, op. cit.*, pp. 44-8.

timos cinco ou seis anos, retomei a leitura de Proust".[93] Definitivamente, tratam-se de leituras realizadas sem a urgência habitual de uma resenha jornalística imediata, com a tranquilidade que ele buscava há tempos e em um ambiente muito favorável.[94]

De fato, o ambiente lhe era tão favorável que, também por uma de suas cartas — a que escreve a Scholem em 10 de maio[95] —, ficamos sabendo que, em algum momento, Benjamin cogitou ficar na ilha por mais tempo do que o previsto: "Não fosse pela falta de clareza desses assuntos em Berlim, eu poderia tranquilamente pensar em permanecer aqui durante um longo tempo, ou inclusive partir caminhando para depois voltar. Não deve ser muito fácil para mim encontrar outro lugar onde eu possa viver em condições suportáveis, com uma paisagem esplêndida e com exíguos 70 ou 80 marcos". O que preocupava Benjamin então era a situação de seus manuscritos em Berlim, especialmente "os papéis sobre as *Passagens*",[96] posto que, estando em

---

[93] Carta a G. Scholem em 5 de julho de 1932. *Idem, ibidem,* p. 65 [ed. bras.: Walter Benjamin/Gershom Scholem, *Correspondência, 1933-1940,* trad. Neusa Soliz, São Paulo, Perspectiva, 1993, p. 23].

[94] Parece que a releitura de Proust, que Benjamin tinha traduzido para o alemão, se relacionava com as recordações e imagens do passado de *Crônica de Berlim,* como sugere seu discurso sobre o autor francês "pronunciado no dia em que completei quarenta anos", em Walter Benjamin, *Gesammelte Schriften II-3,* Frankfurt, Suhrkamp, 1991, pp. 1064-5.

[95] Carta a G. Scholem de 10 de maio de 1932. W. Benjamin, *Cartas de la Época de Ibiza, op. cit.,* p. 45.

[96] Walter Benjamin, *Libro de los Pasajes,* Madri, Akal, 2005 [ed. bras.: W. Benjamin, *Passagens,* org. Willi Bolle, Belo Horizonte, Editora da UFMG, 2018, 3 vols., 3ª ed.]. Benjamin começou a trabalhar nessa obra em 1927. Continuou com ela em Paris, em 1933, até sua morte, em 1940. Na mesma carta a Scholem de 10 de maio de 1932, Benjamin escreve que "me encontro em uma situação de

Ibiza, não tinha podido verificar se o vigarista para quem ele tinha alugado seu apartamento não tinha fugido com eles. Assim, tinha que voltar a Berlim para conferir isso, e tinha de ser logo.

No entanto, a ideia de voltar a Berlim o desagradava. Durante aquela mesma primavera, tinham ocorrido as primeiras vitórias eleitorais de Hitler — na Baviera, na Prússia, em Hamburgo, Wurtemberg e Anhalt — e as notícias que chegavam até a ilha sobre tudo o que começava a acontecer na Alemanha não podiam ser mais desalentadoras: desde frequentes atos de terrorismo das organizações paramilitares nazistas até demissões de ministros e rumores de mudanças de governo. A todo momento, e apesar do isolamento em Ibiza talvez sugerir o contrário, Benjamin e seu círculo de conhecidos alemães de San Antonio se mantinham atualizados do que acontecia em seu país, fosse através das notícias que chegavam à ilha — com uma semana de atraso — ou pelas correspondências particulares. A carreira de Hitler rumo ao poder absoluto parecia irrefreável, e o que Benjamin desejava evitar a todo custo, conforme escreve a Scholem na mesma carta de 10 de maio, era ir a Berlim e, "ainda que ninguém pareça saber a data com clareza", acabar se deparando por lá com "as celebrações de inauguração do Terceiro Reich".[97]

---

muita inquietação, fundamentalmente por causa dos papéis relativos a minha obra das *Passagens*, que representam não menos que três ou quatro anos de trabalho, estudo e reflexão, e nos quais se encontram as mais importantes orientações, senão para outrem, ao menos para mim". Sobre as origens e evoluções desse trabalho, conferir Susan Buck-Morss, *Dialéctica de la Mirada* (Madri, Visor, 1996) [ed. bras.: *Dialéctica do olhar: Walter Benjamin e o projeto das Passagens*, Belo Horizonte/Chapecó, Editora da UFMG/Argos, 2002].

[97] Carta a G. Scholem em 10 de maio de 1932. Walter Benjamin, *Cartas de la Época de Ibiza, op. cit.*, p. 46.

Quem era Jockisch realmente? Sem dúvida, e antes de tudo, um sobrevivente da Primeira Guerra, ou seja, um daqueles soldados que tinha voltado para casa "não mais ricos, e sim mais pobres em experiência comunicável", como Benjamin descreverá sua geração em "Experiência e pobreza".[98] Mas também um daqueles homens que precisou percorrer os mares de meio mundo talvez justamente para poder preencher de experiências o grande vazio que aquela guerra atroz tinha deixado em si. Entretanto, parece que entre suas múltiplas atividades havia uma que despertava certas suspeitas entre seus vizinhos. Os pescadores que se encontravam com ele às vezes pelo mar ficavam surpresos ao vê-lo sondando o litoral com precisão. Ainda hoje, aqueles que o conheceram suspeitam que sua principal atividade na ilha consistia em informar o governo alemão sobre as características marítimas de lá, e talvez também sobre os visitantes que chegavam.

Em "A sebe de cactos", Benjamin coloca na boca do protagonista O'Brien, isto é, de Jockisch, o seguinte:

> Eu havia passado aquele entardecer inteiro diante dos meus mapas marítimos. O senhor precisa saber que meu cavalo de batalha é melhorar os mapas do Ministério da Marinha britânico, o que é ao mesmo tempo uma fama conquistada de modo bem barato, pois onde ocupo um novo lugar com minhas nassas também acabo fazendo sondagens. Eu havia, pois, identificado o lugar correto de algumas colininhas no mar e pensado como seria bonito se

---

[98] Walter Benjamin, "Experiencia y pobreza", em *Discursos Interrumpidos I*, Madri, Taurus, 1989 [ed. bras.: "Experiência e pobreza", em Walter Benjamin, *Obras escolhidas I. Magia e técnica, arte e política*, trad. Sergio Paulo Rouanet, São Paulo, Brasiliense, 1987, 3ª ed.].

me eternizassem lá embaixo, nas profundezas, dando a uma delas o meu nome.

Tratava-se de mais uma excentricidade ou de um encargo oficial remunerado? Fato é que qualquer coisa que Jockisch dissesse ou fizesse, sempre acabava adquirindo uma dimensão misteriosa. Benjamin reparou nisso e parece que em sua segunda viagem a Ibiza, um ano depois, apenas cruzou com ele.

Foi o multifacetado artista Raoul Hausmann quem teve mais oportunidades de conhecê-lo bem, pois viveu no mesmo povoado de San José entre 1933 e 1936. A relação entre os dois passou por muitos momentos críticos, especialmente a partir do momento em que ocorreu a Jockisch mostrar abertamente sua simpatia por Hitler. Hausmann anota que, embora Jockisch continuasse a se dedicar à captura de lagartos, "que envia ao Instituto de Pesquisas Biológicas de Dahlem", muitos no povoado afirmam "que se trata de um alto oficial das SS".[99] Se não aparecesse nenhum tema político na conversa, parecia que tudo ia bem: saíam para navegar, visitavam casas rurais para fotografá-las etc. No entanto, ainda hoje alguns moradores do povoado se lembram deles saindo juntos dos bares, vociferando e trocando socos. Contudo, Hausmann fez seguramente o melhor retrato possível de Jockisch quando escreveu que ele tinha "algo de um cão de caça. Como se sempre estivesse farejando uma pista. Mas o que ele está farejando? Não se sabe o quê. Um ser diferente".[100]

---

[99] Raoul Hausmann, *Hylé. État de Rêve en Espagne*, Dijon, Les Presses du Réel, 2013.

[100] Raoul Hausmann, *Hyle. Ser-sueño en España*, Gijón, Ediciones Trea,

Em Sa Punta des Molí, entre o bosque e a orla do mar, no lado deserto da baía de San Antonio, a vida cotidiana de Benjamin e da família Noeggerath transcorria com placidez. A pequena e bastante modesta casa onde se alojavam — e que tinha exigido algumas reformas — pertencia a Joan des Molí, assim como o moinho e a casa principal. O genro dele, um pescador de Alicante chamado Tomás Varó, era conhecido no povoado como "Frasquito", de modo que, com o passar do tempo, aquela mesma *finca* acabou conhecida também como Can Frasquito. Parece que era assim que os Noeggerath, Benjamin e a colônia de estrangeiros a chamavam. Esse pescador, um virtuoso especialista em manejar a vela latina e pescar lagostas, tinha se estabelecido em San Antonio anos atrás e se casado com María, a filha do dono daquela pequena *finca* rochosa. A família Des Molí — ou seja, o velho Joan, que logo se tornou a principal fonte de informações de Hans Jakob em tudo o que dizia respeito ao folclore local, sua filha María, o genro Frasquito e os filhos deles — vivia na casa principal, uma bela casa com arcos.

Ali mesmo Benjamin encontrou também uma nova história para contar: a do próprio moinho, situado a poucos metros da casa. Naquela época, o moinho estava abandonado, com as pás quebradas, e seu dono, Juan des Molí, sogro de Frasquito, não permitia que ninguém entrasse nele. O moinho, assim como o resto da *finca*, deveria ficar para seu filho, mas este tinha partido para a América do Sul há muitos anos e nunca mais tiveram notícias dele. De fato, ele nunca voltou. Segundo Jean Selz, Benjamin escreveu uma breve narrativa inspirada nessa história, mas talvez não a tenha terminado ou apenas manifestou o

---

1997, p. 103. Diferentemente da edição francesa, citada na nota anterior, essa edição espanhola não contém o texto completo.

desejo de escrevê-la, pois não foi possível encontrá-la. Nas entrelinhas desse texto que pode nem ter sido escrito, Benjamin talvez reconhecesse uma realidade social muito comum na ilha àquela época: a emigração. Portanto, de maneira alguma ele ficaria indiferente ao tema principal daquela história.

Durante as primeiras semanas do mês de junho, Benjamin trabalhou intensamente. Ele sabia que sua estadia na ilha estava chegando ao fim. Por um lado, os Noeggerath esperavam por novos hóspedes, e não lhe convencia a perspectiva de ter que se acomodar no povoado, ou seja, do outro lado da baía, porque "dificilmente encontraria outro alojamento em San Antonio que pudesse comparar-se a este quanto ao inigualável isolamento", escreve a Scholem em 25 de junho. Além disso, à medida que se aproximava a data de seu quadragésimo aniversário, em 15 de julho, seu desassossego parecia aumentar. Continua dizendo a Scholem na mesma carta: "Acho que estarei em Nice nesse dia, onde conheço um rapaz bastante burlesco, com quem já cruzei amiúde nas minhas andanças de norte a sul e que convidarei para tomar um copo de vinho, caso não prefira ficar sozinho".[101]

Segundo Scholem, e à luz de acontecimentos posteriores — isto é, do que aconteceu em Nice poucas semanas depois, quando Benjamin pensou seriamente em suicidar-se —, esse "sujeito extravagante" era ninguém menos que a morte e, portanto, o projeto de dar fim à sua vida seria posto em prática naqueles mesmos dias de junho, enquanto pensava em seu próxi-

---

[101] Carta a G. Scholem em 25 de junho de 1932. W. Benjamin, *Cartas de la Época de Ibiza, op. cit.*, pp. 62-3 [ed. bras.: W. Benjamin/G. Scholem, *Correspondência, 1933-1940, op. cit.*, p. 20].

mo aniversário e na iminente partida da ilha.[102] Entretanto, apenas dez dias depois ele voltou a escrever a Scholem para comunicar que "ainda" continuava em Ibiza, "onde permanecerei até pelo menos 10 de julho". Em que pese seu estado de indecisão permanente — "nem eu mesmo sei onde poderei ser encontrado no dia 15, se aqui ou em Nice" —, ele continuou trabalhando, especialmente em sua "série de anotações sobre Ibiza", que indicou também estar "aumentando silenciosa e paulatinamente"[103] e da qual publicara "Sequência de Ibiza" em 4 junho, no *Frankfurter Zeitung*.

Com o início do verão e, portanto, das agradáveis noites junto ao mar, Sa Punta des Molí tornou-se um local de visita atraente para outros estrangeiros moradores da ilha. No geral, e de acordo com depoimentos,[104] eles se reuniam principalmente para beber — parece que Felix Noeggerath e Jockisch, que era frequentador assíduo dali, desempenhavam um papel de bastante destaque nessas reuniões — e Benjamin logo começou a se cansar daqueles encontros cada vez mais frequentes. Ainda assim, decidiu continuar por mais alguns dias e lá comemorar seu aniversário. A propósito de uma dessas festas "improvisadas", ele

---

[102] Benjamin escreveu seu testamento e uma carta dirigida a Egon Wissing — seu primo e vizinho de apartamento em Berlim — em 27 de julho, de Nice. Na carta, explicava sua decisão de suicidar-se devido à sua situação desesperadora. W. Benjamin, *Cartas de la Época de Ibiza, op. cit.*, pp. 74-80.

[103] *Idem, ibidem*, p. 65.

[104] Entre os depoimentos que confirmam essa informação está o de María Varó, filha de Tomás Varó, o "Frasquito". María era criança em 1932, mas se lembra não só dos Noeggerath e de Jockisch, como também "de Walter, cujos óculos lembravam rodas de bicicleta". Recorda também que ele passava o dia lendo e, ainda, que escrevia em cadernos muito pequenos.

escreve a Scholem em 26 de julho, diretamente de Nice, que "marcada pelo entusiasmo não tanto das figuras do repertório que já lhe são conhecidas, mas sim de dois franceses que tornaram a aparecer por aqui — trata-se de um casal — por quem senti muita simpatia". Esses "dois franceses" eram Jean Selz e sua esposa Guyet, que há pouco tinham se instalado bem perto dali, em uma pequena casa construída recentemente naquele mesmo trecho da orla do mar, a que chamavam de La Casita.

Foi com o casal Selz que Benjamin — que, ao que parece, sentia certo cansaço em relação às habituais "figuras do elenco" — passou os últimos dias em Ibiza:

> [...] com apenas breves interrupções até a minha partida. E essa convivência até a meia-noite do dia 17 de julho — horário de partida do meu barco a Mallorca — foi de tal forma absorvente, que já haviam tirado a escada do navio e este já se colocara em movimento, quando por fim chegamos ao cais. Quanto à minha bagagem, já se encontrava a bordo. Após um apressado aperto de mão no meu acompanhante, tratei de escalar o casco já em movimento, no que fui auxiliado por alguns ibicenses curiosos, e assim cheguei, são e salvo, a bordo.[105]

Depois de tudo isso, parece que Benjamin passou seu temido aniversário de quarenta anos com o mesmo entusiasmo que o acompanhara a todo momento naqueles três meses.

---

[105] Carta a G. Scholem em 26 de julho de 1932. W. Benjamin, *Cartas de la Época de Ibiza, op. cit.*, p. 68 [ed. bras.: W. Benjamin/G. Scholem, *Correspondência, 1933-1940, op. cit.*, p. 25].

É possível que o principal motivo do desassossego de Benjamin durante aquelas últimas semanas na ilha teve a ver com a chegada de uma mulher a Sa Punta des Molí: Olga Parem. Esse episódio de sua estadia em Ibiza, do qual não se encontra uma alusão sequer em suas cartas, foi revelado por Scholem pela primeira vez em seu livro *Walter Benjamin: a história de uma amizade*.[106] Pelo visto, Olga Parem, chamada de Ola por seus amigos, era "a alemã-russa bastante atraente e vivaz" que passou algumas semanas em San Antonio, talvez por sugestão do próprio Benjamin. Tinham se conhecido em 1928, por meio do escritor Franz Hessel. O que Olga Parem contou a Scholem foi que se lembrava daquela estadia na ilha como "um período muito bonito". Dizia de Benjamin que "o seu riso era encantador; quando ria, um mundo inteiro se abria". Mas aquele "período muito bonito" de junho de 1932 foi surpreendentemente ofuscado quando Benjamin a pediu em casamento "de modo inesperado".

Segundo consta, sempre de acordo com Scholem, a resposta negativa de Olga Parem decepcionou Benjamin a ponto de esse episódio estranho ter lhe despertado, pelo menos em parte, pensamentos de suicídio naquelas últimas semanas em Ibiza e, depois, mais seriamente, durante os dias que passou em Nice, onde chegou a escrever seu testamento. Uma certeza é que as últimas semanas de Benjamin na ilha correram com menos tranquilidade que o esperado. Novos hóspedes, visitas constantes, festas noturnas frequentes e improvisadas, uma paixão não correspondida, vacilação quanto à data de partida: tudo contribuiu

---

[106] Gershom Scholem, *Walter Benjamin: Historia de una Amistad*, Barcelona, Península, 1987 [ed. bras.: Gershom Scholem, *Walter Benjamin: a história de uma amizade*, São Paulo, Perspectiva, 1989, pp. 186-7].

No alto, Jockisch,
o alemão de Stuttgart
radicado em Ibiza.
Ao lado, Olga Parem
retratada na capa da
revista berlinense *Uhu*,
em outubro de 1928.

para um desassossego que só veio a ser parcialmente aplacado pela nova, ainda que breve, relação com os Selz, aos quais ele se uniu em interesses comuns tais como a literatura, as caminhadas campestres e o haxixe.

Apesar disso, depoimentos nos ajudam a reconhecer alguns aspectos mais brilhantes dessa desafortunada história de amor. O pescador Tomás Varó, conhecido como "Frasquito", teve uma nova e também insólita ocupação durante aqueles primeiros dias do verão de 1932. Pelo visto, o entusiasmo que Olga Parem sentia pela arte de navegar fez com que Benjamin convencesse seu vizinho "Frasquito" a levar os dois, com sua pequena embarcação de vela latina, para passear pelas águas próximas do litoral. Assim, quase que diariamente, Olga Parem e Walter Benjamin puderam contemplar como o sol se punha de maneira majestosa sobre o mar de San Antonio, a partir de um barco que devia lhes sugerir uma antiguidade quase inalcançável.

Quando Benjamin finalmente partiu da ilha em 17 de julho, o fez com planos bastante concretos, mas totalmente novos. Agora se dirigiria ainda a Nice, mas não para ir depois para Berlim, e sim para a Itália. Alguns dias antes de sua partida, recebeu um convite de seu amigo, o escritor Wilhelm Speyer, com quem tinha estado na França no ano anterior, para que se juntasse a ele em Poveromo, um pequeno povoado localizado nos arredores de Pisa. Ali Benjamin passaria os três meses seguintes, dedicado principalmente à escrita de um novo livro, *Infância em Berlim por volta de 1900*. Mais uma vez, como em Ibiza, a beleza e a placidez do lugar, assim como a extraordinária profundidade e qualidade de seus escritos, contrastam com sua situação pessoal cada vez mais lamentável, que sofreu um agravante imediato depois que ele rompeu relações com o rádio e a imprensa alemá por causa dos últimos acontecimentos políticos.[107] Por isso, sua situação de dependência ficaria também mais flagrante. Até mesmo para voltar a Berlim, no outono de 1932, ele escreveu: "não tenho recursos para empreender a viagem por conta própria e estou na dependência de Speyer, que vai me levar em seu carro, mas só quando ele regressar".[108]

Quanto à sua produção literária daquele momento, ou seja, a *Infância em Berlim por volta de 1900*, seu novo livro depois de *Crônica de Berlim*, que ele acabara de escrever em Ibiza, Benjamin chegou à conclusão de que a forma fragmentária também era consequência de sua situação pessoal de dependência. A respeito desse novo livro, ele anuncia a Scholem em 26 de setembro, de Poveromo, que "consiste em breves passagens" e que não poderia ser de outra maneira, por se tratar de uma "forma a que venho recorrendo ultimamente, imposta em primeiro lugar pela precariedade da minha produção, sempre ameaçada em termos materiais, e também em consideração do seu aproveitamento de acordo com as contingências do mercado".[109]

Como se tentasse fugir do futuro, Benjamin parecia estar correndo rumo a um passado, o seu próprio. Seus dois projetos

---

[107] Em princípios do outono, como consequência do golpe de Estado por meio do qual, em 20 de julho, o chanceler Papen havia destituído o governo da Prússia, "os intendentes esquerdistas de Berlim e Frankfurt, que dispunham de trabalhos na rádio e que frequentemente davam a Benjamin encomendas bem pagas, perderam as suas posições". G. Scholem, *Walter Benjamin: Historia de una Amistad, op. cit.* [ed. bras.: G. Scholem, *Walter Benjamin: a história de uma amizade, op. cit.*, p. 186].

[108] Carta a G. Scholem em 26 de setembro de 1932. W. Benjamin, *Cartas de la Época de Ibiza, op. cit.*, p. 95 [ed. bras.: W. Benjamin/G. Scholem, *Correspondência, 1933-1940, op. cit.*, p. 32].

[109] *Idem, ibidem*, p. 95 [ed. bras.: *idem, ibidem*, pp. 32-3].

literários da época — *Crônica de Berlim* e, pouco depois, *Infância berlinense: 1900* —, que guardam tanta relação com Ibiza, representam um exercício de busca de tudo aquilo que o futuro não parecia disposto a lhe oferecer. "Quem pretende se aproximar do próprio passado soterrado deve agir como um homem que escava." Isso é o que ele tinha afirmado, na sequência de seu trabalho de indagação mnemônica, em um breve texto intitulado "Escavando e recordando", escrito também durante suas inesperadas férias em Ibiza.[110] Mas quanto mais ele escavava e desenterrava, mais presente parecia se fazer o futuro imediato, um futuro que só poderia chegar sob a forma do exílio e da pobreza.

Tal como se sabe que correram os anos seguintes, é possível que a estadia de Walter Benjamin em Ibiza durante aqueles três meses tenha sido o último período feliz de sua vida, com todos os matizes necessários. Em "A sebe de cactos", o protagonista O'Brien — ou seja, Jockisch, um autêntico espírito livre e independente — ensina uma nova maneira de olhar a lua ao narrador da história: "Não sei se o senhor já se deu conta do efeito da lua nessa região, pois sua luz não parece cair sobre o cenário de nossa existência diurna, mas sim sobre uma terra oposta ou paralela". É sobre essa mesma observação que Benjamin irá construir, um ano depois e também em Ibiza, um dos últimos fragmentos de *Infância em Berlim por volta de 1900*, intitulado "A lua". Aqui, Benjamin contempla sua própria infância como um tempo

---

[110] "Desenterrar y recordar", em W. Benjamin, *Imágenes que Piensan, op. cit.* [ed. bras.: "Escavando e recordando", da série *Imagens do pensamento*, em W. Benjamin, *Obras escolhidas II. Rua de mão única, op. cit.*, pp. 239-40]. Na verdade, trata-se de um fragmento da *Crônica de Berlim* que Benjamin decidiu conservar de maneira independente. Texto de publicação póstuma.

e um espaço dominados pelo "regime da lua", como se, sob os efeitos de sua luz, a infância tivesse sido também uma "anti-Terra ou uma Terra vizinha" da existência diurna dos adultos.[111]

Talvez seja possível dizer que, durante sua estadia de 1932, Ibiza significou para Benjamin uma experiência parecida. Enquanto o mundo se apressava rumo a uma guerra dada como certa, aquele outro mundo de Ibiza, também sob "o regime da lua" e com seus costumes arcaicos, sua paisagem nua e intacta, e a presença de sujeitos solitários e independentes, revelou-se a Benjamin com uma intensidade extraordinária, submetendo-o à prova da nostalgia e conduzindo ao terreno sempre livre e imaginativo da utopia. Ao fugir do futuro, seu passado pessoal tinha se transformado no principal objeto de seu olhar e de seus escritos e, do mesmo modo, a ilha de Ibiza, um espaço onde permanecia miraculosamente vivo outro passado, o da própria humanidade, tornou-se objeto de reflexão permanente.

Talvez também levando em conta todos e cada um dos momentos vividos na ilha, Benjamin decidiu tentar de novo e voltar à baía de San Antonio quando, em março de 1933, apenas alguns meses depois daquela primeira experiência, ele se viu forçado a deixar Berlim por causa das penosas circunstâncias pessoais oriundas da situação política de seu país. Mas nada voltaria a ser como antes.

---

[111] "La luna", *Infancia en Berlín hacia 1900*, Madri, Alfaguara, 1990 [ed. bras.: "A lua", em W. Benjamin, *Obras escolhidas II. Rua de mão única, op. cit.*, p. 138]. [N. da E.: como se percebe, José Carlos Martins Barbosa, o tradutor de *Infância em Berlim por volta de 1900*, optou pelos termos "anti-Terra" e "Terra vizinha" em vez de "terra oposta ou paralela", adotados por Marcelo Backes na tradução de "A sebe de cactos".]

Cartão-postal de Ibiza guardado por Walter Benjamin.

V
Hausmann e o olhar nostálgico

"Para mim, o intervalo entreguerras se divide naturalmente entre os períodos anterior e posterior a 1933", escreveu Walter Benjamin no currículo que teve de redigir em virtude de sua possível transferência para os Estados Unidos.[112] Se, de certa forma, sua primeira viagem a Ibiza, em 1932, ainda podia ser considerada como mais uma entre as que ele queria realizar somente para satisfazer seus desejos de viajar, a segunda, na primavera de 1933, foi determinada unicamente pelas circunstâncias políticas e acabou sendo, abruptamente, sua primeira temporada do exílio.

Desde que voltara a Berlim em novembro de 1932, depois de passar vários meses junto a seu amigo Wilhelm Speyer no pequeno povoado italiano de Poveromo, Benjamin se viu imerso no irrespirável ambiente social e político de seu país, logo se dando conta de que toda aquela situação não ia melhorar em absoluto, especialmente por causa das limitações que lhe eram impostas para publicar seus textos.

---

[112] Walter Benjamin, *Escritos Autobiográficos*, Madri, Alianza, 1996, p. 66.

Experiência e pobreza

O pouco autocontrole, com que as pessoas das minhas relações encaravam o novo regime, já se desvaneceu e agora diz-se que o ar está irrespirável; circunstância que aliás perde a transcendência, à medida que estão nos estrangulando. Isto sobretudo no plano econômico. As oportunidades oferecidas de quando em quando pela rádio, e que eram as únicas mais ou menos seguras com que eu podia contar, devem acabar tão radicalmente que nem mesmo o "Lichtenberg" tem transmissão garantida, apesar do contrato. Entrementes prossegue o desmantelamento do *Frankfurter Zeitung*. O redator do seu folhetim literário foi afastado do cargo, embora pouco antes tivesse demonstrado pelo menos tino comercial, adquirindo a minha *Infância em Berlim* por um preço irrisório.[113]

Em 30 de janeiro de 1933, Hitler assumiu o cargo de chanceler da Alemanha. Em inícios de março, quase todos os amigos de Benjamin, entre os quais estavam Brecht, Kracauer e Ernst Bloch, já tinham abandonado o país, fugindo daquela atmosfera "onde se prefere ver as pessoas de costas e depois nunca mais encará-las face a face".[114] Nessas circunstâncias, acossado pelos acontecimentos, Benjamin decidiu recorrer a seus amigos de Ibiza para iniciar o que seria seu exílio definitivo.

---

[113] Carta a Gershom Scholem em 28 de fevereiro de 1933. Walter Benjamin, *Cartas de la Época de Ibiza*, Valência, Pre-Textos, 2008, p. 127 [ed. bras.: Walter Benjamin/Gershom Scholem, *Correspondência, 1933-1940*, trad. Neusa Soliz, São Paulo, Perspectiva, 1993, pp. 44-5].

[114] Carta a G. Scholem em 20 de março de 1933. W. Benjamin, *Cartas de la Época de Ibiza, op. cit.*, p. 136 [ed. bras.: *idem, ibidem*, p. 57].

Em carta de 20 de fevereiro a Jean Selz — que, então, havia interrompido sua estadia em Ibiza para passar um par de meses em Paris —, ele tinha manifestado seu desejo de deixar Berlim na primavera "seja para voltar, eu também, às Baleares, onde ainda se encontra meu amigo Noeggerath, seja para permanecer em Paris".[115] Por volta da mesma data, tinha escrito também a Felix Noeggerath, sem dúvida para consultar a disponibilidade deste em relação a uma próxima estadia em sua casa em San Antonio. Noeggerath e Selz também trocaram algumas cartas nessa mesma época e, em uma delas mais precisamente, Noeggerath disse que tudo o que sabia de Benjamin era que "quase não se atreve a sair de casa, e tem bons motivos para não fazê-lo". Algumas semanas depois, em 16 de março, a decisão estava tomada. Benjamin escreve novamente a Jean Selz para lhe comunicar que sairia de Berlim rumo a Paris "na tarde de amanhã".[116]

Em 27 de março, enquanto Benjamin ainda estava em Paris, desembarcava no porto de Ibiza, pela primeira vez, o multifacetado artista Raoul Hausmann, nascido em 1886, em Viena, e um dos principais propulsores do dadaísmo berlinense. Um

---

[115] Carta a Jean Selz em 20 de fevereiro de 1933. W. Benjamin, *Cartas de la Época de Ibiza, op. cit.*, p. 124.

[116] A correspondência entre Jean Selz e Walter Benjamin pode ser consultada em "Carteggio W. Benjamin e J. Selz 1932-1934", na revista italiana *Aut Aut*, nº 189/190, 1982. As cartas de Benjamin a Selz, escritas sempre em francês, também estão em *Cartas de la Época de Ibiza, op. cit.* Quanto à correspondência — perdida — entre Benjamin e Noeggerath, assim como a de Selz e Noeggerath, conferir Momme Brodersen, *Walter Benjamin: A Biography*, Londres/Nova York, Verso, 1996, nota 5 do capítulo 8.

conhecido seu lhe havia recomendado a ilha por se tratar de "um lugar virgem, bonito e barato, local perfeito para trabalhar".[117] Chegava acompanhado de sua mulher, Hedwig Mankiewitz, e de sua modelo e amante Vera Broïdo. Fotógrafo, escritor, dançarino e pintor, Hausmann era um artista conhecido das vanguardas alemãs naqueles idos, embora sua etapa "como dadaísta tivesse acabado há tempos e ele tivesse se retirado em uma vida muito tranquila e muito reservada".[118]

Seu intuito era passar uma temporada não muito longa na ilha, mas assim como começava a suceder com outros viajantes daquela época, Ibiza acabou tomando-o por completo com a força de sua beleza inusitada e o contagiante ritmo de vida. Por fim, apenas o irromper da Guerra Civil Espanhola, três anos depois de ter chegado lá, conseguiu atravancar definitivamente sua estadia na ilha. Durante esse período de sua vida, Hausmann se dedicou quase que exclusivamente a conhecer e estudar profundamente o habitat rural ibicenco. Seu caso, isto é, a situação de um artista radical e de vanguarda, fascinado por todo aquele mundo arcaico que continuava resistindo a qualquer inovação e a qualquer indício de modernidade, nunca deixou de surpreender aqueles que se aproximaram de sua trajetória de vida e de sua obra artística.

Ainda hoje é possível acessar sua singular experiência em Ibiza graças às numerosas fotografias que ele tirou durante aqueles três anos, e aos artigos sobre a arquitetura, etnologia e arqueologia da ilha. Mas os aspectos mais íntimos dessa vivência, que nos permitem saber algo também sobre o caráter ou os

---

[117] "Entrevista a Vera Broïdo", em *Quadern del TEHP*, nº 7, Ibiza, 1995.

[118] *Idem, ibidem*.

Raoul Hausmann em Ibiza, nos anos 1930, e sua casa na ilha, em Can Palerm, fotografada pelo próprio artista.

sentimentos dos que viviam ali por aqueles anos, ou ainda sobre as sempre curiosas relações entre estrangeiros e locais, chegam a nosso conhecimento através de seu romance autobiográfico *Hyle*,[119] que só viria a ser publicado em 1969.

Já nas primeiras páginas do romance, dedicadas ao dia de sua chegada, Hausmann nos oferece uma rápida e bastante particular impressão inicial da ilha, algo que, por sua concisão e profundidade, lembra os primeiros textos de Walter Benjamin escritos também em Ibiza, ainda que um ano antes: "Tudo aqui dorme em um sonho limitado e agradável: os costumes, as casas, os homens e as mulheres; somente aqueles que aqui chegam como estrangeiros sonham ou agem como se tivessem sonhado com coisas para substituir uma atividade que estão abandonando ou que já abandonaram desde o princípio".[120]

Nos primeiros dias em Paris, Benjamin se hospedou no Hotel Istria, na rue Campagne Première. De lá escreveu a Scholem, em 20 de março, para comunicar-lhe que "tive a sorte de poder alugar minha casa durante um ano para uma pessoa de

---

[119] Raoul Hausmann. *Hyle. Ser-Sueño en España*, Gijón, Ediciones Trea, 1997. Além disso, nos anos 1930 e 1940, Hausmann publicou também vários artigos sobre arquitetura, arqueologia e costumes de Ibiza em revistas como *D'Ací i d'Allà*, *Revista de Tradiciones Populares*, *Revue Anthropologique*, *A.C.* etc. Sobre seu trabalho em Ibiza, conferir: *Raoul Hausmann, Ibiza*, Rochechouart, Musée Départemental d'Art Contemporain, 1987; *Raoul Hausmann, arquitecto, Ibiza 1933-1936*, Ibiza, TEHP, 1995; *Raoul Hausmann*, Valência, IVAM Centre Julio González, 1994 e Cécile Bargues, *Raoul Hausmann, Après Dada*, Bruxelas, Mardaga, 2015.

[120] Raoul Hausmann, *Hyle. Ein Traumsein in Spanien*, Munique, Belleville, 2006, p. 56.

confiança. Somente através de complicadas operações consegui reunir as poucas notas de cem marcos, graças às quais poderei viver alguns meses em Ibiza, para onde pretendo ir agora. Se neste momento alguns espaços ainda estão abertos, um dia o bloqueio poderá ser completo".[121] Logo também pôde se reunir ali com Jean Selz, que tinha previsto viajar novamente para a ilha por volta da mesma data. Parece inclusive que Benjamin deixou o hotel para ficar alguns poucos dias na casa dos Selz até que, na tarde de 5 de abril, acabaram por tomar juntos o trem com destino a Barcelona.

Curiosamente, sua segunda viagem a Ibiza começou do mesmo jeito que a primeira tinha terminado: em companhia de Jean e Guyet Selz, de quem era possível dizer que ele conhecia muito pouco, na verdade. Como recorda Jean Selz em 1954, eles estiveram na cidade de Barcelona "por alguns dias antes de tomar o barco para Ibiza. Passávamos as noites no bairro chinês de antes da Revolução Espanhola. Uma humanidade frenética preenchia os cabarés de lá, hoje desaparecidos".[122] Também Benjamin se referirá em uma carta daquele mesmo verão àquelas noites em Barcelona em companhia dos Selz:

> Desde que saí de Barcelona até agora não tive ocasião de me interessar por cinema, teatro e coisas parecidas. Ali, porém, assisti algumas representações em uma taberna que era um salão de baile que eu nunca teria imaginado e que

---

[121] Carta a G. Scholem em 20 de março de 1933. W. Benjamin, *Cartas de la Época de Ibiza, op. cit.*, p. 136 [ed. bras.: W. Benjamin/G. Scholem, *Correspondência, 1933-1940, op. cit.*, p. 57].

[122] "Walter Benjamin en Ibiza", em Jean Selz, *Viaje a las Islas Pitiusas*, Ibiza, TEHP, 2000, p. 36.

não conseguiria te descrever. Lembro apenas a você da famosa 'luta de box entre senhoras' durante a inflação. Pode-se perguntar como é possível algo assim e, na verdade, a resposta é: trata-se de uma cidade portuária.[123]

Não puderam desfrutar da estadia em Barcelona por mais do que quatro noites, pois no primeiro horário da manhã de 11 de abril, desta vez a bordo do Ciudad de Málaga e depois de uma noite de viagem, encontravam-se adentrando o porto de Ibiza.[124]

Apenas quinze dias antes, Raoul Hausmann tinha vivido a mesma experiência, descrita da seguinte maneira em *Hyle*:

> Como que obedecendo a uma ordem, sai, do lado direito de uma enseada, um farol e, do lado esquerdo, na orla rochosa, duas torres, muros amontoados, e tudo se amplia, parece nadar entre si mesmo e a distância. Na esquina do cais, o final é marcado com uma luz de passagem, que deixa entrever um caracol de casas sobre casas, esbranquiçadas e rosadas. As casas cúbicas formam capas entre as

---

[123] Carta a Inge Buchholz em aproximadamente 25 de junho de 1933. W. Benjamin, *Cartas de la Época de Ibiza, op. cit.*, p. 220.

[124] Benjamin escreveu em um *curriculum vitae*, certamente de 1940 (W. Benjamin, *Escritos Autobiográficos, op. cit.*, p. 62) que havia chegado em Ibiza no dia 8 de abril. Mas de 6 a 10 de abril nenhum barco chegou à ilha vindo de Barcelona. Isso só aconteceu no dia 11, com o Ciudad de Málaga. Hausmann havia chegado em 27 de março a bordo do Ciudad de Mahón — e não no dia 28, como diz em *Hyle* —, mas esse barco teve que substituir por algum tempo o que fazia o trecho de Ibiza a Alicante poucos dias antes de Benjamin e os Selz terem embarcado em Barcelona.

ameias encrespadas da velha fortaleza, sobrepujadas pela torre empinada da velha igreja. Quinze para as seis da manhã. A cidade se levanta insólita, estranha.[125]

Também por recomendação do mesmo amigo que lhes havia incentivado a viajar para Ibiza, os Hausmann escolheram o povoado de San Antonio para se instalar, mais especificamente em uma nova pousada: a Fonda Miramar — lugar onde Benjamin receberá sua correspondência durante a segunda estadia, muito embora nunca tenha se hospedado ali. E foi a essa pousada que se dirigiram na mesma manhã em que chegaram à ilha. No entanto, não permaneceriam por muito tempo em San Antonio. A atmosfera que tinha se criado ali, com uma colônia de estrangeiros cada vez mais numerosa, lhes desagradou desde o princípio. "Fartos da vida de banhistas em San Antonio",[126] decidiram procurar uma casa solitária no campo.

A decisão de viver no campo, afastados da colônia de turistas, em uma moradia isolada e em plena natureza, foi tomada depois de visitar uma daquelas surpreendentes casas rurais, conhecida como Can Bagotet, ou seja, a casa de Jockisch no povoado de San José. Em *Hyle*, Hausmann descreve essa curiosa e decisiva visita que lhe permitiu ver o interior de uma casa ibicenca tradicional pela primeira vez. Tinham conhecido Jockisch apenas alguns dias antes, em San Antonio, e este os tinha convidado a conhecer sua casa. Depois de passar ali um dia inteiro — e uma noite inteira, pois também foram convidados a passar a noite —, os Hausmann decidiram que queriam algo daquele

---

[125] R. Hausmann, *Hyle. Ser-Sueño en España*, op. cit., p. 56.

[126] *Idem, ibidem*, p. 74.

tipo, isto é, "uma casa como esta, afastada dos estrangeiros".[127] E assim, mais uma vez, nos encontramos com o singular Robinson Crusoe de Stuttgart, desta vez recebendo Hausmann em Can Bagotet, onde antes já vimos passar Spelbrink, em 1931, e Benjamin, em 1932.

Então acompanhados a todo momento por Jockisch, "o senhor marinheiro", e por suas duas "sobrinhas", em princípios de maio os Hausmann conseguiram alugar uma casa conhecida por Can Mestre, situada em Benimussa, um belo e solitário vale de San José. No entanto, poucos meses depois de instalados ali, decidiram se mudar para Can Palerm, outra casa rural espetacular e bastante próxima do povoado e da casa de Jockisch. Ali deram início a uma esplêndida aventura de três anos, com as luzes e sombras próprias daqueles que buscam utopias e em meio ao campesinato da ilha. Por sua vez, Jockisch, que, sob o nome de O'Brien, já tinha protagonizado o relato de Benjamin intitulado "A sebe de cactos", transformou-se em Jost, um dos personagens de *Hyle*, o romance "dadaísta" de Raoul Hausmann, consagrando-se não só como um excelente anfitrião da ilha — talvez até algo mais do que um anfitrião — para os novos visitantes, mas também como um atraente personagem de ficção.

Em apenas um ano, San Antonio tinha começado a sofrer importantes transformações, próprias de um destino turístico cada vez mais conhecido. Ao chegar, Benjamin observou inquieto algumas dessas mudanças. Em primeiro lugar, se deparou com um maior número de estrangeiros por ali, quase todos alemães, de quem Hausmann, como vimos, se dispunha a fugir

---

[127] *Idem, ibidem.*

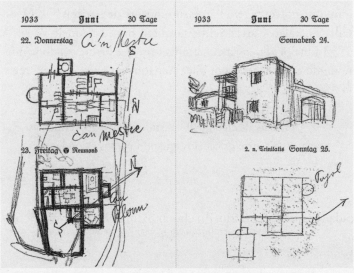

No alto, Can Mestre, a casa de Raoul Hausmann no povoado de San José.
Acima, anotações de Hausmann em sua agenda de 1933,
com a planta das casas de Can Mestre e Can Palerm.

buscando um refúgio no interior da ilha, fato que descreve de maneira bastante expressiva em *Hyle*: "Antes de vir a Ibiza, tinham feitio obscuro. Agora, não é muito mais claro".[128] Nas semanas seguintes e principalmente com o início do verão, essa colônia de estrangeiros aumentou consideravelmente. Segundo conta Jean Selz, "de imediato, muita gente veio visitar a pequena ilha, e nem todos os que vinham eram agradáveis. Entre os refugiados políticos que chegavam da Alemanha em número cada vez maior, havia alguns nazistas declarados que, como viemos a saber mais tarde, eram espiões da Gestapo".[129] O próprio Benjamin notará o seguinte em uma carta a Alfred Kurella: "emigração em sentido estrito não se encontrará muito por aqui. Por outro lado, apareceu um tipo pequeno burguês, *self-made man*, que ameaça com voz autoritária ou ao causar problemas e contém uma porcentagem não insignificante de nazistas".[130] O jornalista catalão Carles Sentís também notou naquele verão de 1933 a maior afluência de estrangeiros, que descreveu do seguinte modo em um artigo publicado naquele mesmo ano na revista *Mirador*:

> O mais discretamente vestido usa calças vermelhas sangue de touro; os cabelos, quando não os esconde num

---

[128] *Idem, ibidem*, p. 64.

[129] "Walter Benjamin en Ibiza", em J. Selz, *Viaje a las Islas Pitiusas, op. cit.*, p. 36.

[130] Carta a Alfred Kurella em 2 de junho de 1933. W. Benjamin, *Cartas de la Época de Ibiza, op. cit.*, p. 198. Kurella era nessa época secretário do Comitê Mundial contra a Guerra e o Fascismo, fundado em 1932 pela Internacional Comunista. Ao que parece, Benjamin o havia conhecido semanas antes de viajar para Ibiza.

sombreiro largo, são longos, ondulados e engomados, cortados ao nível da nuca. Às vezes, uma pequena boina azul ou vermelha, inclinada, que só cobre um lado do crânio e uma orelha. Vestem camisas de manga curta, lisas ou listradas, mas sempre chamativas — acima de tudo, policromia — e um lenço atado ao pescoço, caindo pelas costas ao estilo vendedor de amendoim.

E observa também um fenômeno novo, os mochileiros, "tão carregados de saúde e mochilas, quanto desprovidos de dinheiro".[131]

Não resta dúvida de que, em 1933, os novos turistas de San Antonio se pareciam muito pouco com aqueles que Benjamin tinha deixado ali apenas um ano antes. Em vista da nova situação, até mesmo o casal Selz decidiu se instalar na cidade de Ibiza, em uma casa no bairro antigo, onde ao que parece se respirava uma atmosfera mais tranquila e relaxada. Mas além disso, como consequência mais imediata, esse aumento no número de visitantes deu lugar a um notável aumento nos preços dos aluguéis, bem como a um rápido início de novas construções, destinadas à crescente demanda turística. Os Noeggerath, por sua vez, adaptando-se às novas perspectivas econômicas, tinham decidido sublocar a casa de Sa Punta des Molí, do lado deserto da baía de San Antonio, e se instalado em uma casa de construção recente situada no próprio povoado, ainda que em um de seus extremos e um pouco afastada das outras casas.

---

[131] Carles Sentís, "Les Balears desencalmades", em Marc Soler, *L'Estiueig. Com Feiem Vacances entre 1929 i 1935*, Barcelona, Quaderns Crema, 2011.

Essa inesperada mudança de casa implicou um motivo a mais de desânimo para Benjamin. A nova moradia[132] dos Noeggerath, "a quarenta e cinco minutos daquele belo canto do bosque onde passei o último verão", oferecia maior conforto — luz elétrica, água corrente e banheiro —, mas tinha a inconveniência de estar situada em local menos agradável, não tanto pela paisagem, que também era extraordinária, mas sim pela confluência de ventos, além do inconveniente estético de sua "arquitetura vulgar", um detalhe que não podia passar despercebido para ninguém em Ibiza, muito menos àqueles que, como Benjamin, haviam tido a oportunidade de conhecer e admirar a arquitetura do lugar. De qualquer modo, o próprio povo se revelava diferente pelas "mudanças que aconteceram na economia e na paisagem".[133]

Essas e outras queixas sobre seu novo e inesperado alojamento são expressas nas primeiras cartas a Gretel Karplus, escritas em 15 e 19 de abril, isto é, poucos dias depois de chegar. A

---

[132] Atualmente, essa casa não existe mais. Derrubada no final dos anos 1990, de estilo pretensioso e radicalmente oposto ao estilo autóctone, parecia ser inspirada em um certo modernismo datado e fora de lugar. Em volta dela havia outras casas de aspecto parecido que pertenciam a pessoas de destaque da burguesia de Ibiza. Também na cidade esse estilo, que Benjamin chama simplesmente de "vulgar" e que também foi criticado por Josep Lluís Sert, parecia estar se impondo. Em carta a Gretel Karplus, em 15 de abril de 1933, Benjamin diz que essa casa "foi construída em um dos extremos de San Antonio pelo médico local, que teve de se mudar" (W. Benjamin, *Cartas de la Época de Ibiza, op. cit.*, p. 143). De fato, o proprietário era um médico valenciano que, ao que parece, teve de partir devido à falta de apreço que os moradores do povoado tinham por ele.

[133] Carta a G. Karplus em 15 de abril de 1933. W. Benjamin, *Cartas de la Época de Ibiza, op. cit.*, pp. 142-3.

A "Rosa dos Ventos" de Walter Benjamin dedicada a Marietta Noeggerath, San Antonio, 17 de maio de 1932.

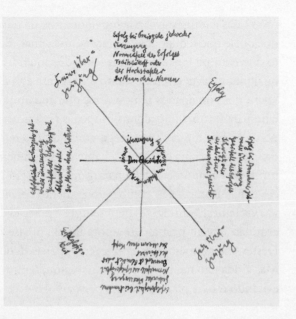

A segunda residência dos Noeggerath em San Antonio.

nova casa "é imprestável para qualquer tipo de trabalho, incluindo aquele que requer concentração intelectual" devido ao "efeito do vento no lugar, às portas feitas de tábuas finas e ao eco de qualquer palavra em todo canto".[134] A casa está cheia de gente: "além dos convidados temporários que andam por aqui de um lado para outro, virão alguns hóspedes para ficar por mais tempo". Por esse motivo, "emprego quase todo o tempo de minha estadia saindo para o bosque". Lamenta-se também pelas "transformações econômicas e da paisagem" que estão se produzindo em San Antonio, bem como pelo aumento considerável de novos visitantes. "Entre estes nem sempre é possível distinguir com exatidão se vêm pela alta temporada ou em fase final de vida." Destes, diz também que "conhecerás apenas Raoul Hausmann. Mas ainda não me foi apresentado e estou, sempre que possível, evitando todo tipo de contatos pessoais".[135]

Assim, a segunda estadia de Walter Benjamin em Ibiza começou, como se pode ver, de maneira muito diferente da primeira. Aquela fascinação do ano anterior, que o havia animado desde o princípio a conhecer tudo e todos, sempre em busca de histórias para contar, agora parecia ter desvanecido. Desgostoso na nova casa dos Noeggerath, ruidosa e açoitada pelas rajadas de vento, bem como pelo novo e rarefeito ambiente de San Antonio, desta vez ele não tardou a se refugiar em seus trabalhos de pesquisa literária, mais precisamente naquele que o Instituto de

---

[134] Carta a G. Karplus por volta de 19-20 de abril de 1933. *Idem, ibidem*, pp. 154-5.

[135] Carta a G. Karplus de 15 de abril de 1933. *Idem, ibidem*, p. 143.

Pesquisa Social[136] lhe havia atribuído alguns meses antes: "Sobre a situação social ocupada pelo escritor francês na atualidade".

Sem contar com mais livros do que os que havia na casa dos Noeggerath e daqueles que ele próprio tinha trazido de Berlim, um total de "trinta a quarenta volumes", é fácil imaginar as dificuldades que Benjamin encontrou para terminar esse trabalho. Em carta de 19 de abril, ele confessa a Scholem com especial ironia que o "artigo que de todos os modos representa uma impostura, pela circunstância de ter de escrevê-lo aqui, quase sem literatura de consulta, [...] adquire uma face até mágica em certo sentido, que irá ostentar em Genebra com ousadia".[137] E obviamente essa particularidade esteve presente em todos os demais trabalhos que ele realizou em Ibiza durante sua segunda estadia, que acabaram sendo muitos mais do que ele poderia ter previsto a princípio, posto que, em primeiro lugar, sua estadia não durou um par de meses, como ele pensava ao sair de Berlim,[138] mas sim seis deles, e, em segundo lugar, porque suas relações literárias com a imprensa alemã não se fecharam de todo, de modo que ele pôde continuar publicando artigos e resenhas, ainda que tivesse de assiná-los com pseudônimos.[139] As-

---

[136] A sede desse Instituto, dirigido por Max Horkheimer, estava provisoriamente em Genebra. O primeiro artigo de Benjamin para o Instituto foi publicado em 1934 na sua revista, dirigida pelo próprio Horkheimer e por Adorno: *Zeitschrift für Sozialforschung*. O artigo pode ser lido em castelhano em Walter Benjamin, *Imaginación y Sociedad* (Madri, Taurus, 1988).

[137] Carta a G. Scholem em 19 de abril de 1933. W. Benjamin, *Cartas de la Época de Ibiza, op. cit.*, p. 150 [ed. bras.: W. Benjamin/G. Scholem, *Correspondência, 1933-1940, op. cit.*, p. 66].

[138] Carta a G. Scholem em 4 de abril de 1933. *Idem, ibidem*, p. 59.

[139] Foram três os pseudônimos usados por Benjamin: C. Conrad, Detlef Holz e K. A. Stempflinger.

sim, de Max Horkheimer, que lhe havia encomendado esse trabalho no papel de diretor do Instituto, recebeu de Genebra "uma pequena remessa de livros",[140] entre os quais estava um romance publicado há apenas alguns meses: *Viagem ao fim da noite*, de Céline.

Não era só a ausência de uma biblioteca que dificultava seu trabalho. Como era impossível se concentrar na nova casa, o que ele fazia era ir ao bosque de pinheiros atrás do povoado para ler e escrever. Ele escreve a Gretel Karplus, em 16 de maio: "Levanto-me às seis e meia, às vezes às seis, e às sete coloco a espreguiçadeira que mantenho escondida sobre uma colina qualquer. Depois, às oito, como qualquer pedreiro ou alveneiro, abro minha garrafa térmica e começo o desjejum. Então, trabalho e leio até a uma". Claro que também ali havia não poucos inconvenientes. Parece que aquela primavera de 1933 em San Antonio foi especialmente ventosa e mesmo fria e "já me aconteceu, em algumas dessas tardes em que sopra o vento, de ter que recolher, com técnica de virtuoso, as folhas que saem voando por todos os lados". Em algumas ocasiões, algum bar do povoado servia de alternativa ao bosque, pois "de vez em quando é necessária a visão de uma xícara de café como representante da civilização da qual me encontro distanciado. Este ano pode-se encontrá-la aqui inclusive no leite. Os gritos das crianças e as conversas dos ibicencos ao meu redor não chegam a incomodar". Qualquer lugar parecia melhor do que a casa dos Noeggerath. O almoço era servido sempre na mesma hora, "às duas". Todos comiam juntos — os Noeggerath, Benjamin e outros hóspedes da casa — em uma "grande mesa na qual me aplico no exercício da so-

---

[140] Carta a G. Karplus em 16 de maio de 1933. W. Benjamin, *Cartas de la Época de Ibiza*, op. cit., p. 175.

ciabilidade". E depois de comer, "ainda não faz calor suficiente para dormir na sobremesa. Quase sempre me sento debaixo de uma figueira que fica na frente da casa para ler ou deixar o tempo passar. Os últimos esforços que fiz para suavizar as primeiras horas da tarde com a ajuda de um companheiro enxadrista lamentavelmente fracassaram".[141]

De súbito, viajar tinha deixado de ser uma paixão para Benjamin. Reunir histórias tampouco era uma questão importante, como havia sido no ano anterior. Consciente a todo momento de sua condição de exilado, não era tarefa fácil aceitar essa situação. Assim como também não parecia possível pensar no futuro e fazer planos. Na mesma carta a Gretel Karplus, afirma: "Enquanto por volta do meio dia faço passeios curtos pelo bosque, Paris me vem à mente. Não só pela representação do escuro inverno que lá me aguarda, mas também por todas as demais necessidades que teria que enfrentar com meu retorno para lá pelo menos durante um tempo".[142] O mesmo povoado de San Antonio também parecia estar se adaptando, não sem certa dificuldade, a tempos completamente novos, com mais turistas, mais construções, mais dinheiro. Indivíduos que se cruzavam, que buscavam um lugar, um refúgio para eludir o destino.

Em uma daquelas lânguidas tardes de primavera, no dia 6 de maio, San Antonio recebeu a visita de um personagem importante. Era o general Francisco Franco, que tinha assumido o cargo de Comandante Militar das Baleares há apenas dois meses e que agora visitava Ibiza em caráter oficial pela primeira vez.

---

[141] Carta a G. Karplus em 16 de maio de 1933. *Idem, ibidem*, pp. 178-81.

[142] *Idem, ibidem*, p. 179.

Durante os três dias de sua estadia, Franco conheceu, além da capital da ilha, alguns de seus principais povoados. Naquele sábado, depois de ter passado por Las Salinas, onde lhe foi explicado o funcionamento da indústria salineira, e também pelos povoados de San José e San Agustín, chegou, por volta das cinco da tarde, a San Antonio, acompanhado de toda uma comitiva de civis e militares.

Em primeiro lugar, a comitiva se dirigiu a Cala Gració, um lugar esplêndido perto de San Antonio, frequentado pelos banhistas estrangeiros que se alojavam no povoado e que, naqueles dias, estava se tornando o principal ponto de interesse dos novos compradores de terrenos. Imediatamente após, a comitiva voltou ao povoado e visitou "o farol de Coves Blanques, informando-se detalhadamente sobre a importância daquela baía".[143] É claro que se tratava de averiguar a sua importância militar, posto que a viagem de Franco tinha esse objetivo acima de tudo e que, sem dúvida, San Antonio era um dos centros de maior interesse estratégico por causa de sua magnífica baía.

O farol de Coves Blanques, uma bela construção do século XIX, estava situado em uma extremidade do povoado, mas a cerca de meros duzentos metros da casa onde moravam Benjamin e os Noeggerath. Além do mais, a comitiva teve que passar diante dessa casa para chegar ao farol. Dali, puseram-se a contemplar e estudar a baía até o anoitecer. Depois, tomaram o caminho de volta para a cidade de Ibiza.

É inevitável imaginar uma cena que pode perfeitamente ter acontecido naquela tarde de 6 de maio: Walter Benjamin, talvez sentado debaixo da figueira enquanto lia o romance de

---

[143] *Diario de Ibiza*, 8 de maio de 1933.

Céline (!), vendo passar um grupo de militares, em meio ao qual devia se destacar o jovem general — que tinha a mesma idade que ele, quarenta anos — caminhando sob a auréola do que todos consideravam ser uma brilhante carreira militar. O mesmo homem que apenas sete anos depois daria a ordem de proibir a entrada dos refugiados políticos na fronteira franco-espanhola, ordem esta que, como se sabe, acabou sendo fatídica para Benjamin em 26 de setembro de 1940.

Durante algumas poucas horas, o destino aproximou Benjamin e Franco, fazendo com que estivessem na mesma rua de um pequeno povoado no Mediterrâneo e que se cruzassem sem se reconhecer no caminho, enquanto o filósofo meditava sobre seu futuro incerto tomado por algo mais do que mera preocupação, e o general deslumbrava as autoridades locais com promessas de todo tipo, convidando-os a protagonizar um futuro esplendoroso. "Ibiza ficará satisfeita" — parecem ter sido essas as palavras de Franco poucos minutos antes de subir no barco que o levaria de volta a Palma de Maiorca.[144]

Tudo era possível na Ibiza de 1933. Entretanto, ninguém deixava de fazer planos: entre sair dali rapidamente e ficar para sempre, todas as opções eram contempladas. Talvez por causa da perspectiva de ter que prolongar sua estadia na ilha além do previsto, Benjamin começou a estudar espanhol "seriamente". Como ele próprio chegou a descrever, possuía três métodos de estudo: "uma gramática antiquada, um milheiro de palavras e um novo e muito sugestivo método extraordinariamente sofisticado.

---

[144] *Ibidem*. Sobre essa viagem de Franco a Ibiza em maio de 1933, ver também Vicente Valero, "Franco antes del palio", *Diario de Ibiza*, 20 de novembro de 2010.

Acho que em pouco tempo farei progressos nesse sentido".[145] Ignoramos quais possam ter sido seus progressos, mas não restam dúvidas de que nesse aspecto, assim como em vários outros já descritos, o jovem Hans Jakob Noeggerath também deve ter exercido suas influências. De fato, o próprio Hans Jakob sabia muito pouco espanhol quando chegou a Ibiza, pois só havia estudado em profundidade o catalão. Teve aulas de espanhol em Santa Gertrudis, um pequeno povoado no interior da ilha, a uns dez quilômetros de San Antonio, aonde ia de bicicleta três vezes por semana. Somente ali tinha encontrado alguém disposto a lhe ensinar o idioma: o cura do povoado. O material didático de que Benjamin fala mais em tom de piada do que seriamente só poderia ser um manual em moda na época, intitulado *El Español en Mil Palavras* — donde a alusão ao "milheiro de palavras" —, que devia existir na casa dos Noeggerath, onde talvez todos também estivessem aprendendo a língua, pois as notícias que chegavam da Alemanha convidavam a considerar a possibilidade de permanecer na Espanha por muito mais tempo do que o previsto. Nada era como no ano anterior, a começar pelas perspectivas de futuro ainda muito incertas para todos.

Quanto às preocupações de Benjamin naqueles dias, tinham a ver não só com seu trabalho e suas futuras possibilidades de publicação. Seu filho Stefan, de quinze anos, ainda estava na Alemanha e temiam o pior por ele, considerando que à sua condição de judeu se somava sua recente militância comunista. Seu irmão Georg tinha sido preso e corriam rumores sobre sua situação que davam margem "aos piores pressentimentos". Dora Kellner, mãe de Stefan e de quem Benjamin tinha se divorciado

---

[145] Carta a G. Karplus em 15 de abril de 1933. W. Benjamin, *Cartas de la Época de Ibiza*, op. cit., p. 147.

poucos anos antes, tinha perdido o emprego.[146] A leitura de jornais alemães, sempre com uma semana de atraso, só fazia aumentar a inquietação. Nem sua correspondência com a Alemanha podia ser tão fluida quanto ele desejava que fosse: "Não posso escrever a Dora sobre esses assuntos, sem que isto signifique um risco para ela", escreveu a Scholem em 7 de maio.[147] Some-se a tudo isso um novo problema: seu passaporte estava prestes a vencer, o que implicava viajar ao consulado mais próximo, em Palma de Maiorca, com a fundada suspeita de não conseguir um novo. Realmente, nada era como tinha sido apenas um ano antes, algo que ele parece ter notado com clareza no mesmo dia em que chegou a Ibiza, em 11 de abril, quando escreveu "Poema triste":[148]

> Sentar na cadeira e escrever.
> Cada vez mais cansado, cada vez mais cansado.
> Deitar na hora.
> Comer na hora.
> Ter dinheiro.
> Um presente do Bom Deus.
> A vida é magnífica!

---

[146] Seu filho Stefan conseguiu sair da Alemanha. Depois foi para San Remo junto com sua mãe, que lá decidiu abrir uma pensão chamada Villa Verde, onde Benjamin passou algumas temporadas a partir de 1934. Posteriormente, mãe e filho se mudaram para Londres, onde permaneceram durante a guerra. O irmão de Benjamin, Georg, ficou preso de março de 1933 até dezembro do mesmo ano. Foi assassinado em Mauthausen em 1942.

[147] Carta a G. Scholem em 7 de maio de 1933. W. Benjamin, *Cartas de la Época de Ibiza, op. cit.*, p. 171 [ed. bras.: W. Benjamin/G. Scholem, *Correspondência, 1933-1940, op. cit.*, p. 73].

[148] W. Benjamin, *Escritos Autobiográficos, op. cit.*, p. 243.

O coração bate cada vez mais forte, cada vez mais forte.
O mar é cada vez mais calmo, cada vez mais calmo,
até o fundo.

Em primeiro lugar e indubitavelmente, trata-se de um poema de um homem solitário, mas também cansado, sem um projeto claro de futuro. Decepcionado e sozinho, sua intenção era passar uma temporada curta em Ibiza, à espera de encontrar, ou de alguém lhe oferecer, algo melhor no continente. Em 4 de abril, diretamente de Paris e um dia antes de partir para Barcelona de trem, ele escrevera a Scholem para anunciar sua viagem iminente à ilha, onde "a princípio posso me estender por um par de meses". Aparentemente seus cálculos financeiros eram bastante precisos, posto que a partir de junho, ou seja, dois meses depois de sua chegada, sua situação tornou a ficar desesperadora, dando início a uma descida aos infernos bastante particular: ruptura com aqueles que até então tinham sido seus amigos em Ibiza, doenças, alimentação péssima e mudanças de acomodação.

Por volta dessa mesma época, devido à pobreza manifesta e ao aspecto triste, Benjamin passou a ser conhecido no povoado como *es miserable*.[149] Passados quase três meses em San Antonio, o dinheiro que levara para passar "um par de meses" acabou e ele se dispôs a passar mais três meses por lá. Parece que todos aqueles com quem ele se relacionou naqueles idos se tornaram vítimas de sua irritabilidade em algum momento. Inclusive os habitantes do povoado, cuja "serenidade e beleza" ele ad-

---

[149] "O miserável". Esse apelido não tinha outro significado que o de ressaltar sua extrema miséria material. Benjamin não era o único estrangeiro pobre em San Antonio, mas talvez fosse o mais pobre deles, e para quase todos, pobres ou não, os ibicencos tinham um apelido característico, mais ou menos sarcástico, que os identificava.

mirara durante sua primeira estadia na ilha, agora lhe pareciam ter um "caráter pouco amistoso".[150]

"Poema triste", com toda sua ironia — "A vida é magnífica!" —, é a expressão do fracasso. Diante da esplêndida baía de San Antonio, mas agora forçado pelas circunstâncias do exílio, Benjamin não se atém tanto mais à beleza do lugar como tinha feito no ano anterior, mas sim à sua triste situação pessoal. Vale a pena contrastar esse poema com os primeiros textos de 1932 e com as primeiras cartas, redigidas sempre com o viés da fascinação e perplexidade. Ainda que o poema tenha sido escrito assim que chegou a San Antonio, ele expressa o estado de ânimo que acompanhou o autor durante toda a segunda estadia na ilha. Porém, deve-se observar que, assim como no ano anterior, também não faltaram momentos muito especiais, sem dúvida fruto do inevitável feitiço insular, ao qual, pelo visto, era difícil não sucumbir de quando em vez. Ele viria a escrever a Scholem em setembro de 1934, um ano depois de sua segunda estadia: "Quem sabe algum dia estaremos numa situação bem melhor de modo que eu possa lhe traçar, numa noite tranquila, as grandezas e misérias do último verão em Ibiza".[151]

Como vimos pouco antes, a mudança de casa e de trecho na orla da baía supôs uma das maiores decepções para Benjamin

---

[150] Carta a G. Scholem em 16 de junho de 1933. W. Benjamin, *Cartas de la Época de Ibiza, op. cit.*, p. 210 [ed. bras.: W. Benjamin/G. Scholem, *Correspondência, 1933-1940, op. cit.*, p. 89].

[151] Carta a G. Scholem em 15 de setembro de 1934. Walter Benjamin/Gershom Scholem, *Correspondencia 1933-1940*, Madri, Taurus, 1987, p. 158 [ed. bras.: W. Benjamin/G. Scholem, *Correspondência, 1933-1940, op. cit.*, p. 194].

em seu retorno à ilha. Sem dúvida a decisão de viajar a Ibiza novamente tinha sido influenciada pela possibilidade de voltar àquele mesmo canto, à margem solitária da baía, à casa do ano anterior, "a qual, ainda neste inverno, desfrutou de um papel nada desprezível em minha imaginação".[152] A nova casa que os Noeggerath tinham alugado de forma inesperada — estavam fazendo a mudança quando Benjamin chegou a San Antonio —, apesar de moderna e confortável, onde se podia inclusive tomar um banho de banheira com água quente, "um feito fabuloso para Ibiza",[153] deixou Benjamin desgostoso desde o princípio, talvez não só por se situar em local menos agradável, mas também, como diz em suas cartas, pelo preço do quarto que ocupava, certamente mais elevado do que ele tinha previsto e inclusive do que tinha acordado com os Noeggerath de início.

Como também já vimos, a vida em San Antonio estava mais cara em 1933 devido a uma maior afluência de turistas e, portanto, a uma maior demanda por quartos. A situação econômica dos Noeggerath tampouco era muito boa e parece que viram na especulação imobiliária um negócio próspero, por assim dizer. Sublocaram a pequena residência de Sa Punta des Molí que eles mesmos tinham reformado e, pouco depois, compraram um terreno para construir uma casa, que nunca chegou a ser construída. Benjamin nunca foi um convidado de Felix e Marietta Noeggerath, e sequer era o único hóspede da casa.

As desavenças, que parecem ter se iniciado em julho de 1932, ainda na "velha margem", voltaram a se produzir assim que se reencontraram em abril de 1933. Provavelmente devido

---

[152] Carta a G. Karplus em 15 de abril de 1933. W. Benjamin, *Cartas de la Época de Ibiza, op. cit.*, p. 142.

[153] *Idem, ibidem*, p. 147.

ao nível de conforto da casa — elemento muito apreciado pelos novos turistas — e à crescente demanda, Benjamin teve que pagar muito mais por seu quarto do que pagara pela pequena casa do ano anterior, o que alterava completamente seu orçamento mais que justo. Isso explicaria por que, desde o princípio, ele tinha expressado seu desejo de sair daquela casa e, ainda que em parte, também a deterioração das relações com os Noeggerath e a posterior ruptura definitiva com o casal.

Em carta enviada em 23 de maio, Benjamin comunica a Scholem a intenção de se mudar para um "moinho isolado e sem janela; parece que vão fazer um buraco na porta", talvez o mesmo moinho fechado e com as pás quebradas da *finca* do ano anterior. Mas tudo era incerto: "Ou ali as coisas serão mais suportáveis (e nesse caso ficarei por um longo tempo) ou, o que é igualmente provável, serão tão insuportáveis de forma que eu trocaria San Antonio por Ibiza ou acabaria saindo das ilhas". Nessa época se relacionava apenas com os Selz, mas tinha que se deslocar até a cidade de Ibiza para vê-los ou esperar que o visitassem em San Antonio: "E se passa mais de uma semana, como agora, sem que meus amigos de Paris venham me ver em Ibiza, é como se nuvens sombrias pairassem sobre o meu estado de ânimo".[154] E assim devia ser, pois em 24 de maio, um dia após escrever essa carta, mudou-se para a cidade e se alojou na casa alugada pelo casal Selz em Dalt Vila, antigo bairro da cidade. Ali passou oito dias. Ao voltar, estudou seriamente a possibilidade de abandonar San Antonio definitivamente.

---

[154] Carta a G. Scholem em 23 de maio de 1933. W. Benjamin, *Cartas de la Época de Ibiza, op. cit.*, p. 185 [ed. bras.: W. Benjamin/G. Scholem, *Correspondência, 1933-1940, op. cit.*, pp. 79-80].

Nem seu primeiro plano de passar a viver em um moinho solitário, nem o segundo, de trocar San Antonio pela cidade de Ibiza, acabaram se cumprindo. Somente em fins de junho ele conseguiu abandonar a casa dos Noeggerath, onde a atmosfera, como conta a Scholem em carta de 29 de junho, "está envenenada pela decadência do nível de vida exterior do homem, mas sobretudo da vida interior, sem falar noutros percalços de que prefiro nem tomar conhecimento. No fundo, não acompanhei a sua carreira, contudo, a duas fazes que conheço — a de Munique e de San Antonio — traçam o mais amargo contraste".[155]

Essas questões com as quais Benjamin diz preferir não se ocupar podiam ter relação com as desavenças conjugais entre Felix e Marietta, que acabaram se divorciando quatro anos depois, em 1937. Além disso, Marietta tinha "começado a beber" naquela época, segundo afirma Scholem.[156] No entanto, alguns moradores do povoado sustentam que era Felix quem bebia com maior assiduidade. A versão de Felix e Marietta sobre a ruptura com Benjamin era diferente. De acordo com eles, Benjamin estava muito irritadiço em consequência de sua situação pessoal.[157] Fosse qual fosse o caso, Benjamin já tinha previsto sua ruptura com o casal em carta enviada a Gretel Karplus em 30 de abril: "No último inverno que N. passou por aqui — em parte sozinho, noutras com seu filho —, parece ter crescido um muro entre ele e seus interesses antigos. A coisa não vai melhorar, posto que não temos mais sintonia por diversos motivos. Tal situa-

---

[155] Carta a G. Scholem de 29 de junho de 1933. *Idem, ibidem*, p. 227 [ed. bras.: *idem, ibidem*, p. 93].

[156] Gershom Scholem, "Walter Benjamin und Felix Noeggerath", *Merkur: Deutsche Zeitschrift für europäisches Denken*, nº 393, Stuttgart, 1981.

[157] *Idem, ibidem.*

ção foi se produzindo com o tempo e temo que chegará o momento em que nada será diferente disso".[158] Por sua vez, Raoul Hausmann, em *Hyle*, também fará referência a alguns desses assuntos. Conheceu os Noeggerath — a quem no romance chama de "os Gerath", ainda que mantenha os nomes próprios —, uma "família de altas relações literárias", pouco depois de chegar a San Antonio em finais de março de 1933: "os três, grandes e magros. O pai coleciona mulheres, o filho os velhos costumes e os contos árabes. A mãe, os heróis do mar. Cada um desempenha seu papel independentemente dos outros". Hausmann afirma também que Jockisch era "o amigo íntimo de Marietta" e que ambos costumavam fazer grandes excursões marítimas a sós — com o barco de Jockisch, o "Tambau" —, "para grande prejuízo das duas sobrinhas com as quais o marinheiro vive em San Jose".[159]

Cansado de sua convivência com os Noeggerath e do ambiente que reinava naquela casa, depois de passar dois meses buscando uma acomodação ao alcance de seu orçamento exíguo, Benjamin por fim conseguiu "um quarto já pronto numa construção ainda em obras. Além de uma cama, não vou encontrar nenhum móvel por lá".[160]

Ainda que o aspecto de sua nova residência, uma "espécie de esconderijo", não pudesse ser mais lamentável, foi para ele muito positivo o fato do imóvel se encontrar na outra margem da baía, perto da casa do ano anterior e bem ao lado de La Ca-

---

[158] Carta a G. Karplus em 30 de abril de 1933. W. Benjamin, *Cartas de la Época de Ibiza, op. cit.*, p. 162.

[159] R. Hausmann, *Hyle, op. cit.*

[160] Carta a G. Scholem de 29 de junho de 1933. W. Benjamin, *Cartas de la Época de Ibiza, op. cit.*, p. 228 [ed. bras.: W. Benjamin/G. Scholem, *Correspondência, 1933-1940, op. cit.*, p. 93].

sita, onde os Selz tinham passado o verão anterior e que estava sendo ocupada novamente por seu proprietário, um jovem alemão chamado Maximilian Verspohl, junto de alguns amigos. Ali, "perto do bosque e do mar", ele confiava em recuperar a tranquilidade do ano anterior para poder realizar seu trabalho. Tinha ainda todo um longo e quente verão pela frente.[161]

Em carta de 31 de julho, quando estava instalado há um mês em seu novo e definitivo alojamento, descreveu a Jula Radt--Cohn o lugar e as circunstâncias que o tinham levado até lá, sempre tentando mostrar o lado mais positivo:

> Até chegar aqui, minha forma de vida tinha sido menos estável, dividida entre as possibilidades de trabalho insatisfatórias em San Antonio e as distrações de Ibiza, às vezes muito notáveis. [...] As janelas sem vidro do meu quarto me fazem observar as mais belas imagens. Este é o único cômodo provisoriamente habitável de uma casa em estado bruto na qual ainda se deve trabalhar por muito tempo e de que serei o único morador até que terminem. Instalei--me aqui e reduzi a um mínimo dificilmente superável os limites vitais de minhas necessidades e gastos. O fascinante do assunto é que tudo continua bastante digno e o que faz falta aqui não provém tanto do lado do conforto mas da ausência de relações humanas.[162]

Nesse quarto de uma casa inacabada, vivendo quase como um mendigo em uma obra — o que sem dúvida reafirmou sua

---

[161] Essa casa também não existe mais hoje em dia. No lugar dela e da casa vizinha — La Casita — foi construído, na década de 1950, o Hotel Tagomago.

[162] Carta a Jula Radt-Cohn em, 31 de julho de 1933. W. Benjamin, *Cartas de la Época de Ibiza, op. cit.*, p. 240.

condição de "miserável" —, Benjamin escreveu seu ensaio "Experiência e pobreza", a que nos referimos em capítulos anteriores. Excepcionalmente lúcido, o ensaio retrata o itinerário de toda uma geração — a dele próprio, de Raoul Hausmann, de Jockisch, de Felix Noeggerath — entre a guerra de 1914 e a que estava prestes a começar, pois "a crise econômica está diante da porta, atrás dela está uma sombra, a próxima guerra".[163] Durante esse período, explica Benjamin, uma nova necessidade determinou o pensamento, a arte e a própria vida dos indivíduos: a necessidade de renunciar à experiência objetiva das gerações precedentes, provocando a rápida decadência do conceito mesmo de tradição para poder "começar do princípio". Doze anos antes, em 1921, um jovem dadaísta chamado Raul Hausmann tinha proclamado com convicção que "o novo homem necessita de uma nova linguagem sem a herança do passado".[164]

É na ruptura, no mesmo ponto roto do fio da tradição, que o pensamento de Walter Benjamin parece se situar e brilhar com maior intensidade. "Ficamos pobres. Abandonamos uma depois da outra todas as peças do patrimônio humano, tivemos que empenhá-las muitas vezes a um centésimo do seu valor, para recebermos em troca a moeda miúda do 'atual'".[165] Enquanto Raoul Hausmann que, como artista de vanguarda, tinha conhecido bem aquela nova "pobreza da experiência" e a ruptura

---

[163] Walter Benjamin, "Experiencia y pobreza", em *Discursos Interrumpidos I*, Madri, Taurus, 1989, p. 173 [ed. bras.: "Experiência e pobreza", em Walter Benjamin, *Obras escolhidas I. Magia e técnica, arte e política*, trad. Sergio Paulo Rouanet, São Paulo, Brasiliense, 1987, 3ª ed., p. 119].

[164] Raoul Hausmann, "Die Neue Kunst. Betrachtungen (für Arbeiter)", *Die Aktion*, nº 9, 1921.

[165] W. Benjamin, "Experiencia y pobreza", *op. cit.* [ed. bras.: W. Benjamin, "Experiência e pobreza", *op. cit.*, p. 119].

radical com a tradição, acabou se entregando repentinamente e com autêntica fascinação ao estudo do "patrimônio humano" proporcionado pela arcaica ilha de Ibiza, Benjamin, por outro lado, se dedicou a observar todo aquele mesmo patrimônio intacto somente para estabelecer o verdadeiro valor da modernidade, isto é, da "moeda miúda do 'atual'". Eram duas maneiras distintas de olhar para um mesmo objeto, ainda que nos dois casos o olhar fosse provocado por uma mesma nostalgia inconfessável.

Tanto Hausmann quanto Benjamin foram cativados por aquele mundo em que tudo era realmente feito "à mão" e, portanto, ainda não se dava a experiência moderna da repetição mecânica. Ambos se interessaram pelos valores artesanais da sociedade pré-moderna da ilha de Ibiza. O artesanal exigia a experiência e a transmissão dela. A arte de construir casas e a arte da narração eram possíveis graças à transmissão oral. E a "aura" dos objetos, das casas, dos relatos tinha de ser buscada precisamente nessa experiência à qual a sociedade industrial tinha decidido renunciar. Benjamin fará referência a isso poucos anos depois em seus ensaios "A obra de arte na era da reprodutibilidade técnica" e "O narrador".[166] O exemplo das moradias rurais da ilha não podia ser mais eloquente: todas elas se ajustavam a um mesmo esquema arquitetônico tradicional que vinha se repetindo

---

[166] W. Benjamin, "La obra de arte en la época de su reproductibilidad técnica", em *Discursos Interrumpidos I, op. cit.* [ed. bras.: "A obra de arte na era de sua reprodutibilidade técnica", em W. Benjamin, *Obras escolhidas I. Magia e técnica, arte e política, op. cit.*]. O primeiro ensaio foi publicado pela primeira vez em 1936 — não em alemão, mas em francês — em *Zeitschrift für Sozialforschung*, a revista do Instituto de Pesquisa Social, que tinha transferido sua sede para Paris. Sobre "O narrador", ver capítulo II, "Noeggerath e a arte de narrar".

invariavelmente há séculos e, no entanto, não havia duas casas que fossem iguais. Como anotado em seu diário de 1932:

> Depois de passadas duas longas horas de percurso rumo a San Antonio, o sujeito se encontra entre as últimas *fincas* afastadas, junto das quais passa o caminho que, sobre uma pequena colina acima de San Antonio — visto lá embaixo, na baía —, se estende até uma *finca* tranquila cujo estilo se diferencia curiosamente do das demais... Embora não saberia dizer imediatamente em quê.[167]

Em fins de junho, enquanto Walter Benjamin se dispunha a passar seu último verão ibicenco nas piores condições materiais possíveis, Raoul Hausmann, a poucos quilômetros de San Antonio, em um vale afastado do interior da ilha, desfrutava plenamente da solidão e da beleza da moradia tradicional e tinha começado sua atividade como fotógrafo, sempre tentando "captar o caráter africano" da ilha, segundo chegou a escrever.[168] A mesma fascinação que Benjamin tinha sentido pelo microcosmo insular durante a primavera de 1932 é observada nos escritos de Raoul Hausmann datados de um ano depois. E as coincidências chegam a ser surpreendentes. Tal é o caso da percepção do interior da casa camponesa, por exemplo, sobre cuja nudez Benjamin refletira em "Espaço para o precioso", um dos textos curtos que compõem "Sequência de Ibiza", ou do caráter arcaizante das

---

[167] "España 1932", em W. Benjamin, *Escritos Autobiográficos, op. cit.*, p. 187.

[168] Em "Ibiza, uma ilha do Mediterrâneo", artigo publicado pela primeira vez em alemão na revista *Camera*, nº 6, Lucerna, 1936 (tradução em castelhano por Martin Davies e Philippe Derville, *Ibiza, Cien Años de Luz y Sombra*, Ibiza, El Faro, 2000).

inúmeras manifestações insulares: desde os vestidos até os métodos de cultivo.[169]

Em San José, Hausmann, o "dadásofo" — como ele gostava de se definir ironicamente —, se transformou em antropólogo, sociólogo e até em arqueólogo. O impulso definitivo, no entanto, veio no verão de 1933, poucos meses depois de sua chegada, após a visita de um arquiteto canadense chamado Hazen Size, que acabara de participar do IV Congresso Internacional de Arquitetura Moderna, realizado em Atenas. Nesse congresso falou-se das raízes mediterrâneas da arquitetura moderna e, mais concretamente, do recém-descoberto modelo ibicenco, levado até lá pelos jovens arquitetos do GATCPAC, de quem falamos no primeiro capítulo deste livro. Voltando de Atenas, Hazen Size ficou curioso para conhecer a moradia tradicional da ilha e decidiu viajar até lá. Conheceu Hausmann e com ele falou sobre a possibilidade de uma origem comum da arquitetura mediterrânea. Depois da breve visita, Size retornou ao Canadá, mas Hausmann continuou muito interessado pela ideia e, assim, deu início a seus estudos sobre a moradia rural ibicenca.

Teriam Walter Benjamin e Raoul Hausmann se encontrado alguma vez em Ibiza? Ambos estiveram em San Antonio du-

---

[169] Assim como Benjamin em "Espaço para o precioso" — ver capítulo I, "Spelbrink e a casa primordial" — Hausmann também observou o efeito das cadeiras colocadas em um grande espaço vazio: "Três cadeiras. Foi o carpinteiro quem as colocou no espaço. Pedaços de madeira de diferentes tamanhos, bem polidos nos quatro lados [...] montam guarda diante da porta de entrada inteiramente aberta, dando as costas para os sete degraus da escada que levam ao quarto de cima". R. Hausmann, *Hyle, op. cit.*, p. 92. Além do texto, conservaram-se fotografias dessa mesma cena.

rante o mês de abril e as primeiras semanas de maio, o que torna praticamente impossível que não tenham se visto nem se falado em alguma ocasião. Depois, Hausmann se refugiou nas montanhas de San José. As circunstâncias eram muito distintas para ambos. Benjamin tinha plena consciência de sua condição de exilado, e cada um de seus passos parece ter sido dado a partir dessa condição hipersensível durante sua segunda estadia. Por outro lado, Hausmann parecia ainda estar um tanto alheio à situação política quando chegou à ilha. Os motivos de sua viagem não tinham relação direta com o nazismo, embora não se possa dizer o mesmo dos motivos pelos quais nunca mais voltou à Alemanha.

Raoul Hausmann gostava de se sentar nos bares do povoado para conversar e beber com os camponeses. Conta-se que, de vez em quando, depois de alguns bons copos de vinho, ele mostrava suas danças extravagantes, para divertimento e perplexidade geral. Fez numerosas anotações, além de tirar várias fotografias de seus vizinhos, bem como de suas famílias e casas, até o ponto de conseguir um catálogo insólito do universo da ilha. À sua maneira, acabou fazendo parte daquela pequena e esquecida comunidade, embora de modo algum pudesse esperar que seu *ménage à trois* fosse bem compreendido ou aceito. Durante aqueles anos, recebeu também a visita de amigos e admiradores em sua casa de San José, entre os quais consta o fotógrafo de vanguarda Man Ray. A jovem fotógrafa alemã Elfriede Stegemeyer também o visitou, e acabou se tornando sua nova amante; a anterior, Vera Broïdo, que muitos anos depois escreveria sobre suas recordações do período, tinha ido para Paris em definitivo.[170] Sem dúvida, era um indivíduo muito especial, pois

---

[170] Vera Broïdo, *Daughter of Revolution. A Russian Girlhood Remembered*, Londres, Constable, 1998.

soube ganhar a confiança e o respeito de todos com que se relacionou, deixando-lhes boas lembranças.[171]

Como vimos, Benjamin menciona Hausmann em suas cartas em uma única ocasião, assim que chegou a San Antonio pela segunda vez, mas apenas para dizer que não só não haviam ainda sido apresentados, como também para afirmar que não tinha nenhum interesse em se relacionar com os novos hóspedes da ilha. Hausmann tampouco faz menção a Benjamin, seja em sua novela autobiográfica ou em qualquer outro texto (boa parte de sua correspondência nesse período está perdida), mesmo que tenha conhecido e se relacionado com a família Noeggerath, como já foi apontado, e também com outros personagens do círculo de amizades de Benjamin, como Jockisch e Jean Selz — ainda que este nunca mencione Hausmann em seus artigos rememorativos. Tampouco Vera Broïdo recorda-se desse possível encontro em suas memórias. Por outro lado, numa carta de 16 de novembro de 1933, quando Benjamin já estava definitivamente em Paris, Maximilian Verspohl, o jovem proprietário de La Casita — a casa de verão na qual haviam se alojado os Selz em 1932 e junto à qual se encontrava a casa em obras onde Benjamin passou os últimos meses de sua segunda estadia — comunica ao filósofo, escrevendo de Hamburgo, que pretendia assistir uma conferência de Raoul Hausmann e pergunta se chegou a conhecê-lo na ilha. Como não se conservou a carta-resposta, não

---

[171] Para seu trabalho, era imprescindível conquistar tal confiança e respeito, pois, como escreve o próprio Hausmann, "são raras as vezes em que um fotógrafo tem alguma oportunidade de fazer seus instantâneos, pois os *payeses* [como são chamados os camponeses da Catalunha ou das Baleares] são muito supersticiosos e não gostam que façam quadros ou fotografias de suas casas, algo que, na opinião deles, traz má sorte". "Ibiza, uma ilha no Mediterrâneo", em J. Selz, *Viaje a las Islas Pitiusas, op. cit.*

podemos saber. De todo modo, Verspohl suspeita — e assim o escreve — que seguramente os livros de Hausmann não iriam agradar muito a Benjamin.[172]

    Caberia perguntar então se, caso tivessem se conhecido, Benjamin não encontrou em Hausmann o interlocutor que dizia tanto lhe fazer falta em Ibiza — depois da decepção que supôs Noeggerath — ou se talvez o que tivesse ocorrido fosse um desses choques nada raros entre fortes personalidades, impedindo-as de se aproximar. Caberia perguntar se o que realmente ocorreu foi esta última possibilidade, até o ponto de nenhum dos dois querer deixar o mínimo rastro do encontro.

---

    [172] Esta carta, inédita, encontra-se no arquivo de Walter Benjamin, em Berlim. Sobre Verspohl e sua relação com Benjamin, ver o capítulo VII, "Gauguin e os mistérios da identidade".

A entrada da Dalt Vila, o bairro antigo de Ibiza,
em fotografia de Joaquim Gomis.

VI

Selz e a fumaça dos sonhos

Jean Selz acabara de completar 28 anos quando, na primavera de 1932, viajou para Ibiza pela primeira vez junto com sua mulher, Guyet. Nascido e criado em Paris, bom conhecedor da arte moderna e estudioso das expressões artísticas populares na Europa, sentiu desde o primeiro momento uma fascinação especial pela Ibiza de então, pelos indivíduos e costumes do lugar, mas também por aquelas outras pessoas que, como ele, acreditavam ter encontrado na ilha um espaço para a utopia. Sua sobrinha, a pintora e escultora Dorothée Selz, o descreveu como "um homem elegante, muito culto, muito reservado, discreto e extremamente modesto".[173] Seguramente, essas qualidades pessoais ajudaram-no a desempenhar um papel único na Ibiza daqueles anos: o de conquistar a confiança e a amizade de outros estrangeiros. Quase todos os pintores, escultores, poetas e romancistas que passaram pela ilha entre 1932 e 1934 — e entre eles, além de Walter Benjamin, figuravam Pierre Drieu La Rochelle e Elliot Paul — estiveram, em algum momento, na casa alugada por Jean Selz em Dalt Vila, antigo bairro da cidade, na calle de la Conquista.

---

[173] Jean Selz, *Viaje a las Islas Pitiusas*, Ibiza, TEHP, 2000, p. 31.

Parece que a intenção de Jean e Guyet Selz naquela primavera de 1932 era passar somente quinze dias na ilha, mas acabaram ficando, ainda que com breves interrupções, por quase dois anos. No começo do mês de julho se instalaram em San Antonio, com a finalidade de passar o verão naquele mesmo ponto do litoral, em uma pequena casa de construção recente chamada La Casita, situada muito perto de Sa Punta des Molí, ou seja, muito perto da casa onde Walter Benjamin estava passando o fim de sua estadia. Mas, apesar de terem se conhecido nessa data, foi quase um ano depois, em abril de 1933, que Benjamin e Selz começaram a encontrar-se com assiduidade e a compartilhar projetos.

As lembranças daquela época foram organizadas por Jean Selz em 1954, em um artigo intitulado "Walter Benjamin en Ibiza", publicado em *Les Lettres Nouvelles*. Embora contenha alguns erros na definição de datas e em outros dados bastante concretos,[174] trata-se de um testemunho valioso a respeito da estadia de Benjamin em Ibiza e, durante muitos anos, enquanto

---

[174] Existem algumas confusões de datas. Por exemplo, Selz situa Benjamin na ilha no outono de 1932, o que é impossível, pois ele havia abandonado Ibiza no mês de julho. A história do moinho de Can Frasquito não é exatamente como ele a conta, pois a pessoa que tinha ido aos Estados Unidos e que estavam esperando não é o filho de Frasquito, como afirma Selz, mas sim seu cunhado. Por outro lado, a opinião de Scholem sobre esse artigo de Selz não era muito favorável. Ainda que lhe parecessem verossímeis os motivos da ruptura entre Benjamin e Selz conforme contados por este último, "não se pode afirmar com a mesma convicção de outros detalhes de suas lembranças, a menos que Benjamin lhe tivesse contado mentiras de propósito". Não sabemos a que outros detalhes ele se refere. Gershom Scholem, nota 4 à carta de Benjamin de 15 de setembro de 1934 (*Correspondencia 1933-1940*, Madri, Taurus, 1987, p. 158 [ed. bras.: Wal-

não tinham sido publicadas as cartas e escritos autobiográficos do pensador berlinense, seria possível dizer que foi também o único registro daquela época. Isso significa que, quando escreveu seus artigos, Selz desconhecia todas as alusões feitas por parte de Benjamin à sua pessoa e à amizade entre ambos. Tampouco conhecia seus relatos e demais escritos ibicencos. E certamente sequer poderia suspeitar, não apenas quando se conheceram e conviveram em Ibiza, e menos ainda quando escreveu sobre ele vinte anos depois, do alcance que a figura de Walter Benjamin atingiria no mundo das letras com o passar do tempo, após sucessivas edições e traduções de sua obra. Apesar disso, o nome de Jean Selz ficou para sempre vinculado ao de Walter Benjamin precisamente devido ao encontro de ambos em Ibiza, e sobretudo pela relação de amizade que mantiveram durante a primavera e parte do verão de 1933, levando-os a empreender um projeto que acabou por se frustrar: a tradução francesa de *Infância em Berlim por volta de 1900*, livro que Benjamin acabara de escrever no povoado italiano de Poveromo acerca de sua própria infância.

Conhecemos a extraordinária satisfação que o autor sentia por seu novo livro principalmente por meio de sua correspondência com Gershom Scholem, Gretel Karplus e Jula Radt--Cohn. E talvez diante da possibilidade de publicá-lo em francês — algo que parecia impossível na Alemanha naquela época —, ele decidiu iniciar sua tradução. "Foi ao longo dessa primavera", explica Jean Selz em seu artigo, "que Benjamin leu para mim suas recordações de infância, compostas por vários textos bem curtos, reunidos sob o título *Infância em Berlim*. Ao ler, ele o ia

---

ter Benjamin/Gershom Scholem, *Correspondência, 1933-1940*, trad. Neusa Soliz, São Paulo, Perspectiva, 1993, p. 195].

traduzindo. Seu conhecimento da língua francesa era bastante amplo para me fazer penetrar nos caminhos escarpados de seu pensamento. Ainda assim, muitas passagens permaneciam obscuras porque não encontrava, para determinadas palavras ou expressões, seu equivalente em francês. Isso foi o que me levou a empreender, com ajuda de suas explicações sutis mas precisas, uma versão francesa de sua *Infância em Berlim*. Foi um trabalho longo e difícil."

Efetivamente, durante os primeiros meses de sua segunda estadia na ilha, Benjamin esteve ocupado sobretudo com a tradução de sua *Infância em Berlim por volta de 1900*. Alusões a esse trabalho, sempre em tom muito otimista — o que contrasta com o estado de pessimismo em que ele estava mergulhado naquela época —, são encontradas em diferentes cartas a seus correspondentes habituais. Ele informou a Scholem pela primeira vez em 23 de maio sobre o assunto. Referindo-se a "meus amigos de Paris", escreve que o marido "está tratando de traduzir alguns trechos curtos de *Infância em Berlim*. Ele não sabe alemão, mas entende muito bem as minhas paráfrases".[175] E em outra carta ao mesmo destinatário, em 31 de julho, afirma que "a tradução ao francês da *Infância em Berlim* faz progressos. Trabalhamos nela todos os dias. O tradutor não sabe uma palavra de alemão. A técnica que empregamos, como você pode imaginar, não é nada má. E o resultado, quase sempre excelente".[176]

---

[175] Carta a G. Scholem em 23 de maio de 1933. Walter Benjamin, *Cartas de la Época de Ibiza*, Valência, Pre-Textos, 2008, p. 184 [ed. bras.: W. Benjamin/G. Scholem, *Correspondência, 1933-1940*, op. cit., pp. 79-80].

[176] Carta a G. Scholem em 31 de julho de 1933. W. Benjamin, *Cartas de la Época de Ibiza*, op. cit., p. 246 [ed. bras.: *idem, ibidem*, p. 104].

Ainda que Benjamin pareça sempre muito dado a exagerar em suas cartas, especialmente nas que escreve a Scholem, nesse caso provavelmente não exagerava em nada quando disse que seu tradutor "não sabe uma palavra de alemão". Essa afirmação foi corroborada em uma passagem de *Hyle* — a mesma a que fazemos referência no final do capítulo anterior —, a novela dadaísta de Raoul Hausmann, na qual os protagonistas, passeando pela cidade de Ibiza, encontram-se com "Monsieur Sel", que já conheciam e com quem se detêm por alguns instantes a conversar em francês, "porque Sel entende somente um pouco de alemão".[177] Apesar do intenso trabalho que realizaram, no qual Benjamin traduzia seus próprios textos para o francês e Jean Selz colaborava buscando palavras e jogos linguísticos apropriados, não conseguiram terminar mais do que cinco capítulos.[178] Um incidente pitoresco no final do mês de julho acabou com a amizade entre ambos e, em que pesem os esforços de Selz para recuperar aquela relação tanto em Ibiza quanto meses depois em Paris, e assim poder continuar também o trabalho iniciado, é certo que Benjamin nunca mais quis saber nada a respeito de Jean Selz nem da tradução de *Infância em Berlim*, algo que ele não havia titubeado em qualificar como "magistral" em carta de 24 de julho a Jula Radt-Cohn.[179]

---

[177] Raoul Hausmann, *Hyle. Ein Traumsein in Spanien*, Munique, Belleville, 2006, p. 171.

[178] "Manhá de inverno", "Livros", "Loggias", "Duas charangas" e "Caçando borboletas". Os três primeiros estavam em posse de Jean Selz quando, em 1954, foram publicados em *Les Lettres Nouvelles*. Entretanto, não foram conservadas cópias dos outros dois, que viriam a ser recuperados mais tarde nos arquivos de Benjamin.

[179] Carta a Jula Radt-Cohn em 24 de julho de 1933. W. Benjamin, *Cartas de la Época de Ibiza, op. cit.*, p. 242.

De Ibiza, Benjamin publicou cinco capítulos de *Infância em Berlim por volta de 1900* no *Vossische Zeitung*, sob o pseudônimo Detlef Holz, e três outros no *Frankfurter Zeitung*, um deles com outro pseudônimo seu, C. Conrad, e os outros dois sem assinar.[180] Além disso, dos cinco capítulos publicados no *Vossiche Zeitung*, pelo menos três foram escritos integralmente em Ibiza. São eles: "Loggias", "A lua" e "Livros", aos quais se refere com grande entusiasmo em sua correspondência. Sobre o primeiro deles, disse a Scholem que oferecia "o retrato mais exato que me coube fazer de mim mesmo",[181] isso em um momento da vida no qual parece se concentrar precisamente em sua própria biografia, como demonstra o texto autobiográfico "Agesilaus Santander", escrito poucas semanas depois de "Loggias", e do qual trataremos mais adiante.

Sobre "A lua", Benjamin retoma o tema proustiano do despertar: o menino assustado em plena noite e cuja desvalia o faz se sentir só no mundo; tal e qual o próprio Benjamin deveria se sentir no momento em que escreveu esse texto. Também aqui é repetida a ideia — já enunciada no relato "A sebe de cactos" — de que a luz da lua, mais do que projetar-se sobre nossa vida cotidiana, o faz sobre um espaço que parece pertencer a "uma anti-Terra ou uma Terra vizinha". Não há dúvida de que o efeito da lua cheia sobre a paisagem insular deixou em Benjamin uma

---

[180] Foram oito os capítulos publicados na Alemanha enquanto Benjamin estava em Ibiza. No *Vossische Zeitung*: "A Mummerehlen" (5/5/1933), "Duas charangas" (16/6/1933), "Loggias" (1/8/1933), "A lua" (8/9/1933) e "Livros" (17/9/1933). No *Frankfurter Zeitung*: "O jogo das letras" (14/7/1933), "Armários" (14/7/1933) e "O corcundinha" (12/8/1933).

[181] Carta a G. Scholem em 31 de julho de 1933. W. Benjamin, *Cartas de la Época de Ibiza, op. cit.*, p. 244.

impressão profunda, a ponto de transportar para o mundo de sua infância uma observação que havia surgido de sua experiência com a natureza da ilha. No entanto, ele vai se referir a esses efeitos em outro texto, intitulado "A luz", um dos três fragmentos que compõem suas "Histórias da solidão",[182] com toda certeza o único relato escrito durante sua segunda estadia na ilha.

O capítulo "Livros", em que Benjamin recorda suas primeiras leituras na biblioteca do colégio, aparece citado pela primeira vez em carta a Gretel Karplus, de aproximadamente 25 de junho. Nela, ele diz que o texto "é novo, ainda que um esboço", embora também afirme que "algo dele você já conhece, motivo pelo qual não lhe resultará de todo novo".[183] Isso se explica porque, com frequência, Benjamin trasladava parágrafos inteiros de alguns textos a outros. Assim, por exemplo, em um dos capítulos do mesmo livro, intitulado "A febre", encontramos boa parte de um texto escrito em 1932, também em Ibiza, com o título "Conto e cura", a que já nos referimos e que, apesar de nada ter a ver com a infância de Benjamin, agora aparece associado a uma de suas recordações familiares.[184] No caso de "Livros", o mesmo tema fora tratado anteriormente em *Rua de mão única*.

A história do livro *Infância em Berlim por volta de 1900* — iniciado em Poveromo a partir dos rascunhos de *Crônica de Berlim* e que continuou em Ibiza com o projeto de tradução para o francês acrescido de novos capítulos — prosseguirá em Paris du-

---

[182] Walter Benjamin, *Historias y Relatos*, Barcelona, Península, 1991 [ed. bras.: W. Benjamin, *A arte de contar histórias*, org. Patrícia Lavelle, trad. Georg Otte, Marcelo Backes e Patrícia Lavelle, São Paulo, Hedra, 2018, p. 94].

[183] Carta a Gretel Karplus por volta de 25 de junho de 1933. W. Benjamin, *Cartas de la Época de Ibiza, op. cit.*, p. 223.

[184] Ver as notas 51 e 52 do capítulo II, "Noeggerath e a arte de narrar".

rante o outono de 1933 e ao longo dos dois anos seguintes. Em Paris, lugar definitivo de seu exílio, ele conseguirá ainda publicar mais alguns capítulos em periódicos alemães, sempre com pseudônimos ou simplesmente sem assinar, mas nunca conseguirá ver consumado o desejo de publicar o livro, apesar do empenho reiterado. Sua confiança nessa obra era absoluta. Como escreverá a Scholem, em 8 de abril de 1934, "as possibilidades de publicação de *Infância em Berlim* são mínimas. Contudo creio que não se possa dizer o mesmo das possibilidades de êxito".[185] Parece que não lhe faltava razão, pois desde que foi publicado pela primeira vez em 1950, sob os cuidados de Theodor Adorno, o livro não deixou de ser reeditado e traduzido, e é considerado ainda hoje não só um de seus melhores títulos, como também um dos mais encantadores já escritos sobre a infância.

Em "Walter Benjamin en Ibiza", Jean Selz oferece um interessante repertório de anedotas e detalhes da vida cotidiana de Benjamin na ilha. Algumas dessas informações já nos serviram, em capítulos anteriores, para iluminar certos aspectos da estadia do escritor berlinense ou da relação de amizade entre ambos. Dentre os assuntos tratados por Selz nesse artigo de 1954, existem alguns que, anos depois, com a edição das obras e da correspondência de Benjamin, foi possível conhecer com mais detalhes. É o caso, entre outros, da "coleção de sonhos" que, ao que tudo indica, ambos compartilharam e anotaram em Ibiza.

Para Benjamin, os sonhos e a linguagem dos sonhos iluminavam outros planos mais autênticos da realidade, assim co-

---

[185] Carta a Gershom Scholem em 8 de abril de 1934. W. Benjamin/G. Scholem, *Correspondencia 1933-1940, op. cit.*, p. 119 [ed. bras.: W. Benjamin/G. Scholem, *Correspondência, 1933-1940, op. cit.*, pp. 148-9].

mo o movimento surrealista, por sua vez, já havia se encarregado de ressaltar. Em sua busca particular daquilo que ele mesmo chamava de "a experiência autêntica", os sonhos, como as drogas, lhe ofereciam um caminho novo, onde a linguagem era muito mais do que mero instrumento. Em consequência disso, ele havia adotado há tempos o costume de escrever seus próprios sonhos. "Ele sabia", disse Jean Selz em seu artigo, "que eu colecionava sonhos e passou a me contar os seus". Como exemplo, Selz descreve um dos sonhos de Benjamin, do qual ele conservou as anotações, datadas de julho de 1932: "Guilherme II enfrentava um tribunal, acusado de ter provocado a ruína de uma mulher velha. A mulher apresentou-se, maltrapilha, com a filha pequena pela mão, e para provar ao tribunal como era grande a sua miséria trouxe os dois únicos objetos que ainda lhes restavam: uma vassoura e uma caveira, que tinham de usar como prato e copo".

Também Benjamin anotou esse mesmo sonho em seu caderno com variações muito sutis. Com o título de "O cronista", pode-se ler na série "Autorretratos do sonhador",[186] dedicada à descrição de alguns de seus sonhos daquela época. Nessa mesma série há outros sonhos anotados em Ibiza, como o de título "O amante", cuja primeira versão se encontra no diário de 1932, apesar de ter escrito também uma segunda para "Sequência de Ibiza", com o título "Primeiro sonho". Trata-se de um sonho amoroso que tem como protagonista Jula Cohn,[187] apesar

---

[186] "El soñador en sus autorretratos", em Walter Benjamin, *Imágenes que Piensan*, Madri, Abada, 2012 [ed. bras.: "Autorretratos do sonhador", em W. Benjamin, *Obras escolhidas II. Rua de mão única*, trad. Rubens Rodrigues Torres Filho e José Carlos Martins Barbosa, São Paulo, Brasiliense, 1987, pp. 263-4].

[187] Jula Cohn, ou Jula Radt-Cohn, irmã de Alfred Cohn, esteve vinculada a Benjamin desde 1912. Escultora, casou-se em 1925 com Fritz Radt, também

de na última versão, ou seja, na que aparece em "Autorretratos do sonhador", o nome de Jula ser substituído por "a amiga" e "a amada".

> Estava a caminho com a amiga; o que tínhamos empreendido era qualquer coisa entre uma caminhada pela montanha e um passeio, e agora nos aproximávamos do cume. Curiosamente quis reconhecê-lo numa estaca muito alta e que apontava obliquamente para o céu e que, sobressaindo na imponente escarpa, a interseccionava. Quando estávamos, então, lá em cima, não era de modo algum o cume, mas, ao contrário, um planalto por sobre o qual passava um caminho largo, cujos lados eram formados por casas antiquadas e bastante altas. Agora, de repente, já não estávamos a pé, mas sentados num veículo que transitava por aquele caminho, um ao lado do outro, no banco traseiro, conforme me parece. Enquanto estávamos ali sentados, talvez o veículo também tenha mudado de rumo. Foi então que me inclinei para beijar a amada, que não me ofereceu a boca, mas a face. E, enquanto a beijava, notei que aquela face de marfim, em todo o seu comprimento, fora atravessada por estrias artísticas e negras, feitas por espátula, que me sensibilizaram por sua beleza.

Houve mais sonhos. Naquele mesmo diário ibicenco de 1932, por exemplo, Benjamin anotou ainda outro, "um sonho da primeira ou da segunda noite de minha estadia em Ibiza",

---

amigo de Benjamin — a irmã dele, Greta Radt, havia sido sua namorada e casou--se com Alfred Cohn. Parece ter sido uma das mulheres que mais teve influência sobre Benjamin. Ver também a nota 59 do capítulo III, "Don Rosello e a utopia insular".

cuja versão definitiva leva o título de "Sonho",[188] embora não esteja incluída nos "Autorretratos de um sonhador". Dessa série, também foi escrito em Ibiza o de título "O neto". Dois outros textos da série *Imagens do pensamento* e intitulados igualmente "Sonho" foram escritos na ilha. Parece que as noites meridionais de verão resultavam especialmente propícias para o mundo onírico.

O pensamento em imagens que Benjamin buscava para si mesmo tinha na lógica dos sonhos uma fonte primordial. Ao que tudo indica, o que lhe importava, mais que a interpretação, era o próprio sonho, suas imagens e sua linguagem como fonte da imaginação, em uma justaposição de elementos muito próxima à que pretendia para sua própria escrita. Ele criou um estilo bastante particular para contá-los e tratou de aproveitar todas as suas possibilidades literárias. O fato de chegar a escrever até três ou quatro versões diferentes de um mesmo sonho prova sua confiança nessa espécie de gênero literário baseado em uma dessas experiências de "iluminação profana", nesse caso, a do sonhador, que Benjamin tanto gostava de descrever.

Outra breve passagem de "Walter Benjamin en Ibiza" introduz, ainda que não o mencione diretamente, um dos episódios mais curiosos da estadia de Benjamin na ilha. Jean Selz conta que

> [...] uma tarde, em minha casa, lhe chamou a atenção a cor dominante espalhada por um cômodo de paredes brancas,

---

[188] W. Benjamin, *Imágenes que Piensan, op. cit.* [ed. bras.: "Sonho", em W. Benjamin, *Obras escolhidas II. Rua de mão única, op. cit.*, p. 240].

algo não intencional. Essa cor era o vermelho. Vários ramos, rosas, cravos, flores de romã, ofereciam ao olhar toda uma gama de vermelhos à qual se acrescentava o vermelho vivo de um lenço de camponesa, cujo tom era ainda mais vivo por causa da iluminação de uma lâmpada. Benjamin rapidamente deu uma definição para esse cômodo: *um laboratório destinado a extrair o segredo da cor vermelha*.

Talvez se deva somente à disposição discreta e prudente de Jean Selz o motivo de não querer explicar em seu artigo que esse episódio que ele descrevia havia se originado em uma experiência de ambos fumando ópio.

Em 1954, data em que o artigo foi publicado, Selz havia lido o ensaio "O narrador" de Benjamin — reeditado na França pela revista *Mercure de France* em julho de 1952 — e seguramente não muito mais do que isso. A maior parte de seus escritos sobre experiências com haxixe, ópio e mescalina não seria editada até os anos 1970. Somente a história "Myslowitz — Braunschweig — Marselha. A história de uma experiência com haxixe" havia sido publicada em 1930, assim como "Haxixe em Marselha", baseado na mesma experiência que o relato anterior, publicado em fins de 1932 e logo traduzido ao francês em 1935,[189] mas parece que Selz não lera nenhum dos dois antes

---

[189] "Myslowitz — Braunschweig — Marselha. A história de um transe" e "Haxixe em Marselha". O primeiro foi publicado pela primeira vez em novembro de 1930 na revista *Uhu*. O segundo saiu no *Frankfurter Zeitung* em 4 de dezembro de 1932. A tradução francesa deste último foi publicada sem assinatura nos *Cahiers du Sud*, em janeiro de 1935. Esses dois artigos, junto com outros escritos sobre suas experiências com drogas, podem ser lidos em Walter Benjamin, *Haschisch* (Madri, Taurus, 1995) [ed. bras.: Walter Benjamin, *Haxixe*, São Paulo, Brasiliense, 1984, 2ª ed.].

de 1954 — embora, com toda certeza, ele estivesse a par pelo menos da existência do segundo. De modo que decidiu descrever a cena apenas superficialmente, sem entrar em detalhes nem sequer mencionar que o episódio fora baseado em algumas conversas originadas por uma alteração da consciência provocada pelo ópio. Caso é que, cinco anos depois, em 1959, e para explicar por fim aquela experiência singular, Selz se decidiu por escrever um novo artigo, a que deu o título de "Uma experiência de Walter Benjamin", publicado também em *Les Lettres Nouvelles*.[190]

A experiência a que Selz se refere em seu segundo artigo sobre Walter Benjamin em Ibiza aconteceu na primavera de 1933, na casa da calle de la Conquista. A ideia surgiu, no entanto, quase um ano antes, quando ambos se conheceram enquanto conversavam em um bar do porto de Ibiza — certamente no mesmo dia em que Benjamin abandonava a ilha, ou seja, 17 de julho de 1932 —, sob efeito de haxixe, a respeito das experiências que cada um deles tinha tido com as drogas.

Como no caso dos sonhos, ambos estavam de acordo que a embriaguez provocada pelas drogas revelava um estado mais profundo do conhecimento. A percepção dos objetos através da embriaguez dava um novo sentido aos próprios objetos e, sobretudo, à linguagem criadora. Com o haxixe era possível ver uma realidade mais autêntica, e a experiência dessa realidade, enquanto iluminação, continha a aura inefável das coisas e uma linguagem nada submissa à lógica. Conta Selz:

---

[190] Em espanhol, também em J. Selz, *Viaje a las Islas Pitiusas, op. cit.*

A noitada se mostrava favorável a tais confidências. De minha parte, contei a Benjamin uma experiência que tivera com ópio dois anos antes. Ele nunca tinha experimentado e se mostrou extremamente curioso em relação a tudo o que dizia respeito às perturbações trazidas por essa droga aos sentidos da visão e da audição. Tentamos, então, determinar as analogias e as diferenças que existem entre o haxixe e o ópio.

Naquela ocasião, ao que parece, Jean Selz estava preparando um livro sobre esse tema.[191] Benjamin, por sua vez, levava consigo e leu ali mesmo, ou seja, no porto de Ibiza, as anotações com as quais imaginara escrever "Haxixe em Marselha", algumas notas que "relatavam a ascensão da personalidade a uma nova vida interior imensamente ampliada". Não restam dúvidas de que a grande simpatia que Jean Selz despertou em Benjamin desde o princípio deveu-se, em parte, ao interesse que os dois tinham por esse mesmo assunto e, naturalmente, também ao fato de que Selz conseguira haxixe e ópio para ambos.

Esta última droga, entretanto, ele não pôde provar até quase um ano depois, quando Selz conseguiu trazê-la em sua segunda viagem à ilha, em abril de 1933. Mas, como este conta em seu artigo,

[...] nem tudo consistia em ter ópio. Também era necessário, para poder fumá-lo, um material diabólico que eu não possuía mais há tempos e que, além disso, não me arriscaria a levar em minhas malas. Pelo menos eu tinha trazido

---

[191] O livro, nunca publicado, deveria chamar-se *La Rue Regard*. Há alusões a esse trabalho na correspondência entre Selz e Benjamin.

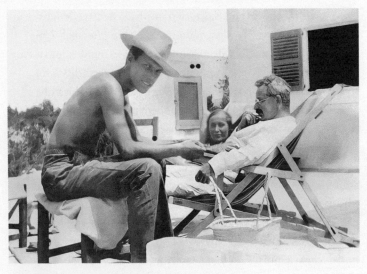

No alto, Jean Selz, Guyet e Walter Benjamin em La Casita, a casa de veraneio do casal francês em San Antonio. Acima, a casa de Jean Selz e Guyet na calle de la Conquista, cidade antiga de Ibiza.

um forninho de porcelana, algo que nada é capaz de substituir. O restante exigiu todo um trabalho artesanal. Um pedaço de bambu, que teve uma de suas extremidades tapada com cera, fez as vezes de cachimbo. O mais difícil foi mandar fabricar as agulhas com um ferreiro de Ibiza que jamais compreendeu para quê poderiam servir tais objetos. Foi necessário fazê-lo recomeçar o trabalho várias vezes.

Quando, por fim, tudo estava preparado, celebrou-se a cerimônia dos dois fumadores em um cômodo magnífico "da minha casa na calle de la Conquista, situada no ponto mais alto da cidade velha e cujas janelas davam, por sobre os telhados das casas cúbicas e brancas do *barrio de la Marina*, para a pequena baía que encerra o porto". A vista exterior através da janela e a paisagem contemplada sob os efeitos do ópio tornaram-se os primeiros motivos de reflexão.

Os telhados dos terraços, a curva do porto e as serras distantes, envoltos pela cortina ou capturados por ela, se moviam ao mesmo tempo que a cortina quando agitada — mas apenas um pouco — pelo escasso vento dessa noite quente. A cidade e a cortina logo deixaram de estar separadas uma da outra. E se a cidade tinha se transformado em tecido, esse tecido se transformou em um vestido. Era o nosso vestido, mas se afastava de nós. Observamos, então, que o ópio nos despia do país onde vivíamos. Benjamin acrescentou graciosamente que fazíamos *cortinologia*.

Assim, "Uma experiência de Walter Benjamin" é o relato daquela sessão singular, ou "protocolo", como Benjamin gostava de chamar, tendo como base as lembranças e anotações pessoais de Jean Selz. No entanto, essas anotações coincidem perfeitamente com aquelas feitas por Benjamin sobre a mesma experiência e anunciadas no mesmo dia — 26 de maio — em carta cheia de referências veladas a Gretel Karplus:

> Se as notas que farei a seguir sobre essas sessões atingem um certo nível de exatidão e se, reciprocamente, também no dossiê que você já conhece, chegará o dia em que poderei ler um pouco disso tudo para você com muito prazer. Hoje consegui resultados consideráveis na investigação das cortinas, posto que uma cortina nos separava da varanda que dá para a cidade e o mar.[192]

Essas notas a que se refere na carta a Gretel Karplus são aquelas que permaneceram inéditas até os anos 1970, intituladas "Notas sobre o êxtase do haxixe".[193] Nelas descreve aquela amplitude de percepção tão característica da embriaguez das drogas, neste caso a percepção especial a que tem acesso quando o fumante se detém nos objetos de decoração que o rodeiam: "Trata-se aqui da ambiguidade do ornamento". As anotações feitas por Jean Selz acerca daquela experiência na verdade refletiam a conversa que tiveram durante a embriaguez, que deve ter atingido seu auge de concentração na cortina da janela e nas variedades da cor vermelha dos elementos decorativos daquele quarto, uma vez que Benjamin também se detém nesses aspectos com precisão em suas "Notas sobre o êxtase do haxixe".

---

[192] Carta a G. Karplus em 26 de maio de 1933. W. Benjamin, *Cartas de la Época de Ibiza, op. cit.*, p. 190.

[193] W. Benjamin, *Haschisch, op. cit.* [ed. bras.: W. Benjamin, *Haxixe, op. cit.*, pp. 37-8].

As cortinas são intérpretes da linguagem dos ventos. Elas conferem a cada sopro o perfil e a sensualidade das formas femininas. Diante delas, o fumante, absorto em seu jogo ondulatório, desfruta do mesmo prazer que lhe proporcionaria uma bailarina consumada. Mas, se a cortina estiver aberta de par em par, ela pode transformar-se instrumento de um jogo ainda mais extraordinário. Pois essas rendas funcionarão para o fumante como padrões que, por assim dizer, seu olho imprimirá sobre a paisagem, transformando-a de maneira singular. As rendas submetem à moda a paisagem que elas emolduram mais ou menos como o arranjo de certos chapéus submete à moda a plumagem dos pássaros ou um maço de flores. [...] As cores podem exercer sobre o fumante um impacto imenso. Um dos ângulos da sala dos Selz fora decorado com xales que pendiam das paredes. Sobre um baú recoberto por uma toalha de renda havia algumas jarras de flores. Nos xales e nas flores predominava o vermelho em suas mais diferentes nuanças. Minha repentina descoberta esse recanto deu-se mais tarde, quando já ia adiantada a festa. Mas o efeito deixou-me quase atordoado. Por um momento senti que me cabia investigar o modo de ser da cor através daquele instrumental incomparável. Chamei esse recanto de "Laboratoire du Rouge".

Durante aquela primavera de 1933 em Ibiza, as drogas e a análise da consciência alterada por elas conseguiram atenuar a profunda decepção que o retorno à ilha tinha significado para Benjamin. A tradução de *Infância em Berlim por volta de 1900* tornou-se também a desculpa perfeita para dar as costas a San Antonio e seu ambiente rarefeito. Em carta a Scholem, em 31 de maio, disse ter passado "oito dias com amigos em Ibiza", período em que ocorreu sua experiência com ópio.[194] Quinze dias depois, em outra carta ao mesmo destinatário, ele afirma que "a minha mudança para a cidade é apenas uma questão de dias".[195] Entretanto, como visto, Benjamin continuou em San Antonio — embora não na casa dos Noeggerath —, indo com frequência à cidade para passar alguns dias com os Selz. Em 31 de julho, torna a escrever a Scholem de Ibiza, onde então se encontrava hospedado "num hotel, [onde] o quarto custa uma peseta por dia — o preço basta para dizer como ele é".[196] Apesar desses inconvenientes — ainda que para Benjamin tudo fosse excessivamente caro —, o ambiente da capital lhe era muito menos desagradável do que o de San Antonio, onde "não há um só rincão tranquilo, um só minuto de tranquilidade nos seus arredores, atormentado por todos os horrores das atividades de colonização e especulação imobiliária".[197]

No porto de Ibiza, Guy Selz, irmão de Jean Selz que acabara de se instalar na ilha com sua esposa Françoise, tinha aberto um bar, ao qual deu o nome de Migjorn.[198] Não demorou

---

[194] Carta a G. Scholem em 31 de maio de 1933. W. Benjamin, *Cartas de la Época de Ibiza, op. cit.*, p. 196 [ed. bras.: W. Benjamin/G. Scholem, *Correspondência, 1933-1940, op. cit.*, p. 84].

[195] Carta a G. Scholem em 16 de junho de 1933. *Idem, ibidem*, p. 209 [ed. bras.: *idem, ibidem*, p. 88].

[196] Carta a G. Scholem em 31 de julho de 1933. *Idem, ibidem*, p. 246 [ed. bras.: *idem, ibidem*, p. 104].

[197] Carta a G. Scholem em 16 de junho de 1933. *Idem, ibidem*, p. 209 [ed. bras.: *idem, ibidem*, p. 88].

[198] Assim como seu irmão, Guy Selz (Paris, 1901-1975), designer publicitário, sempre esteve vinculado ao mundo da arte. Foi secretário na revista *Elle*, onde também era responsável pelas páginas culturais até 1972. Viveu em Ibiza por três anos, de 1933 a 1936.

para que o local, anunciado na imprensa local como "salão de chá e bar americano", se tornasse um original e atraente ponto de encontro, onde era fácil encontrar indivíduos de diferentes nacionalidades reunidos ao redor da mesma mesa. Foi inaugurado em uma segunda-feira, 5 de junho de 1933. Em sua edição do dia seguinte, o *Diario de Ibiza* descreveu o evento detalhadamente, desejando ao proprietário "muita prosperidade no negócio". Até o prefeito da cidade compareceu e leu um discurso. Na mesma edição de 6 de junho do *Diario de Ibiza*, dizia-se que o estabelecimento era "montado com todo luxo, contando com uma sala destinada para o salão e outra para o bar, sem se esquecer de nenhum detalhe condizente com as exigências da vida moderna".

Mas esse não era o único lugar frequentado por Benjamin com os amigos franceses. Em suas visitas à capital, também gostava de ir a uma galeria de arte situada na cidade velha, muito perto da casa de Jean Selz, para conversar com a proprietária do local, uma francesa chamada María Ferst. A Galeria María Ferst, que também era anunciada na imprensa local, fora inaugurada naquela mesma primavera de 1933. Nela eram expostos quadros principalmente de pintores estrangeiros, ainda que um dos primeiros a fazê-lo tenha sido um artista local chamado Narcís Puget.

A própria casa de Jean e Guyet Selz na cidade velha — uma enorme casa senhorial em que também morava, em um dos andares, o pintor tcheco Bruno Beran — costumava ficar cheia de gente. "Chegava-se para comer, trabalhar, dormir, roubar. No entanto, por mais que tenha sido difícil afastar os indesejáveis, eu recebia com prazer um pequeno grupo de escritores e pintores", conta Selz em seu primeiro artigo, "Walter Benjamin en Ibiza". Entre os escritores que passaram por sua casa durante aquele verão de 1933 estava Pierre Drieu La Rochelle, que, acompanhado de sua amiga Nicole, tinha vindo de Maiorca para conhecer Ibiza.[199] Uma fotografia tirada por Gisèle Freund, que também passou pela ilha naquele verão de 1933, nos mostra um orgulhoso e bem apresentado Drieu La Rochelle apoiado em uma parede de pedra durante o que, sem dúvida, devia ser um agradável passeio pelos campos ibicencos. A fotógrafa também conheceu Walter Benjamin na Ibiza daqueles dias e o reencontraria em Paris poucos anos depois para realizar uma esplêndida série de fotografias do filósofo na Biblioteca Nacional. Ao escrever suas memórias vinte anos depois, Selz não se lembrava se Walter Benjamin e Pierre Drieu La Rochelle tinham estado juntos em sua casa em alguma ocasião. Lembrava-se, isso sim, dos dois sentados junto de uma fonte no mesmo pátio repleto de flores — entre as quais se destacava a perfumada dama-da-noite —, ambos alheios ao idêntico e trágico destino de suicidas que teriam.

Por volta daqueles mesmos dias em que Benjamin preferia Ibiza a San Antonio, mesmo com todas as "distrações" que representavam os bares e até a própria casa de Jean Selz, surgiram as "Histórias da solidão",[200] que não são exatamente um relato,

---

[199] Naquela época, Drieu La Rochelle estava saindo com Estela Ocampo, irmã da escritora Victoria Ocampo, mas parece que preferiu viajar às Baleares na companhia de sua amiga Nicole. Sobre esse assunto, conferir Laura Ayerza de Castilho e Odile Felgine, *Victoria Ocampo* (Barcelona, Circe, 1994). Relembrando a paisagem e o nome de alguns povoados, Drieu La Rochelle situou em Ibiza e e na Guerra Civil Espanhola o último capítulo de seu romance *Gilles*, escrito em 1939 (ed. esp.: *Gilles*, Madri, Alianza, 1989). Ver também Vicente Valero, *Viajeros Contemporáneos. Ibiza. Siglo XX*, Valência, Pre-Textos, 2004.

[200] "Historias desde la soledad", em W. Benjamin, *Historias y Relatos, op.*

mas sim três histórias brevíssimas que tiveram a cidade como cenário — pelo menos as duas primeiras — e cujo estilo lembra principalmente o dos "sonhos" anotados naquele período. O título da primeira, "O muro", faz referência à muralha renascentista de Ibiza, uma das maiores do Mediterrâneo, que cerca todo o intrincado bairro antigo da cidade onde ficava a casa de Selz, conhecido como Dalt Vila.

Eu vivia há alguns meses em um ninho nas rochas, na Espanha. Muitas vezes eu me propusera a sair para explorar os arredores, envolvidos por uma coroa de cumes perigosos e formações florestais de pinheiros bem escuras. No meio, havia algumas aldeias escondidas; a maior parte recebera nomes de santos, que poderiam muito bem habitar aquela região paradisíaca. Mas era verão; o calor fazia com que eu adiasse a cada dia meu propósito, e mesmo ao passeio preferido até a colina dos moinhos de vento, que eu via da minha janela, acabei renunciando. De modo que restou-me o perambular costumeiro pelas ruelas estreitas e sombreadas, em cuja rede jamais se encontra o nó do mesmo jeito.

O argumento da primeira das "Histórias da solidão" se baseia precisamente em um equívoco provocado pelos "nomes de santos" dos povoados e aldeias da ilha. O protagonista viu em uma loja um postal de uma muralha — parte dela, na verdade — e confunde S. Vinez, nome do fotógrafo escrito no pé da imagem, com o de algum povoado da região com nome de san-

---

cit. [ed. bras.: "Histórias da solidão", em W. Benjamin, *A arte de contar histórias*, *op. cit.*, pp. 91-4]. Não foram publicadas pelo autor em vida.

Frequentadores do Bar Migjorn em 1933, cujos proprietários
eram Françoise e Guy Selz, irmão de Jean Selz.

A muralha de Ibiza em cartão-postal enviado
por Walter Benjamin a Siegfried Kracauer.

to, até que depois de um passeio pela mesma cidade, mais uma vez tendo a caminhada como fonte de iluminação, ele se vê diante daquele mesmo trecho da muralha mostrado na fotografia. Então, "na manhã seguinte", volta à loja, compra o postal e acaba descobrindo que o nome que achava ser de algum povoado da região, "San Vinez", era, na verdade, o do fotógrafo: Sebastián Vinez. Essa história que mistura ficção e realidade, assim como todas as outras escritas por Benjamin em Ibiza, brinca com o sobrenome verdadeiro do autor do postal, Viñets, um conhecido fotógrafo da ilha[201] em cuja loja Benjamin comprou diferentes postais para enviar a seus amigos. Entre os postais adquiridos, claro, estava também aquele da "imagem da muralha que me deixou obcecado há dias" e que foi enviado a seu amigo Siegfried Kracauer em 23 de abril.

A segunda história é ainda mais breve que a primeira. Intitulada "O cachimbo", descreve uma anedota ocorrida "durante um passeio na companhia de um casal com o qual fizera amizade", ou seja, os Selz. O protagonista tinha esquecido o cachimbo na casa deles e pede aos amigos que se adiantem enquanto ele volta para buscá-lo. "Dei meia volta; mas eu mal havia me afastado dez passos quando senti, vasculhando de novo, que o cachimbo estava em meu bolso. Foi assim que os outros me viram retornar para junto deles em menos de um minuto, soltando nuvens de fumaça pelo cachimbo." A anedota que dá lugar à história acontece imediatamente após, quando, "seguindo um

---

[201] O fotógrafo chamava-se Domingo Viñets, e não Sebastián. Por outro lado, o postal trazia apenas o sobrenome. Portanto, o equívoco que dá lugar a essa breve história pertence, ele também, à ficção. Uma boa amostra de suas imagens pode ser vista no livro *Domingo Viñets, fotògraf i editor* (Ibiza, Ajuntament d'Eivissa, 2010).

capricho incompreensível", ocorre ao protagonista dizer que de fato o cachimbo tinha ficado em casa, "sobre a mesa", para surpresa e mutismo dos acompanhantes, que sequer questionam a afirmação apesar de seu caráter inverossímil.

Como as anteriores, a terceira e última história, "A luz", também tem origem em um passeio e um mal-entendido que acaba se resolvendo. Aqui, o protagonista, enquanto espera diante de seu alojamento por uma mulher, "minha amada", observa uma luz desconhecida que lhe chama a atenção. Até que, passados alguns minutos, descobre que aquela luz "era a da Lua, que aos poucos havia subido acima das copas longínquas das árvores". Assim, mais uma vez, nos deparamos com o efeito da lua sobre a ilha e a beleza de sua luz iluminando os campos noturnos, mas nesta ocasião como símbolo amoroso que oferece sua resplandescência ao encontro noturno dos amantes.

Os passeios pelas ruas estreitas da cidade antiga ou pelos caminhos rurais, em pleno sol ou à noite, o haxixe e os sonhos: três experiências diferentes que muitas vezes aparecem reunidas em uma só por meio da mesma linguagem. As três histórias "da solidão" têm pouquíssimo a ver com aquelas narrativas de estilo tradicional escritas em sua estadia anterior e, por outro lado, guardam uma relação com a descrição dos sonhos ou com as anotações sobre as experiências com drogas.

Da maneira como parecem ter sido concebidas, as "Histórias da solidão" deviam ser uma sequência, outra coleção de textos curtos e, assim como "Sequência de Ibiza" do ano anterior, uma nova maneira de se aproximar do local de viagem. Mas ele chegou a escrever apenas três capítulos. Quanto ao título, vale lembrar o que o próprio Benjamin dissera a respeito da solidão das viagens, isto é, do "tormento da solidão que o assaltava especialmente nas viagens".[202] Apesar disso, a última das três histórias, "A luz", tem como protagonista não só a lua solitária, como também uma mulher quase sem rosto, que lhe surge feito uma aparição: "minha amada". Teria Benjamin, depois do fracasso com Olga Parem no ano anterior, vivido uma verdadeira história de amor em Ibiza?

A verdadeira protagonista de "A luz" era uma jovem pintora holandesa chamada Anne Marie Blaupot ten Cate, que chegara à ilha no início do verão de 1933 atraída pelo novo mito da Ibiza artística e boêmia. Depois de presenciar alguns dos mais recentes atos do vandalismo nazista em Berlim, decidiu sair da Alemanha rumo a um lugar qualquer. Benjamin a conheceu em San Antonio, seguramente em La Casita, ao lado da qual ficava a moradia inacabada onde estava alojado, e logo se apaixonou por ela. A jovem imediatamente passou a ser a protagonista de outra "série" de textos — na qual o autor tinha pensado em incluir "A luz" —, mas tornou-se principalmente a protagonista indispensável e quase única de seus dois últimos meses na ilha.

---

[202] Gershom Scholem, *Walter Benjamin. Historia de uma Amistad*, Barcelona, Península, 1987 [ed. bras.: Gershom Scholem, *Walter Benjamin: a história de uma amizade*, São Paulo, Perspectiva, 1989, p. 136].

VII

Gauguin e os mistérios da identidade

Com a finalidade de conseguir um passaporte novo, Benjamin viajou para Maiorca, ilha vizinha, em 1º de julho. Sua intenção era não só passar pelo consulado alemão como também aproveitar a viagem para visitar a colônia alemã de escritores há pouco estabelecida em Cala Ratjada, no nordeste da ilha, e especialmente Franz Blei, redator do suplemento literário do *Neue Zürcher Zeitung*. Quanto ao primeiro assunto, Benjamin conseguiu o que pretendia "graças a uma constelação muito favorável, na qual devo reconhecer que tive certos méritos", escreveu a Scholem em 31 de julho.[203] Como não queria se desfazer do passaporte que estava prestes a vencer, pois desconfiava que não teria dificuldades para renová-lo, afirmou no escritório do consulado que o havia perdido. Dessa forma, não precisou ficar um dia sequer sem passaporte, como continua dizendo a Scholem: "já estou de posse do meu novo passaporte, antes que expirasse a validade do antigo, supostamente perdido".

---

[203] Carta a Gershom Scholem em 31 de julho de 1933. Walter Benjamin, *Cartas de la Época de Ibiza*, Valência, Pre-Textos, 2008, p. 245 [ed. bras.: Walter Benjamin/Gershom Scholem, *Correspondência, 1933-1940*, trad. Neusa Soliz, São Paulo, Perspectiva, 1993, p. 103].

Em Maiorca ele passou pouco mais de uma semana. Já conhecia Palma, capital da ilha e "repleta de trechos encantadores",[204] pois em julho do ano anterior tinha passado dois dias ali depois de deixar Ibiza e antes de partir para Nice, na França. Agora, em nova viagem, pôde visitar "parte das montanhas maiorquinas" e percorreu aquela que, desde então, já era a principal rota turística da maior ilha das Baleares. Como escreve a Gretel Karplus em 10 de julho, conheceu o pequeno povoado de Deià, nas montanhas que dão para o mar, "onde os limoeiros e os pomares de laranja estão em flor".[205] Passou também por Valldemosa, "onde a história de amor de Chopin e Georges Sand se desenrolou em uma cartuxa". Pôde entrar ainda no magnífico casarão "onde, há vinte anos, um arquiduque austríaco viveu e escreveu livros volumosos retratando a crônica local de Maiorca".[206] Como previsto, visitou Cala Ratjada, "onde há uma colônia alemã e onde visitei durante algumas horas Friedrich Burschell, que em breve me retribuirá a visita com Fritta Brod". A promessa acabou se cumprindo poucas semanas depois.[207] Não há notícia, porém, de que se encontrou com Franz

---

[204] Carta a Jean Selz em 21 de setembro de 1932. "Carteggio W. Benjamin e Jean Selz (1932-1934)", *Aut Aut*, nº 189-190, maio-agosto de 1982, p. 50. Ver também a nota 229 neste capítulo.

[205] Carta a Gretel Karplus por volta de 8-10 de julho de 1933. W. Benjamin, *Cartas de la Época de Ibiza, op. cit.*, p. 234.

[206] George Sand, *Um inverno em Maiorca* (1842); Arquiduque Luis Salvador de Áustria, *Las Baleares por la Palabra y el Grabado*, Palma de Maiorca, Sa Nostra, 1982. Sobre essa mesma rota turística e os turistas em Maiorca entre 1931 e 1936, ver Albert Vigoleis Thelen, *La Isla del Segundo Rostro* (Anagrama, Barcelona, 1993). Este escritor foi guia turístico em Maiorca naqueles anos.

[207] Ver nota 53 do capítulo II, "Noeggerath e a arte de narrar".

Blei, ainda que este fosse, depois do assunto do passaporte, o segundo motivo da viagem.

Para concluir, como escreve a Jula Radt-Cohn em 24 de julho, "pude conhecer melhor Maiorca este ano graças às excursões e passeios de carro".[208] No entanto, não parece que essa viagem o tenha feito planejar trocar uma ilha pela outra, apesar de ter encontrado um ambiente favorável para trabalhar em Cala Ratjada — Franz Blei tinha uma biblioteca magnífica —, algo de que carecia totalmente em San Antonio. De todo modo, suas economias não o teriam permitido fazer isso. O nível de vida que a colônia de alemães levava ali não tinha nada a ver com o que levavam em Ibiza não só Walter Benjamin, mas a maioria dos estrangeiros. Contudo, também em Maiorca eram abundantes os estrangeiros de poucos recursos e, sobretudo, sujeitos cercados por lendas. Dizia-se, por exemplo, que morava em Cala Ratjada o homem que desencadeou o famoso motim de Kiel, ao qual Benjamin faz referência no relato "A viagem do Mascote". Em muitos aspectos, as diferenças entre uma e outra ilha eram bastante notáveis. Ele observou isso inclusive na paisagem, pois "por mais bela que seja a ilha, até onde pude ver, isso só fez reforçar minha predileção por Ibiza, cuja paisagem é incomparavelmente mais secreta e misteriosa", conta na mesma carta de 24 de julho a Jula Radt-Cohn.

Assim como a paisagem, em Ibiza também os indivíduos pareciam ter mais segredos e enigmas do que em qualquer outro lugar. Um grande mistério parecia rondar os nomes das coisas e pessoas, e era prudente não fazer muitas perguntas. Já vimos co-

---

[208] Carta a Jula Radt-Cohn em 24 de julho de 1933. W. Benjamin, *Cartas de la Época de Ibiza, op. cit.*, p. 240.

mo, em 1931, a tarefa do jovem filólogo hamburguês Walther Spelbrink consistiu principalmente em conhecer o nome de todas as coisas relacionadas ao habitat rural. Ele foi o primeiro forasteiro que chegou a conhecer todos aqueles nomes — ou quase isso. Acerca da natureza da ilha e apenas um ano depois do trabalho de Spelbrink, Benjamin escreve em "Ao sol": "Não será cada região a lei de um encontro irreproduzível de plantas e animais, e a denominação de cada lugar, portanto, um código sob o qual flora e fauna se encontram pela primeira e última vez?". Porque conhecer o verdadeiro nome de uma coisa significa também conhecer sua essência. Curiosamente, pouquíssimas coisas chamaram tanto a atenção de Benjamin em Ibiza quanto "a origem daqueles nomes estranhos que os pescadores usam para designar as montanhas, e que são bem diferentes dos nomes que as mesmas montanhas têm na língua dos camponeses".[209]

Por mais que Ibiza estivesse se tornando um pouco mais conhecida a cada dia e, portanto, atraísse um número maior de visitantes, ainda se tratava de um lugar bastante remoto, mais próximo da África do que da Europa. Esconder-se, mudar de nome e se transformar em outro indivíduo eram práticas habituais que todos conheciam e respeitavam. Como vimos, nem Benjamin nem Hausmann indagaram muito sobre a verdadeira identidade de Jockisch. O primeiro sempre se referiu a ele como "escultor" em sua correspondência, embora o segundo nunca tenha dito nada a respeito nem tampouco os vizinhos do po-

---

[209] Ele fala disso em "Espanha 1932", dos *Escritos Autobiográficos* (Madri, Alianza, 1996), e em seu relato "O anoitecer da viagem", também de 1932 e contido em *Historias y Relatos* (Barcelona, Península, 1991) [ed. bras.: Walter Benjamin, *A arte de contar histórias*, org. Patrícia Lavelle, trad. Georg Otte, Marcelo Backes e Patrícia Lavelle, São Paulo, Hedra, 2018].

voado tenham confirmado esse dado. Estes sempre suspeitaram se tratar de um espião, ainda que tudo o que Jockisch fizesse fosse absolutamente incompreensível para os ibicencos. Sabia-se que alguns eram refugiados políticos e, outros, simpatizantes de Hitler em plácidas férias no Mediterrâneo. Havia também aqueles que estavam fugindo de outros países por motivos bastante distintos, como aconteceu a Raoul Alexandre Villain, que assassinou o líder socialista francês Jean Jaurès em 1914 e que, em mais uma parada de sua interminável fuga, tinha decidido se esconder em Ibiza em 1933. Na verdade, é possível dizer que ninguém sabia muito bem quem era exatamente a pessoa que vivia na casa ao lado ou, pelo menos, qual era seu verdadeiro nome. Apesar disso, a atmosfera dali não impedia uma afluência cada vez maior de visitantes. Em carta a Benjamin em 4 de setembro, Scholem conta ter visto "na *Prager Tagblatt* vi um longo *feuilleton* sobre Ibiza, de uma colega sua, uma jornalista que me parece morar aí por perto, o qual não me trouxe nenhuma informação sobre você, mas em troca fiquei sabendo da progressiva secularização do seu paraíso".[210]

Em Ibiza, o próprio Benjamin começou a usar pseudônimos para seus escritos. Ali, então, de alguma maneira acabou se tornando outro escritor, mais especificamente, Detlef Holz, nome com o qual chegou inclusive a assinar algumas de suas cartas a Gretel Karplus. Brincando com o significado desse pseudônimo — Holz significa "madeira" —, fala a Scholem em carta de 31 de julho sobre "esse tal Holz, que precipitou as chamas da minha vida...". Sendo judeu, Benjamin possuía ainda outro no-

---

[210] Carta a Walter Benjamin em 4 de setembro de 1933. Walter Benjamin/Gershom Scholem, *Correspondencia 1933-1940*, Madri, Taurus, 1987 [ed. bras.: W. Benjamin/G. Scholem, *Correspondência, 1933-1940, op. cit.*, p. 110].

me secreto,[211] a que faz referência, sem revelá-lo, no enigmático texto autobiográfico "Agesilaus Santander", escrito em 13 de agosto em San Antonio. Como conta Jean Selz em "Walter Benjamin en Ibiza", os "jovens alemães mais desrespeitosos" o chamavam ironicamente de *Tiens-tiens*, pois essa era sua expressão mais característica a cada vez que interrompia uma conversa ou um passeio para dizer algo que acabara de lhe ocorrer.[212]

Por sua vez, os moradores nativos da ilha, como já vimos, tinham o costume de dar apelidos em geral bastante sarcásticos a quase todos os estrangeiros, que usavam para falar deles entre si. Assim, sem sabê-lo, Benjamin também foi chamado de *es misérable* em Ibiza. Era como se os nomes dos indivíduos fizessem parte da paisagem "secreta e misteriosa" da ilha. O que Benjamin teria pensado quando lhe apresentaram um jovem que dizia se chamar Paul Gauguin?

Paul René Gauguin nasceu em Copenhague em 1911. Tinha apenas vinte e dois anos, portanto, quando chegou a Ibiza no início de 1933. Filho de Pola (Paul), o caçula do pintor Paul Gauguin, ele tinha começado naquela época a dar seus primeiros passos como pintor e gravurista, depois de haver passado sua infância na Noruega e parte da juventude na França. No geral, os estrangeiros que então chegavam à ilha se instalavam em San Antonio, Santa Eulalia ou na cidade de Ibiza (parece que os alemães preferiam San Antonio, e os americanos, Santa Eulalia).

---

[211] Benedix Schönflies. Benedix era o nome de seu avô parterno, e Schönflies, o sobrenome de sua mãe.

[212] "Walter Benjamin en Ibiza", em Jean Selz, *Viaje a las Islas Pitiusas*, Ibiza: TEHP, 2000, p. 33.

Era mais raro que escolhessem outros povoados, embora em San José, por exemplo, tenham se estabelecido os Jockisch e os Hausmann, além de outro jovem pintor chamado Conrad.

Em San Vicente, pequeno povoado situado no extremo norte da ilha, entre o mar e as montanhas, Paul Gauguin e seu amigo norueguês Leif Borthen eram os únicos estrangeiros. Depois de alguns meses em Maiorca, tinham viajado até a ilha de Ibiza quase sem dinheiro. Estavam viajando há mais de um ano. Passear, pintar, tomar banho de mar e jogar cartas com os camponeses do povoado eram suas principais atividades. Moravam em uma casa chamada Can Vicent de Sa Font, atrás da igreja do povoado. Para conseguir o mínimo de dinheiro necessário para pagar as refeições e o alojamento aceitavam de bom grado qualquer trabalho. Assim, tornaram-se lavradores e pescadores. Gauguin também chegou a trabalhar como pedreiro. Borthen abandonou a ilha depois de poucos meses, mas Gauguin decidiu continuar naquele mesmo povoado solitário. Sua curiosidade em relação a tudo o que dizia respeito ao mundo rural insular o levou a conhecer Hans Jakob Noeggerath e sua família, os quais visitava eventualmente em San Antonio. Foi em uma dessas visitas no final de maio que Benjamin e Gauguin se encontraram pela primeira vez.

Como em sua primeira estadia, os longos passeios pelo interior da ilha se tornaram uma das atividades favoritas de Benjamin. Acompanhado principalmente pelo casal Selz, ele realizou "excursões" de até "catorze horas".[213] Quando havia luar, o

---

[213] Carta a G. Scholem em 16 de junho de 1933. W. Benjamin, *Cartas de la Época de Ibiza*, Valência, Pre-Textos: 2008, p. 209 [ed. bras.: W. Benjamin/G. Scholem, *Correspondência, 1933-1940, op. cit.*, p. 88].

campo insular convidava a começar a excursão ao entardecer e caminhar durante a noite. Noutras vezes, acordavam antes de sair o sol e voltavam no meio da manhã. Era também a única maneira de evitar as elevadas temperaturas do meio-dia, o sol abrasador e "a luz, que nesta terra solicita todas as coisas tão violentamente do alto do céu".[214] Através dos numerosos e intrincados caminhos da ilha, Benjamin chegou até alguns dos povoados mais ao norte, como San Miguel e San Carlos.[215] A fertilidade das terras, a abundância de água nos arroios e fontes, os terrenos cultivados, os oleandros em flor... "Assim que se sai da área das detonações e das marteladas, dos mexericos e contendas que formam a atmosfera em San Antonio, dá para sentir o chão debaixo dos pés."[216] Mais ainda do que no ano anterior, ele sentia a necessidade de uma paisagem solitária.

Um dos textos mais belos escritos por Benjamin em Ibiza é um longo trecho de uma carta destinada a Gretel Karplus. Como se desejasse agradecê-la pela amizade, pelos conselhos — foi ela quem o incitou a abandonar Berlim alguns meses antes — e

---

[214] "La cerca de cactos", em Walter Benjamin, *Historias y Relatos, op. cit.* [ed. bras.: "A sebe de cactos", em W. Benjamin, *A arte de contar histórias, op. cit.*, p. 83].

[215] Esteve em San Miguel em 9 de junho. Ver notas da carta de Benjamin a Scholem em 16 de junho de 1933 em *Gesammelte Briefe IV, 1931-1934*, Frankfurt, Suhrkamp, 1998, pp. 235-40. Passou por San Carlos em agosto, como se pode verificar em carta de Blaupot ten Cate a Benjamin, enviada em junho de 1934, na qual diz se lembrar de uma visita ao "poço da mina de prata". Esse e outros poços de antigas minas de prata ficam nesse povoado. Ver capítulo VII, "Blaupot e o amor angelical".

[216] Carta a G. Scholem em 16 de junho de 1933. W. Benjamin, *Cartas de la Época de Ibiza, op. cit.*, p. 210 [ed. bras.: W. Benjamin/G. Scholem, *Correspondência, 1933-1940, op. cit.*, pp. 88-9].

pelo auxílio financeiro — foi em parte graças ao dinheiro da amiga que ele conseguiu ficar em Ibiza até o outono e depois viajar a Paris —, Benjamin brinda-a com uma carta, em 10 de junho, na qual descreve uma dessas excursões pela natureza da ilha acompanhado de um jovem que acabara de conhecer, "um jovem escandinavo que raramente aparece nos lugares frequentados pelos estrangeiros", isto é, o neto de Paul Gauguin, que "tem exatamente o mesmo nome de seu avô". O texto é surpreendentemente revelador do caráter e da essência da paisagem insular.

> Ia partir sozinho em um passeio à luz da lua rumo ao ponto mais alto da ilha, a Atalaia San José, quando de repente apareceu um amigo da casa, um jovem escandinavo que raramente aparece nos lugares frequentados pelos estrangeiros e vive em um povoado cravado na montanha. Trata-se do neto de Paul Gauguin e tem exatamente o mesmo nome de seu avô. No dia seguinte, pude conhecer melhor tanto esse personagem tão fascinante quanto o povoado na montanha onde ele é o único estrangeiro. Saímos logo de manhã, por volta das cinco horas, junto com um pescador de lagostas, e durante três horas ficamos dando voltas pelo mar, onde aprendemos tudo sobre a arte de pescar esses animais. Certamente foi um espetáculo profundamente melancólico, pois mesmo com sessenta puças não pescamos mais do que três bichos. Obviamente, eles eram gigantes, e há dias em que são até maiores. Depois, ele nos deixou em uma enseada desconhecida. Ali nos foi oferecida uma imagem de perfeição tão completa que produziu em mim algo estranho, embora não incompreensível; fato é que, para dizer a verdade, eu não a via; sua perfeição a colocava à beira do invisível.

Não há rastros de nenhuma casa na praia; ao fundo, uma cabana de pedra se ergue isolada. Quatro ou cinco barcos de pescadores estavam na parte seca da orla. Mas ao lado desses barcos havia várias mulheres totalmente vestidas de preto, das quais só se podiam ver os rostos graves e endurecidos. Seria possível dizer que o milagre da presença delas se harmonizava com a estranheza de seus vestidos, de modo que os ponteiros do tempo pareciam ter sido interrompidos e absolutamente nada se destacava. Gauguin, ao que parece, sabia do que se tratava, mas uma de suas características é a de não dizer quase nada. Dessa maneira, subimos quase sem trocar palavras por quase uma hora, quando, pouco antes de chegar ao povoado que tínhamos estabelecido como meta da caminhada, um homem veio ao nosso encontro com um caixão de criança minúsculo e branco debaixo do braço. Um garoto tinha morrido lá naquela cabana de pedra. As mulheres de preto eram as carpideiras que não queriam perder um espetáculo tão inusual quanto a chegada de um barco a motor, mesmo durante sua atividade. Por fim, para ser surpreendido pelo espetáculo, era preciso entendê-lo primeiro. Caso contrário, o olhar ficava tão inerte e aturdido como quando alguém se detém para pensar diante de um quadro de Feuerbach, mas cuja razão de ser somente pode ser apreendida ao vê-lo de longe, com formas trágicas sobre uma costa rochosa.

Mais no interior da montanha, daríamos em uma das paisagens mais cultivadas e férteis da ilha. O solo é atravessado por valas de irrigação bastante profundas, mas também tão estreitas que, à grande distância, deslizam invisíveis por debaixo da vegetação elevada e de um verde muito intenso. O murmúrio dessa água que corre emite um ruído quase de sucção. Alfarrobeiras, amendoeiras, oliveiras e coníferas se erguem nas ladeiras, enquanto o vale é recoberto por milho e plantações de vagem. Por toda parte há brotos de oleandros floridos nas rochas. É uma paisagem igual à que tanto gostei em *Jahr der Seele* e que hoje se embrenha em mim sob uma forma mais familiar, com o sabor tão fugaz das amêndoas verdes nas árvores às seis da manhã. Não podíamos contar com um desjejum, de tanto que estávamos afastados de qualquer forma de civilização. Meu companheiro era o companheiro sonhado para uma região como aquela. Tão estranho à civilização, mas ainda tomado por uma cultura profunda. Lembrava-me um dos irmãos Heine, mortos tão jovens, e, ao caminhar, pode-se dizer que vai desvanecer no ar de um momento a outro. Não teria acreditado em ninguém de maneira mais espontânea que tivesse me explicado sua luta contra a influência que chegava a si vinda dos quadros de Gauguin.[217]

Mais uma vez, nessa descrição Benjamin se aproxima da autêntica essência da natureza mediterrânea: o mar e os vales cultivados, a fertilidade e os caminhos labirínticos. E mais uma vez, o caminhar é um chamado à revelação, um exercício de profundo conhecimento. Mas diferente de outros textos escritos também em Ibiza, esse contém novos elementos a princípio difíceis de entender, comparáveis, segundo o próprio Benjamin, às pinturas de Feuerbach, que apreendem toda sua razão de ser apenas quando vistas de longe. A irrupção da morte na paisagem através das carpideiras enlutadas do estaleiro e do homem que se dirige até a praia com um pequeno caixão branco transforma

---

[217] Carta a G. Karplus de aproximadamente 10 de junho de 1933. W. Benjamin, *Cartas de la Época de Ibiza, op. cit.*, pp. 204-7.

completamente a "excursão", começada com uma iniciática viagem de barco — com Tomás Varó "Frasquito", o pescador de lagostas de Sa Punta des Molí — e encerrada em um vale solitário, fértil e belo como o próprio paraíso. As "formas trágicas sobre a costa rochosa" pertencem à paisagem mediterrânea com a mesma propriedade que qualquer outro elemento descrito. Paul Gauguin parece saber o que aquilo envolve, entende tudo, não é apenas o "companheiro sonhado", mas sim o guia perfeito: não explica nada além do que merece ser explicado, mantendo intactas as brumas do misterioso. Assim, a perfeição da imagem trágica coloca-a "à beira do invisível".

Esse texto é, sem dúvida, muito mais do que um fragmento de carta. Ao lê-lo, surge novamente a lembrança de *Augenblicke in Griechenlad* [*Instantes gregos*], de Hugo von Hofmannsthal, mais precisamente de seu segundo capítulo, intitulado "O caminhante".[218] Em uma paisagem quase idêntica, dois homens caminham e cruzam com outro homem, também portador de segredos profundos. Para Hofmannsthal, "em algum momento todo ser vivente se dá a conhecer, toda paisagem se revela plenamente: mas somente a um coração emocionado". A mesma paisagem do ano anterior parece agora ser revelada a Benjamin com maior profundidade, na penumbra do lento amanhecer insular e acompanhado de alguém cujo nome representa por si só uma importante evocação "emocionada" de um mundo no qual o primitivismo e a vontade artística se fundiram extraordinariamente.

Todavia, esse texto não pode deixar de nos evocar também a última das caminhadas de Benjamin, aquela feita nos Pi-

---

[218] Hugo von Hofmannsthal, *Instantes Griegos y Otros Sueños*, Valladolid, cuatro.ediciones, 1998.

No alto, navegação pela baía de San Antonio em maio de 1933: Jean Selz (à esquerda), o pescador Tomás Varó "Frasquito" (de chapéu), Paul Gauguin (deitado) e Walter Benjamin (de óculos escuros). À esquerda, Paul Gauguin posando, anos depois, com uma de suas esculturas.

rineus, indo de Marselha até Portbou apenas sete anos depois, em setembro de 1940, também com a morte cruzando o seu caminho. Durante aquelas "quase dez horas", segundo escreveu Lisa Fittko, sua guia naquela desesperada travessia, "Benjamin caminhava a passos lentos e regulares. Em intervalos fixos — creio que a cada dez minutos — ele se detinha e descansava por um minuto. Logo retomava a marcha com os mesmos passos regulares". Como Jean Selz, Lisa Fittko conservou na memória por muitos anos a peculiar maneira de andar de Walter Benjamin.[219] Pode-se dizer, portanto, que a simbologia do caminho tão cara a ele o acompanhou até o fim da vida, quando o caminhante se viu obrigado a se transformar em fugitivo desamparado.

Nesse mesmo trecho da carta a Gretel Karplus, a referência ao livro de Stefan George, *Jahr der Seele*, comparando a paisagem de seus poemas com a paisagem ibicenca, coincide com a leitura de um novo livro sobre o poeta alemão e com a resenha que estava escrevendo sobre ele. Nessa resenha, intitulada "Rückblick auf Stefan George" ["Uma retrospectiva de Stefan George"],[220] tomando como pretexto o novo estudo publicado,

---

[219] Lisa Fittko, "El viejo Benjamin", *De Berlín a llos Pireneos. Evolución de una Militancia*, Barcelona, Anaya y Muchnik, 1997. Ao que parece, o peculiar modo de caminhar de Benjamin tinha relação, ao menos no último período de sua vida, com problemas cardíacos.

[220] Publicada no *Frankfurter Zeitung* em 12 de julho de 1933. O livro resenhado foi escrito por Willi Koch e se chama *Stefan George: Weltbild, Naturbild, Menschenbild* (1933). Em menor medida, também faz referência a outro livro a respeito do poeta publicado no mesmo ano: *Die Ersten Bücher Stefan George: Eine Annäherung an das Werk*, de Eduard Lachmann. Não era o primeiro artigo que Benjamin escrevia sobre Stefan George. Em 1928, quando do sexagésimo aniver-

Benjamin expressa sua opinião sobre o "grande mestre" da poesia e sua obra, como se há muito estivesse adiando essa oportunidade. A resenha, sempre ambígua por causa da relação mantida com a obra e a figura de Stefan George enquanto leitor, baseava-se principalmente na rejeição que lhe despertava o "círculo" aristocrático e excludente que o próprio George tinha criado junto com seus discípulos, ao mesmo tempo em que não podia deixar de admirar e reconhecer seu talento como poeta.[221] Se a poesia de Stefan George tinha representado um "canto de consolação" para a geração da guerra de 1914, agora, em 1933, sua obra parecia ter se convertido no inquietante "som da catástrofe" que se avizinhava. A resenha foi publicada com o pseudônimo K. A. Stempflinger, afim de não comprometer a figura de Detlef Holz.[222] Parece ficar claro que Benjamin se preocupava com a publicação desse texto mais do que a de qualquer outro enviado naquela mesma época, e as alusões frequentes a esse "pequeno artigo" em suas cartas, pedindo a opinião de seus correspondentes, constituem boa prova disso.

Durante aquele período de sua vida, as resenhas de livros foram um meio que Benjamin encontrou para expor suas teorias

---

sário do autor, escreveu "Über Stefan George", hoje no volume *Gesammelte Schriften II-2*, Frankfurt, Suhrkamp, 1991, pp. 622-4.

[221] Sobre essa questão: Karl Löwith, *Mi Vida en Alemania antes y después de 1933* (Madri, Visor, 1992). No capítulo intitulado "El círculo de Stefan George y la ideologia del Nacionalsocialismo", o autor observa pontos de contato entre o círculo do poeta e o que depois viria a ser a ideologia nazista. Contudo, é sabido que Stefan George também morreu vitimado pelo nazismo poucos meses depois de obrigado a se exilar na Suíça, em novembro de 1933.

[222] Carta a G. Scholem em 16 de junho de 1933. W. Benjamin, *Cartas de la Época de Ibiza, op. cit.*, p. 211 [ed. bras.: W. Benjamin/G. Scholem, *Correspondência, 1933-1940, op. cit.*, p. 89].

de forma velada, fosse a propósito de um autor e sua obra ou sobre algum assunto geral de caráter literário. Assim, quase sempre são mais do que meras resenhas. O texto que escreveu sobre o romance *Konstanze und Sophie*, de Arnold Bennett, por exemplo, contém, segundo o próprio Benjamin, "uma teoria sobre o romance que não é nada semelhante à de Lukács".[223] Um certo desdém pelos grandes romancistas contemporâneos — incluindo Musil, que diz fazer "questão de demonstrar sua inteligência, quando não precisaria fazê-lo", em carta a Scholem em 23 de maio[224] — coincide com uma curiosidade cada vez maior por outro tipo de romances e autores, quase sempre de relevância menor, como é o caso de Arnold Bennett. Confessa também a Scholem, em 29 de junho: "Normalmente a beletrística moderna não me interessa, com a única exceção dos romances policiais. Mas já estou lendo o segundo tomo do romance *Clayhanger* de Bennett, que é bem mais vasto que o primeiro, e devo dizer que sua leitura é bem proveitosa".[225]

Assim como em sua primeira estadia, Benjamin manteve em seu horizonte literário o projeto de escrever um ensaio importante sobre as diferenças existentes entre a novelística moderna e a narrativa tradicional. Enquanto escrevia o artigo encomendado sobre a situação da literatura francesa contemporânea,

---

[223] Carta a G. Scholem em 7 de maio de 1933. *Idem, ibidem*, p. 172 [ed. bras.: *idem, ibidem*, p. 74]. Arnold Bennett, *Konstanze und Sophie* (Munique, Piper, 1932), tradução de *The Old Wives' Tale* (1908). A resenha de Benjamin sobre esse romance foi publicada no *Frankfurter Zeitung* em 22 de maio de 1933.

[224] Carta a G. Scholem em 23 de maio de 1933. *Idem, ibidem*, p. 186 [ed. bras.: *idem, ibidem*, p. 80].

[225] Carta de G. Scholem em 29 de junho de 1933. *Idem, ibidem*, p. 231 [ed. bras.: *idem, ibidem*, p. 95].

comunicava a Scholem, em 23 de maio, seu desejo de poder retomar o quanto antes possível "o tema do romance".[226] Em outra carta, enviada em 25 de junho a Max Rychner, chefe de redação do *Kölnischen Zeitung*, ele faz referência a um novo artigo sobre o mesmo tema, "Romancier und Erzähler" ("Romancista e narrador"), outro projeto como muitos outros que anteciparam aquele que encontraria uma forma definitiva em Paris, em 1936: "O narrador", ensaio a que já nos referimos em capítulos anteriores, especialmente no segundo.[227]

Em San Antonio, durante aquele verão de 1933, ele também leu Georges Simenon, "um esplêndido e observador autor de romances policiais"; *A princesa de Clèves*, de Madame de Lafayette; o último livro do linguista Leo Weisgerber, *Die Stellung der Sprache im Aufbau der Gesamtkultur*; as "galés" de *Os três soldados*, de Bertolt Brecht; e o escritor do século XVIII, Christoph Martin Wieland, "de quem nada sei", mas sobre o qual também escreveu um artigo para o *Frankfurter Zeitung* por ocasião do segundo centenário de seu nascimento. Voltou a ler Trótski, "o segundo volume" de sua autobiografia, e Gracián — ambos os autores se encontravam na pequena biblioteca de Noeggerath e ele já tinha começado a ler durante sua primeira estadia. Leu também, como já vimos, para seu trabalho sobre a literatura francesa, Céline, Thibaudet e Berl. Deste último, pediu a Gretel Karplus, em carta de 30 de abril, que lhe enviasse três livros: *Mort de la morale bourgeoise*, *Mort de la pensée bourgeoise* e *Le Bour-*

---

[226] Carta a G. Scholem de 23 de maio de 1933. *Idem, ibidem*, p. 185 [ed. bras.: *idem, ibidem*, p. 80].

[227] Carta a Max Rychner em 25 de junho de 1933. W. Benjamin, *Cartas de la Época de Ibiza, op. cit.*, p. 215.

geois et l'amour. Esses três livros estavam no apartamento de Benjamin em Berlim, "na última fila da parede da janela".[228]

Em fins de junho, depois de romper com os Noeggerath e já instalado na moradia inacabada, situada na tão sonhada orla deserta do ano anterior, Benjamin começou a se relacionar diariamente com um jovem de Hamburgo chamado Maximilian Verspohl. Eles tinham se conhecido um ano antes em San Antonio, na mesma beirada da baía, pois Verspohl morava em La Casita, mesmo local onde os Selz se instalaram pouco depois para passar o verão de 1932 e da qual ele era o proprietário. É praticamente certo que Benjamin e Verspohl deixaram a ilha no mesmo dia, 17 de julho, e, isso sim com toda certeza, passaram juntos os dois dias seguintes em visita a Palma de Maiorca, embora Benjamin esperasse embarcar rumo a Marselha (para ir a Nice): "A cidade em que estivemos dois dias, o sr. Verspohl e eu, me pareceu ter muitos lugares encantadores".[229] Esta é a única ocasião em que literalmente menciona Verspohl.

Com vinte e dois anos de idade e, ao que parece, com algumas inquietações intelectuais, Maximilian Verspohl pretendia iniciar seus estudos de direito. Não há dúvida de que as conversas entretidas com Benjamin naquela época, assim como a personalidade deste, devem ter lhe causado impressão especial. No verão de 1933, Verspohl voltou a San Antonio, então acompanhado de alguns amigos de Hamburgo. A moradia inacabada na

---

[228] Carta a G. Karplus em 30 de abril de 1933. W. Benjamin, *Cartas de la Época de Ibiza, op. cit.*, p. 163.

[229] Carta a Jean Selz, enviada de Poveromo em 21 de setembro de 1932. Ver "Carteggio W. Benjamin e J. Selz 1932-1934", *op. cit.*, p. 50; e W. Benjamin, *Cartas de la Época de Ibiza, op. cit.*, p. 94.

qual Benjamin se instalou em fins de junho — "ainda não tem cozinha e tampouco existe uma pia"[230] — ficava ao lado de La Casita, e muito perto dela tinham começado a construir algumas pequenas casas de veraneio.

Durante os dois meses que Benjamin passou no local, costumava ir comer "em La Casita, na qual, com alguns hóspedes, vive o jovem tão simpático que é, ao mesmo tempo, seu proprietário e meu secretário em tempo parcial".[231] Em muitos dias, com eles também ia passear de barco: percorriam o litoral mais próximo da ilha, comiam em alguma pequena enseada e voltavam ao entardecer. Com o mesmo barco, aproximavam-se da ilhota de Conejera, "a ilha onde nasceu Aníbal" — conforme rezava a lenda —, cujo farol iluminava a volta até a baía de San Antonio.

Considerando as condições materiais mínimas com que Benjamin sobrevivia naqueles dias, a revelação de que tinha um "secretário em tempo parcial" podia muito bem parecer uma piada. Mas fato é que Benjamin teve mesmo um assistente em San Antonio, e este era ninguém menos do que o jovem Maximilian Verspohl, que dispunha de uma máquina de escrever. Seu trabalho consistia principalmente em copiar os escritos de Benjamin, de modo que tudo o que este enviava para fora da ilha — seus artigos para revistas literárias da Alemanha e outros escritos não destinados à publicação que sempre enviava a Scholem[232] — passava primeiro pelas mãos de Verspohl. A princípio,

---

[230] Carta a G. Karplus em 8/10 de julho de 1933. W. Benjamin, *Cartas de la Época de Ibiza*, op. cit., p. 234.

[231] Carta a G. Karplus por volta de 25 de junho de 1933. *Idem, ibidem*, p. 222.

[232] Durante aquela época, Scholem se tornou depositário de todos os escri-

tudo isso poderia parecer algo bastante inocente, um jovem admirador ajudando um escritor nas tarefas menos agradáveis, não fosse pelo fato de que, naqueles mesmos meses e naquela mesma ilha, ninguém sabia quase nada sobre ninguém e, portanto, não parecia muito recomendável confiar demais nos vizinhos.[233]

Ainda que pouco se saiba das atividades de Maximilian Verspohl no período, as três cartas hoje conservadas que enviou da Alemanha a Benjamin revelam alguns dados curiosos e surpreendentes, pois pela primeira delas, de 16 de novembro de 1933, quando Benjamin já se encontrava em Paris, se sabe que aquele "jovem tão simpático" acabava de ser nomeado Chefe de Seção das SS em Hamburgo. Verspohl comunica esta notícia a Benjamin com a maior naturalidade, do mesmo modo que também diz ter encontrado trabalho numa empresa importadora de alimentos, que mantém entretanto seu projeto de estudar direito e que tem pensando em assistir uma conferência de Raul Hausmann, a quem espera assim conhecer pessoalmente.[234]

---

tos de Benjamin, de modo que este, junto de suas várias cartas, normalmente enviava uma cópia de cada um dos textos que escrevia. Depois da morte de Benjamin, Scholem se tornou também executor testamentário de sua obra.

[233] Certo é que Verspohl já havia servido como "secretário" na primeira estadia de Benjamin, poucos dias após conhecê-lo, segundo se deduz de uma carta a Gershom Scholem em 10 de maio de 1932, na qual escreve que "a partir de amanhã será diferente, pois vou utilizar um secretário para algumas coisas jornalísticas". W. Benjamin, *Cartas de la Época de Ibiza*, *op. cit.*, p. 47. [N. da E.: essa carta não consta da *Correspondência, 1933-1940* entre Scholem e Benjamin, cuja carta inicial é de 25 de junho de 1932.]

[234] Conservaram-se três cartas de Verspohl a Benjamin, de fins de 1933 a princípios de 1934, as quais não foram publicadas e não podem sê-lo até este momento. Não se conservaram, entretanto, as de Benjamin a Verspohl, nem qualquer tipo de documento: desapareceram durante a Segunda Guerra, segundo nos in-

Apesar de receber uma notícia como aquela, Benjamin continuou trocando cartas com ele pelo menos durante alguns meses e isso se explica sobretudo por dois motivos. Primeiro porque o jovem "secretário", segundo se deduz das cartas, o havia ajudado e continuava economicamente ajudando-o — a carta começa com uma desculpa por ter demorado em enviar o dinheiro que lhe havia prometido. Segundo porque o filósofo, conforme se deduz também das mesmas cartas, lhe havia confiado alguns textos em Ibiza e agora precisava recuperá-los.

O episódio a que acabamos de fazer referência demonstra duas coisas importantes. Em primeiro lugar, que ninguém estava completamente a salvo de lidar com nazistas, conscientemente ou não, talvez até sendo vigiado por eles. Em segundo lugar, o episódio demonstra também que Benjamin era um alvo facílimo. Ainda que na época assinasse seus textos com pseudônimos, todos em Ibiza sabiam que ele escrevia artigos para a imprensa alemã e, obviamente, ele nunca achou necessário esconder sua condição de escritor, oferecendo todo tipo de detalhes — publicações, projetos etc. — a qualquer um que lhe perguntasse a respeito. Tampouco ocultava suas convicções marxistas. E quanto à sua condição de judeu, o próprio nome não deixava muito espaço para dúvidas.

Benjamin certamente achava que Ibiza estava longe demais da Alemanha para precisar se preocupar com esses assuntos. No entanto, assim que chegou à ilha, percebeu com clareza que o

---

formou Helga Verspohl, que se casou com Maximilian Verspohl em 1957. Agradeço ao escritor e tradutor Ibon Zubiaur pelas suas gestões junto ao arquivo Walter Benjamin em Berlim, que me permitiram conhecer o conteúdo dessas três cartas.

ambiente de San Antonio tinha mudado em relação ao ano anterior e em suas cartas com frequência lamenta-se por isso. Até que ponto ele não percebeu que deixar seus escritos e correspondências nas mãos daquele jovem alemão, sobre o qual nada sabia, podia ser uma imprudência? Sem dúvida esse episódio — tivesse por fim o significado que fosse — explica muitas coisas de seu caráter, mas também de sua desesperadora situação.

Benjamin só via vantagens nessa relação. Comia quase todos os dias na casa de Verspohl, provavelmente de graça e acompanhado dele e de seus amigos. Também não pagava nada pelos trabalhos que Verspohl desempenhou como "secretário". É certo que ele não podia ignorar em hipótese alguma os rumores que corriam na ilha acerca da presença não só de indivíduos suspeitos, mas também de nazistas declarados: ele mesmo conta em uma carta a Alfred Kurella.[235] E, de fato, fica difícil pensar que Verspohl não era já um nazista naquele verão de 1933, quando dois meses depois iria se converter em membro das SS. Seguramente, Benjamin sabia disso e o tolerava: sua situação econômica não lhe permitia agir de outra maneira.

Em meados de julho, quando Benjamin já estava compartilhando a mesa, as conversas, as excursões e a correspondência com Verspohl e seus amigos, apareceu um longo e interessante artigo no *Diario de Ibiza* que demonstra como pairavam no ambiente muitas e inquietantes suspeitas. Publicado sem assinatura, o artigo levava o título: "Uma ampla conjuração contra o regime republicano. Conspiradores e espiões na ilha de Maiorca". No mesmo artigo, sob a epígrafe "Milícias de Hitler?", pode-se ler o seguinte:

---

[235] Carta a Alfred Kurella em 2 de junho de 1933. W. Benjamin, *Cartas de la Época de Ibiza, op. cit.*, p. 198.

Há alguns meses ou algumas semanas reside na ilha de Maiorca uma quantidade extraordinária de jovens alemães. Nenhum desses rapazes tem mais de vinte e cinco anos de idade e vivem em pequenos hotéis ou apartamentos, sem proprietária nem empregada, em regime típico de quartéis. Eles mesmos fazem as compras, cozinham, se lavam e cuidam da limpeza da casa... A ocupação desses rapazes? Nada que lhes sirva para ganhar a vida. Dedicam todas as suas horas a exercícios físicos coletivos, excursões a pé pela ilha, estudos sobre o país onde vivem e particularmente sobre a costa... São muitos os jovens alemães que hoje vivem dessa maneira na ilha de Maiorca. Muitos. Tantos que um maiorquino que acaba de chegar da terra deles estima que cheguem à considerável cifra de seis mil... O que aconteceria, disse esse mesmo maiorquino, se um belo dia, no caso de uma conflagração bélica, esses rapazes saíssem pelas ruas e campos da ilha perfeitamente armados?[236]

Assim como Benjamin ignorava ou preferia ignorar que seu jovem assistente tinha sólidas ideias nazistas e que, talvez, desempenhava na ilha um papel menos inocente do que aparentava, Paul Gauguin desconhecia que o francês Raoul Alexandre Villain, seu vizinho no povoado de San Vicente, tinha assassinado o político socialista Jean Jaurès em 1914 e que, depois de escapar de seu país, continuava sua fuga mundo afora em 1933. Tendo passado algumas semanas na cidade de Ibiza e, obviamente, também participado de algumas reuniões na casa de Jean Selz, Villain decidiu ficar morando na ilha, ainda que no po-

---

[236] *Diario de Ibiza*, 17 de julho de 1933.

voado mais afastado da capital, dificilmente acessível pelos escassos caminhos em meio às montanhas e onde era sabido que havia apenas um estrangeiro, o neto do famoso pintor.

Em que pesem as diferenças que podiam existir entre eles, logo começaram a se relacionar. No fim das contas, eram os únicos estrangeiros daquele povoado. Frequentemente saíam juntos para pescar e caçar, às vezes acompanhados de alguns jovens locais. Costumavam também fazer longos passeios pelo interior da ilha. Muitas vezes, esses passeios os levavam até San Antonio, onde pernoitavam para voltar no dia seguinte, não sem antes tomar uns bons copos de rum, "o mais refinado que pode se encontrar nesta ilha",[237] diz Benjamin, principalmente na casa dos Noeggerath.

Quase todos os estrangeiros que se encontravam na ilha em 1933 tinham alguma característica especial, mais ou menos extravagante, que os locais não tardavam a tornar caricatural, mas parece que a única coisa que se pode dizer de Raoul Alexandre Villain é que estava completamente louco. Ele jurava ter visões religiosas constantes, e sua admiração por Joana D'Arc, sobre quem costumava fazer discursos para os camponeses em toda oportunidade que tinha, levou-o a comprar um terreno com a finalidade de construir um santuário para homenageá-la. Quando desistiu desse projeto, começou outro: a construção de sua própria casa a poucos metros do mar, na enseada de San Vicente, muito perto do povoado de mesmo nome. Além do próprio Villain, participaram da construção da casa um jovem camponês do povoado e o mesmíssimo Paul Gauguin. Trabalharam nisso por cerca de um ano e nunca chegaram a terminar o projeto, pois Villain arrumou outra casa para si e logo foi morar nela.

---

[237] Carta a G. Karplus em 20 de abril de 1933. W. Benjamin, *Cartas de la Época de Ibiza*, op. cit.

A arquitetura tradicional ibicenca, que tanto interesse despertava naquela época, começou lhe servindo de modelo, mas por fim a casa foi adotando outros estilos indefinidos, para perplexidade dos vizinhos que sempre encararam o projeto como mais uma loucura daquele sujeito. Entretanto, ele não pôde desfrutar dela por muito tempo. Em setembro de 1936, apenas dois meses depois do início da Guerra Civil espanhola, ele voltou a ser o único estrangeiro do povoado — Gauguin tinha deixado a ilha alguns meses antes — e recebeu uma fatídica visita em sua nova casa junto ao mar. Depois de ter passado os últimos vinte e dois anos de sua vida em fuga, Raoul Alexandre Villain foi finalmente encontrado em seu refúgio na ilha. Uma única bala entrou por sua omoplata e saiu pela garganta, deixando-o agonizante sobre as pedras da praia.[238]

Quase todos os viajantes daquela época se mostravam convencidos de que Ibiza possuía uma força especial, um magnetismo inexplicável, como uma corrente quase sobrenatural que possibilitava encontros e desencontros, descobertas inauditas e presenças estranhas. Segundo eles, isso explicava também que os camponeses da ilha fossem tão supersticiosos. A vida e a morte, o amor e a violência pareciam estar intimamente associados aos elementos naturais, de modo que o simples voo de uma coruja ou a aparição de um determinado corpo celeste podiam acabar sendo decisivos. O céu aberto e profundo das noites estreladas ou de lua cheia ofereciam a possibilidade de esquadrinhar as in-

---

[238] A casa de Villain ainda continua de pé, e pelo menos dois romances foram escritos sobre ele: *La Cala*, de Ramón Nieto (Madri, A.U.L.A, 1963), que ganhou o Prêmio Sésamo de narrativa, e *El Francés de la Cala*, de José V. Serradilla Muñoz (Cáceres, División Editorial, 1998).

sondáveis manifestações de uma natureza que os visitantes tomavam não só por bela, mas também por secreta e enigmática, quase uma exclusividade para iniciados.

Durante sua estadia na ilha no ano anterior, Benjamin escreveu um texto chamado "Sobre astrologia".[239] Como outros de seus escritos sobre os quais falamos aqui, este lembra também o efeito da lua insular sobre os indivíduos, embora nesse caso sirva principalmente para nos introduzir em um tema que será desenvolvido mais tarde, durante o verão de sua segunda estadia: as faculdades miméticas, como aponta o trecho a seguir.

> É preciso levar em conta que, a princípio, os acontecimentos do céu possam ser imitados por aqueles que viveram em épocas anteriores, sejam eles grupos ou indivíduos. Tal imitação deve ser considerada como a única instância que conferiu um caráter experimental à astrologia. Sua sombra ainda paira sobre o homem atual nas enluaradas noites meridionais, quando sente em sua existência a presença de forças miméticas extintas.

Um ano depois de escrever "Sobre astrologia", Benjamin voltou a recuperar em Ibiza o tema das "forças miméticas extintas" meramente aludido no texto. E o fez escrevendo um ensaio curto chamado "Sobre a faculdade mimética".[240] Para ele, a fa-

---

[239] Ver nota 82 do capítulo III, "Don Rosello e a utopia insular".

[240] "Sobre la facultad mimética", em Walter Benjamin, *Angelus Novus* (Barcelona, Edhasa, 1971) Esse texto não foi publicado pelo autor em vida. No começo daquele mesmo ano de 1933, Benjamin escreveu uma primeira versão expandida, "La enseñanza de lo semejante", em Walter Benjamin, *Para una Crítica de la Violencia y Otros Ensayos* (Madri, Taurus, 1991) [ed. bras.: "A doutrina das se-

culdade humana de produzir semelhanças "tem uma história", isto é, também foi se transformando com o tempo. Nas comunidades humanas que ainda apresentam modos arcaicos é fácil apreciar características dessa faculdade, algo bastante claro nas danças, por exemplo. O que Benjamin questiona é se "a debilitação da faculdade" se deve a uma transformação ou à sua decadência, posto que uma coisa é óbvia: "Que o mundo perceptivo do homem não contém mais do que restos escassos daquelas correspondências e analogias que eram familiares aos povos antigos". O trecho a seguir de "Sobre a faculdade mimética", que começa claramente da mesma maneira que o trecho anterior de "Sobre astrologia", explica qual era a função dessa faculdade e sua relação com a astrologia em "tempos mais antigos":

> É preciso levar em conta o fato de que, em tempos mais antigos, deviam constar entre os processos imitáveis também os de ordem celestial. Nas danças e em outras operações culturais seria possível produzir uma imitação e utilizar uma semelhança dessa índole. E se o gênio mimético era verdadeiramente uma força determinante na vida dos antigos, não é difícil imaginar que o recém-nascido fosse considerado dotado de plena possessão dessa faculdade e,

---

melhanças", em W. Benjamin, *Obras escolhidas I. Magia e técnica, arte e política*, trad. Sergio Paulo Rouanet, São Paulo, Brasiliense, 1987, 3ª ed.]. Ambas as versões supõem uma mudança importante em sua concepção da linguagem expressa em outro ensaio seu de 1916, "Sobre el linguaje en general y sobre el linguaje de los humanos", em W. Benjamin, *Para una Crítica de la Violencia y Otros Ensayos*, *op. cit.* [ed. bras.: "Sobre a linguagem em geral e sobre a linguagem humana", em Walter Benjamin, *Escritos sobre mito e linguagem*, São Paulo, Editora 34, 2011]. Benjamin se refere à redação de "Sobre a faculdade mimética" em cartas enviadas de Ibiza a Gretel Karplus (em 25 de junho) e Scholem (29 de junho).

em particular, do estado de perfeita adequação à atual configuração do cosmos.

O recurso à astrologia pode proporcionar uma primeira indicação em relação à qual é necessário lidar com o conceito de semelhança imaterial. É verdade que não existe mais, em nossa sociedade, aquilo que, em determinada época, permitia falar dessa semelhança e, sobretudo, evocá-la. Contudo, nós também possuímos um cânone que pode nos ajudar a esclarecer, pelo menos em parte, o conceito de semelhança imaterial. E esse cânone é a língua.

Através da astrologia, das enluaradas noites meridionais e das danças primitivas — como as de origem desconhecida que ele pôde presenciar em Ibiza —, Benjamin finalmente recupera um velho tema que lhe é bastante caro: o da natureza da linguagem. Porque "a língua é o estado supremo do comportamento mimético e o mais perfeito arquivo de semelhanças imateriais". Se toda língua é onomatopaica e não um sistema de signos, seria necessário indagar as relações existentes entre as palavras e as coisas, principalmente através da escrita. Nesse ponto, Benjamin recorre à ajuda da grafologia, disciplina que conhece bem, pois "ensinou a descobrir nos escritos imagens que escondem o inconsciente daquele que escreve". Seria possível dizer, portanto, que cada nome encerra em si próprio um grande enigma, desde o momento em que sua semelhança imaterial foi esquecida.

Parece também que Benjamin gostava de experimentar suas teorias em conversas com os amigos. Mais uma vez em "Walter Benjamin em Ibiza", Jean Selz nos informa sobre esse costume que, em geral, conseguia somente despertar a perplexidade de seus interlocutores. A respeito do mimetismo e da linguagem, eram recorrentes os jogos de palavras entre Selz e Benjamin, motivados também pela atividade que exerciam como tradutores. Selz conta em seu artigo: "Um dia ele me expôs uma teoria curiosa, segundo a qual todas as palavras, independente da língua em são escritas, se pareceriam, no grafismo da escritura, com aquilo que designam". Inclusive, como vimos, algumas das reflexões compartilhadas pelos dois sob efeito de ópio, durante a fatídica sessão de 26 de maio, não eram nada alheias ao tema da faculdade mimética da linguagem. A droga possibilitava também que penetrassem de maneira mais ampla e sutil no mundo das palavras.

Aqueles que conheceram Paul Gauguin em Ibiza — entre os quais as pintoras Olga Sacharoff e Soledad Martínez — ainda se lembram dele como um jovem tímido e amável, silencioso e atento.[241] Um solitário a mais entre os muitos que tinham recorrido à ilha naqueles anos em busca de paz e de uma paisagem esplêndida. Lá ele passou cerca de dois anos — com interrupções para viajar a Barcelona e a Maiorca sobretudo —, quase sempre no pequeno e quase inacessível povoado de San Vicente e, levando em conta sua extraordinária discrição e a desconfiança que aparentemente sentia pelos outros estrangeiros, fato é que acabou ajudando um louco fugitivo a construir sua casa e passou a fazer parte, também sem suspeitar e de maneira muito especial,

---

[241] Além dos testemunhos orais recolhidos em San Vicente enquanto este livro era escrito, existe o testemunho literário de seu amigo Leif Borthen, que anos depois escreveu *Veien Til San Vicente* (Oslo, H. Aschehoug & Co., 1967). Do mesmo modo, a pintora barcelonesa Soledad Martínez também se referiu ao jovem Gauguin, que conheceu em Barcelona. Com ele e Willy Roempler, Olga Sacharoff e Otho Lloyd, passou temporadas de verão dedicadas à pinturas de paisagens em Maiorca e Ibiza durante os anos 1930. Ver *La Pintora Soledad Martínez* (Valência, Artes Gráficas Soler 1990).

do rol de conhecidos de Walter Benjamin em Ibiza. A paisagem "secreta e misteriosa" da ilha incluía possibilidades como essa.

A agradável impressão que o jovem Gauguin causou em Benjamin ficou registrada, primeiramente, na carta a Gretel Karplus, como vimos. Mas também, pouco depois, em dois novos relatos que muito provavelmente foram escritos nos últimos meses de sua segunda e definitiva estadia em San Antonio: "Conversa assistindo ao corso (Ecos do carnaval de Nice)" e "A mão de ouro (Uma conversa sobre o jogo)".[242]

O protagonista desses relatos é um "artista dinamarquês", personagem curioso e atraente inspirado em Paul Gauguin inclusive no aspecto físico, pois ele "era um indivíduo baixo, magro mas bem parecido, de cabelo encaracolado com matizes ruivos". Benjamin não dá nome a esse personagem em nenhum dos relatos, sempre se referindo a ele como "o dinamarquês". No entanto, em "Conversa assistindo ao corso (Ecos do carnaval de Nice)", vai um pouco além em sua descrição e faz um retrato despojado no qual parece aludir não só àquele Paul Gauguin que conheceu em Ibiza, com quem compartilhou longos passeios

---

[242] Em W. Benjamin, *Historias y Relatos, op. cit.* [ed. bras.: W. Benjamin, *A arte de contar histórias, op. cit.*, pp. 225 e 237]. O primeiro deles, "Conversa assistindo ao corso", foi publicado pela primeira vez no *Frankfurter Zeitung* em 24 de março de 1935. O segundo, "A mão de ouro", não foi publicado em vida. No dorso da segunda folha manuscrita deste último relato é possível ler o início de uma carta de Benjamin à baronesa de Goldschmidt-Rothschild, com quem manteve relação epistolar em agosto de 1933 por motivos que são descritos no próximo capítulo. Essa circunstância fez com que os editores da obra de Benjamin considerassem a possibilidade de que ambos os relatos, que contêm os mesmos personagens, tenham sido escritos em Ibiza. Essa hipótese ganha ainda mais força se levarmos em conta que um dos personagens mais importantes desses relatos era inspirado em Paul Gauguin, que Benjamin acabara de conhecer na ilha.

pelas paisagens desnudas e secretas da ilha e que parecia lutar contra a influência das pinturas de seu avô, mas também a outros resolutos amantes das ilhas com os quais se deparou naquele mesmo lugar e época. Por fim, de acordo com Benjamin, pertencia "a essa espécie de pessoas que passa a maior parte da sua vida em ilhas e acaba por nunca se sentir bem no continente".

O porto de Ibiza em fotografia de Joaquim Gomis.

VIII

Blaupot e o amor angelical

No fim de julho, em uma daquelas breves visitas que Walter Benjamin costumava fazer aos Selz na capital da ilha, sobretudo com a finalidade de avançar na tradução de *Infância em Berlim por volta de 1900*, aconteceu algo aparentemente sem importância, mas que seria determinante para o futuro de sua relação com Jean Selz e, por conseguinte, para o futuro da versão francesa de seu novo livro. Selz descreveu o ocorrido com abundância de detalhes em seu artigo "Walter Benjamin en Ibiza", escrito vinte anos depois, mas ainda sem chegar a entender por que um "gênio mau" intervira daquela maneira entre ele e Benjamin para despertar a inimizade entre ambos. O episódio aconteceu no Migjorn, o bar de Guy Selz, irmão de Jean, situado no porto de Ibiza, para onde Benjamin gostava de ir sempre que estava na capital por ficar próximo dos barcos que chegavam de Maiorca e da península, com um ambiente mais descontraído do que era possível encontrar em San Antonio naquela época.

Pelo visto, Benjamin sempre se comportava com "grande sobriedade", mas, como conta Selz,

> [...] naquela noite, seu humor excepcionalmente caprichoso fez com que pedisse a Toni, o barman, que lhe preparasse um *cóctel negro*. Sem pestanejar, Toni começou a prepa-

rar e serviu a ele em um grande copo a tal bebida negra, cuja composição inquietante sempre ignorei. Benjamin tomou a bebida com muito sangue frio. Pouco depois apareceu uma polaca a quem chamarei aqui de Maria Z. Ela se juntou a nós e perguntou se já tínhamos experimentado a famosa genebra do Migjorn. A popular genebra tinha uma graduação alcoólica de 74%. Eu nunca tinha conseguido tomá-la, era uma bebida infernal. Maria Z. pediu duas taças que entornou na hora, com perfeita maestria, uma depois da outra, e nos desafiou a fazer o mesmo. Eu recusei o convite. Benjamin, entretanto, aceitou o desafio, pediu duas taças e fez o mesmo, tomando uma depois da outra. Seu rosto continuou impassível, mas logo vi que ele se levantou e foi lentamente até a porta. Ele mal tinha saído quando despencou na calçada.

O que a princípio não passava de uma bebedeira, provocada pela aceitação de um desafio que colocou Benjamin em situação de ridículo, resultou rapidamente em uma série de acontecimentos que só podem ser considerados como inoportunos. Selz prossegue:

> Ele queria voltar para casa em San Antonio, a pé. Mas seus passos oscilantes me obrigaram a lembrar-lhe que San Antonio ficava a mais de quinze quilômetros de Ibiza. Sugeri, então, que fosse para a minha casa, onde havia um quarto disponível. Ele aceitou e tomamos o rumo da cidade alta. Não demorei a me dar conta da temeridade de tal empreitada. Até aquela noite, a cidade alta nunca me parecera tão alta. Não vou contar como conseguimos subir; como me exigiu, às vezes, caminhar uns três metros na frente dele e, em outras, três metros atrás; como consegui-

Retrato de Walter Benjamin por Jean Selz, Ibiza, 1933.

mos subir algumas ruas tão íngremes que até deixavam de ser ruas para se tornarem verdadeiras escadas; e como no pé de uma dessas escadas ele se sentou em um degrau e ali dormiu profundamente... Quando chegamos à calle de la Conquista, a alvorada começava a despontar, aquela aurora esverdeada de Ibiza, que parece que não vem do céu, mas sim do fundo dos velhos muros das casas, cuja brancura de repente desperta com um tom pálido. A expedição tinha durado a noite toda. Devia ser quase meio-dia quando acordei e fui ao quarto de Benjamin para saber como ele estava. Mas o quarto estava vazio! Benjamin havia desaparecido. Encontrei sobre a mesa apenas algumas poucas palavras de agradecimento e desculpas.[243]

A reação de Benjamin depois desse episódio peculiar consistiu em se recolher em seu "esconderijo" em San Antonio. Parece que ele ficou envergonhado por ter perdido a compostura que lhe era típica e não voltou mais ao Migjorn, pois acreditava ter comprometido sua imagem diante dos clientes do bar. Devia sentir o mesmo em relação a Jean Selz. Até então, os "entretenimentos" compartilhados, normalmente envolvendo haxixe e excepcionalmente também ópio, sempre tinham acontecido sob o rigor da análise da consciência como desculpa intelectual. Agora, era apenas uma vulgar bebedeira, ridícula por causa da maneira como tinha começado. O caminho entre o porto e a casa na calle de la Conquista, certamente duro e difícil naquelas condições, também não ajudou muito. Selz descreve a cena com tanto respeito que quase consegue escamotear seu inquestionável

---

[243] "Walter Benjamin en Ibiza", em Jean Selz, *Viaje a las Islas Pitiusas*, Ibiza, TEHP, 2000, p. 39.

caráter cômico. Fato é que todo esse assunto deu cabo das expectativas de uma tradução francesa completa de *Infância em Berlim* e também da relação de amizade entre autor e tradutor.

No entanto, a relação deles não terminou tão abruptamente assim. Depois do acontecido, continuaram se frequentando, mesmo que com frequência cada vez menor. O relato de Selz continua: "Ele não perdoava a si mesmo por ter se colocado em uma situação que considerava humilhante e, o que é mais peculiar, parecia também me repreender por isso". Aos pedidos de Selz para que voltasse a visitá-lo em Ibiza para que pudessem dar continuidade ao trabalho de tradução, Benjamin usou como desculpa o calor sufocante e as ruas sinuosas e íngremes da cidade velha.[244] Contudo, ainda chegaram a se encontrar em várias ocasiões, tanto em San Antonio quanto em Ibiza, embora "a natureza de seu caráter não tenha se atenuado e a causticidade de seu gênio ficasse cada vez mais pungente, algo que todos ao nosso redor também deviam perceber", arremata Selz.

Tendo rompido relações com Felix Noeggerath e mantendo alquebrados laços com Jean Selz, é possível dizer que Benjamin começava a se despedir da ilha. Poucos meses antes, ele tinha recorrido justamente a esses dois amigos quando tomou a decisão de deixar a Alemanha. Agora, no entanto, "ficaria horrorizado com a perspectiva de passar um inverno em Ibiza", como escreve a Scholem em 31 de julho, talvez lembrando-se do título do romance de George Sand, *Um inverno em Maiorca*, ou talvez não só por isso. Assim, Benjamin começou a planejar seriamente sua ida a Paris, ao mesmo tempo em que recebeu "uma carta, oferecendo-me alojamento gratuito numa casa que a ba-

---

[244] Carta a Jean Selz no início de agosto de 1933. "Carteggio W. Benjamin e J. Selz (1932-1934)", *Aut Aut*, nº 189-190, maio/agosto de 1982, p. 53.

ronesa de Goldschmidt-Rothschild colocou à disposição de intelectuais judeus desterrados".[245] Apesar disso, tampouco descartou a possibilidade de ir a Jerusalém juntar-se a Scholem, por mais que essa ideia parecesse ter esfriado há bastante tempo, pelo menos da parte de Scholem.[246] De todo modo, Benjamin se dispunha a viver uma nova experiência na ilha sob essas condições: uma inesperada mas intensa história de amor. Provavelmente, o último caso amoroso de sua vida.

Anne Marie Blaupot ten Cate, nascida na Holanda e à época chamada de Toet ten Cate, era pintora e tinha trinta anos quando chegou a Ibiza no verão de 1933, atraída, como muitas outras pessoas, pelo mito incipiente da ilha, que era orientado decisivamente pela liberdade individual, a natureza privilegiada

---

[245] Carta a Gershom Scholem de 31 de julho de 1933. Walter Benjamin, *Cartas de la Época de Ibiza*, Valência, Pre-Textos, 2008, p. 245 [ed. bras.: Walter Benjamin/Gershom Scholem, *Correspondência, 1933-1940*, trad. Neusa Soliz, São Paulo, Perspectiva, 1993, p. 103].

[246] Em Ibiza, Benjamin retomou a questão de uma possível viagem à Palestina, algo que ele e Scholem tinham tratado anos antes. Em maio de 1933, diante das perspectivas obscuras que se apresentavam a Benjamin na condição de exilado, Scholem torna a lhe sugerir essa ideia (carta de 23 de maio). Mais uma vez, Benjamin parece se iludir com esse projeto ou, pelo menos, aceita-o como uma possibilidade real (carta de 16 de junho). Não era apenas uma simples viagem, mas sim um plano de lá se instalar definitivamente. No entanto, Scholem parece voltar atrás no convite (carta de 26 de julho), listando uma série de inconvenientes, em especial o fato de que "aqui só é possível viver para aquele que se sente totalmente ligado ao país e à causa judaica". Essa mudança de comportamento, bem como os novos argumentos trazidos por Scholem, causaram incômodo a Benjamin, como se pode deduzir de sua resposta (carta de 1º de setembro). *Idem, ibidem*.

Retrato da artista holandesa Anne Marie Blaupot ten Cate.

Walter Benjamin e Anne Marie Blaupot ten Cate no porto de Ibiza, em 1932.

e o mundo boêmio dos pintores e escritores.[247] Em maio daquele mesmo ano, tinha estado em Berlim, acompanhada do escritor alemão de origem judaica Ado van Achenbach, junto de quem acompanhou o triste episódio da queima de livros. Depois de deixar a Alemanha às pressas, passou pela Itália com esse mesmo escritor e depois, já sozinha, pelo sul da França. Não muito depois, em julho, decidiu viajar para Ibiza.

Em San Antonio, muito perto de La Casita e da moradia inacabada onde Benjamin estava se hospedando, havia outra pequena casa ocupada por um casal de holandeses, ao qual Benjamin se refere em um de seus sonhos anotados naquela época.[248] Toet ten Cate deve ter passado por ali como convidada, talvez para ficar alguns dias ou fazendo visitas ocasionais. Foi "atrás" de La Casita, como ela própria se lembra em carta enviada a Benjamin um ano depois, onde aconteceu "nossa primeira conversa".[249] Talvez tenham se conhecido na própria La Casita, um ambiente habitado por jovens "simpáticos" naquele verão e que costumava ser frequentado por outros estrangeiros da ilha, ou então no lar do casal holandês de quem ela era convidada. Aquela "primeira conversa" pode inclusive ter acontecido na casa ina-

---

[247] Para tudo o que diz respeito a Blaupot ten Cate e sua relação amorosa com Benjamin: Wil van Gerwen, "Angela Nova. Biografische achtergronden bij *Agesilaus Santander*", em *Benjamin Journaal 5*, 1997.

[248] Trata-se do primeiro dos dois textos de título "Un sueño", da série "Imágenes que piensan", em Walter Benjamin, *Imágenes que piensan* (Madri, Abada, 2012) [ed. bras.: "Sonho", em Walter Benjamin, *Obras escolhidas II. Rua de mão única*, trad. Rubens Rodrigues Torres Filho e José Carlos Martins Barbosa, São Paulo, Brasiliense, 1987, pp. 268-9].

[249] W. van Gerwen, "Angela Nova. Biografische achtergronden bij *Agesilaus Santander*", *op. cit.*

cabada de Benjamin. Fato é que ele não tardou a se apaixonar por aquela mulher de aspecto tão independente e fora do convencional. Tampouco demorou para comprovar que, felizmente, seu amor era correspondido.

Uma carta que Toet ten Cate enviou a Benjamin em meados do mês de junho de 1934 parece confirmar a reciprocidade da paixão:

> Sua amizade e nossas belas lembranças em comum me alegram. A todo momento tenho vontade de estar com você para conversar tranquilamente, com poucas palavras, e também considero que agora nos trataríamos de maneira diferente do que antes. [...] Você significa muito para mim, muitíssimo mais do que um bom amigo, e você sabe disso. Talvez possa dizer até que você significa mais para mim do que qualquer outro homem que conheci até então.[250]

Principalmente durante o mês de agosto, época em que ele praticamente parou de se corresponder — não enviou nenhuma carta a Scholem e apenas uma a Gretel Karplus — e na qual, depois do ocorrido descrito há pouco, mal encontrou o casal Selz, Benjamin se ocupou quase que exclusivamente dessa relação amorosa. Iam juntos à praia ou ao bosque próximo para ler ou conversar, mesmo local onde ele costumava trabalhar enquanto os pedreiros estavam em sua casa. Não há dúvidas de que Benjamin mostrava seus escritos a ela. Um deles, mais especificamente, "Haxixe em Marselha", que tinha sido publicado em de-

---

[250] *Idem, ibidem.*

zembro de 1932, deve ter desempenhado especial protagonismo, pois Toet ten Cate acabou sendo a primeira tradutora desse ensaio para o francês.[251]

Também faziam longos passeios pelo interior da ilha. Gostavam de ficar sozinhos, claro, e parece que, durante todo aquele mês de agosto, Benjamin conseguiu estudar menos preocupado do que nunca com seus problemas, inclusive seus compromissos literários. Além disso, o pouco que escreveu nesse período tinha a ver com o novo amor. Na mesma carta, Toet ten Cate continua:

> Lembrei-me de aniversários anteriores e, em particular, de meu último aniversário, passado em sua companhia. Lembrei-me do poço da mina de prata e de nosso primeiro local de descanso, onde você me deu esses preciosos presentes e, claro, também da praia, onde me deixei levar pelas ondas por tanto tempo, e do lugar próximo de 'Adelfa'; foi realmente uma experiência muito bela de que nunca me esquecerei.

Um desses objetos preciosos que Benjamin lhe deu por ocasião de seu aniversário, em 13 de agosto, era um breve texto escrito por ele, "Agesilaus Santander", que, desde que foi divulgado por Scholem em 1972, vem despertando uma perplexidade especial.[252]

---

[251] Ver nota 189 do capítulo VI, "Selz e a fumaça dos sonhos".

[252] "Agesilaus Santander", em Walter Benjamin, *Escritos Autobiográficos*, Madri, Alianza, 1996, pp. 243-6. Existem duas versões do mesmo texto. A pri-

Em primeiro lugar, é preciso dizer que "Agesilaus Santander" é, acima de tudo, um presente especial oferecido por Benjamin a Toet ten Cate no dia do aniversário. É fácil supor que não era destinado à publicação. Trata-se de um texto autobiográfico no qual, acima de qualquer outro dado, se destacam a presença da tradição cultural judaica em sua relação pessoal com o mundo e a influência que o destino exerce sobre os encontros amorosos. É como se Benjamin respondesse à pergunta "quem é você realmente?" — questão pertinente naquele verão em Ibiza, como vimos no capítulo anterior — dando como resposta esse texto de caráter íntimo, quase secreto. Mas também pretende ser uma declaração de amor. A autobiografia começa "quando nasci" e termina no encontro com a amada, previsto pelo destino. Para Scholem, "Agesilaus Santander" deve ser interpretado no âmbito da "tradição cultural judaica segundo a qual cada homem tem um anjo pessoal que representa seu eu secreto, mas cujo nome nunca chega a conhecer".[253]

Quando nasci, ocorreu a meus pais a ideia de que talvez eu pudesse virar escritor. Pois que assim seja, pensaram, mas que todas as pessoas não percebam de imediato que sou judeu. Por isso, além do primeiro nome, me deram outros dois, insólitos, que não indicavam que a pessoa designada era judia nem que aqueles eram seus nomes próprios.

---

meira foi escrita em 12 de agosto; a segunda, no dia 13. Não foi conservada uma versão definitiva, aquela que Benjamin deu de presente a Blaupot e que, provavelmente, não devia ser diferente da segunda.

[253] Para os comentários e interpretações de Gershom Scholem, ver "Walter Benjamin und sein Engel", em Siegfried Unseld (org.), *Zur Aktualität Walter Benjamin*, Frankfurt, Suhrkamp, 1972.

Quarenta anos atrás, pais não podiam ter sido mais previdentes. O que eles, à distância, consideraram possível, se cumpriu. Exceto que essas precauções, que pretendiam fazer frente ao destino, deixaram de lado a parte interessada. Pois, em vez de tornar isso público através dos textos que redigia, guardou-os à maneira que fazem os judeus com o nome adicional de seus filhos, que é mantido em segredo. Não o mencionam sequer ao próprio filho até que chegue à puberdade. Isso posto, como a chegada à puberdade pode acontecer mais de uma vez na vida, assim como talvez o nome secreto apenas permaneça igual e invariável para o devoto, quem não o é pode revelar sua mudança de supetão ao chegar novamente à puberdade. Tal é o meu caso. E não por isso deixa de ser o nome que encerra as energias vitais reunidas e estreitamente ligadas, e que deve ser preservado daqueles que não foram escolhidos.

Mas, de maneira alguma, esse nome não representa um enriquecimento para aquele que é nomeado. Pelo contrário: muitas coisas se desprendem de sua imagem quando ele é pronunciado. Perde, antes de tudo, a faculdade de parecer humanoide. No apartamento que eu ocupava em Berlim, aquele, antes de sair do nome antigo rumo à luz, bem armado e munido de armadura, fixou sua imagem na parede: Anjo Novo. A Cabala conta que, a cada instante, Deus cria um sem número de anjos novos e que cada um deles está destinado unicamente a cantar louvores a Deus diante de seu trono por um instante antes de se desfazer no Nada. Como esse anjo, fez-se passar por Novo antes de querer lhe dar nome. Agora temo tê-lo privado de seu hino por um período abusivamente longo. Além do mais, ele me recompensou por isso. Pois aproveitando a circunstância de que vim ao mundo sob o signo de Saturno — a conste-

lação de rotação mais lenta, o planeta dos retornos e atrasos
— sabidamente enviou sua figura feminina para a masculina fazendo o caminho mais longo e funesto, apesar de ambos terem estado muito próximos em algum momento — exceto que não se conheciam mutuamente.

Na realidade, ainda que o texto esteja efetivamente repleto de representações enigmáticas, estas pertencem mais aos segredos pessoais e íntimos dos amantes do que ao esoterismo universal. O próprio título é bastante misterioso, mas provavelmente só é decifrável a partir da cumplicidade e do jogo dos recém-apaixonados. Para Scholem, "Agesilaus Santander" é um anagrama de "Angelus Satanás" e coincidiria com a atmosfera angelológica recriada no texto para representar os amantes. Aparentemente nem a cidade de Santander, onde Benjamin deve ter desembarcado em escala com o navio mercante no qual viajou de Hamburgo a Barcelona, nem o rei espartano Agesilaus, sobre quem nos informam Xenofonte, Plutarco e Cornélio Nepos, contribuem para dar uma explicação aos nomes escolhidos. Pelo menos é isso o que opinam tanto Scholem quanto outros comentaristas posteriores.[254]

Entretanto, não devem ser descartados o caráter meramente lúdico e principalmente íntimo de ambos os nomes, talvez os nomes "secretos" do Benjamin amante, conhecidos apenas por sua amada Toet ten Cate, a "figura feminina" enviada "pelo caminho mais longo e funesto", o caminho dos últimos acontecimentos políticos e sociais na Alemanha. Por outro lado, as *Vidas* do escritor romano Cornélio Nepos eram um dos livros que se

---

[254] Wil van Gerwen, responsável por revelar toda essa história, opina o mesmo. Ver W. van Gerwen, *op. cit.*

encontravam na pequena biblioteca de Felix Noeggerath.[255] Alguns dos livros que Benjamin leu em Ibiza pertenciam a essa biblioteca, como é o caso dos volumes autobiográficos de Trótski, de que falamos anteriormente.

A descrição feita por Cornélio Nepos acerca da casa do rei Agesilaus, tentando destacar as virtudes espartanas do personagem, podem muito bem ter contribuído para a escolha do nome, se levarmos em conta as condições não menos espartanas em que Benjamin vivia na mesma época em que se relacionou com Toet ten Cate. Em *Vidas*, Cornélio Nepos descreve: "Quem entrava nela não podia ver nenhum símbolo de luxo nem de nada que fosse sintomático de prazer: pelo contrário, a maioria das coisas visíveis nela refletiam sua capacidade de sofrimento e austeridade. Era mobiliada de tal modo que em nada podia ser diferenciada da de qualquer cidadão pobre".[256]

A paixão de Benjamin pelos nomes secretos, pelos nomes próprios e, obviamente, também pelos anagramas, algo reavivado na Ibiza daqueles tempos, que favorecia a necessidade de dissimulação e segredo, ficou bem refletida nesse texto, cujo título, "Agesilaus Santander", é sobretudo uma amostra da cumplicidade dos amantes, algo que se faz presente no escrito como um todo e que não permite acesso fácil àquele que vem de fora. As voltas teológicas e cabalísticas feitas por Benjamin — e que Scholem decidiu interpretar a partir de seu profundo conhecimento do assunto — são acima de tudo uma desculpa pa-

---

[255] Junto com outros livros que pertenciam a Noeggerath, esse exemplar da edição francesa das *Vidas* de Cornélio Nepos foi parar na propriedade de Vicente Torres, amigo ibicenco do casal alemão, no verão de 1936.

[256] Cornélio Nepos, "Agesilao", *Vidas*, Barcelona, Planeta, 1996, p. 156.

ra chegar a uma declaração de amor através da paixão pelos nomes e de uma angelologia muito particular, ainda que baseada na tradição judaica. Essa declaração também é um reconhecimento da própria felicidade. O anjo quis recompensar Benjamin por sua paciência, por ter sabido esperar, enviando-lhe sua réplica feminina.

Cada enamoramento significa uma nova "puberdade" e, portanto, também um ato de recuperação. Assim como os judeus recuperam o nome secreto ao atingir a puberdade, o enamorado recupera sua verdadeira identidade, "as energias vitais". Como vimos no capítulo anterior, Benjamin também possuía um nome secreto que lhe fora dado por seus pais ao nascer, mas que não é revelado no texto e que ele nunca chegou a usar. O que é dado a conhecimento é o nome do Benjamin enamorado, Agesilaus Santander, nome que recebe em sua nova "puberdade", no enamoramento, e que não é nada mais que um engenhoso jogo de palavras baseado no nome de uma cidade portuária espanhola que Benjamin comprovadamente conhecia — e sobre a qual talvez tivesse alguma anedota interessante para contar, coisa que desconhecemos — e no nome de um rei espartano que, como nosso protagonista, vivia em uma casa tão austera quanto a de "qualquer cidadão pobre". É claro que nada impede que seja um anagrama para "Angelus Satanás", como Scholem interpretou a seu tempo. Assim, os três protagonistas do texto — ela, ele e o mediador — fariam parte de uma mesma cosmogonia angelical.

O anjo mediador desse encontro amoroso, o "Anjo Novo", é inspirado em um quadro de Paul Klee que Benjamin possuía há alguns anos. Foi com base nesse mesmo quadro que, alguns anos depois da estadia em Ibiza, ele escreveu um dos fragmentos da série "Sobre o conceito da História". A pintura mostra "um anjo que parece querer afastar-se de algo que ele encara fixamente. Seus olhos estão escancarados, sua boca dilatada, suas asas abertas".[257] Inspirado pelo mesmo quadro, Scholem tinha escrito, anos antes, um poema chamado "Saudação do Angelus", que começa da seguinte maneira: "Pendo digno da parede/ sem olhar a ninguém,/ enviado fui do céu/ E cá estou anjo-homem".[258]

Depois de um mês sem lhe escrever, Benjamin envia nova carta a Scholem em 1º de setembro para pedir que enviasse "uma cópia do seu poema sobre o 'Angelus Novus'". O motivo é simplesmente que "conheci aqui uma mulher que é o seu equivalente feminino, e não pretendo privá-la dos lindos versos seus dedicados ao anjo-irmão".[259] Dez dias depois ele volta a escrever para reiterar seu pedido do poema, o qual "será muito apreciado aqui, pois pretendo divulgá-lo junto à única pessoa que — nestes anos desde a aquisição do 'Angelus' — penso incluir nesse pequeno mas íntimo setor da angelologia".[260]

---

[257] Walter Benjamin, "Tesis de filosofía de la historia", em *Discursos Interrumpidos I*, Madri, Taurus, 1989 [ed. bras.: "Sobre o conceito da História", em Walter Benjamin, *Obras escolhidas I. Magia e técnica, arte e política*, trad. Sergio Paulo Rouanet, São Paulo, Brasiliense, 1987, 3ª ed., p. 226].

[258] A versão completa pode ser lida na carta de Gershom Scholem a Walter Benjamin de 19 de setembro de 1933. W. Benjamin/G. Scholem, *Correspondencia 1933-1940*, Madri, Taurus, 1987, p. 95 [ed. bras.: W. Benjamin/G. Scholem, *Correspondência, 1933-1940, op. cit.*, p. 119].

[259] Carta a Gershom Scholem em 1º de setembro de 1933. W. Benjamin, *Cartas de la Época de Ibiza, op. cit.*, p. 269 [ed. bras.: W. Benjamin/G. Scholem, *Correspondência, 1933-1940, op. cit.*, p. 108].

[260] Carta a G. Scholem em 10-12 de setembro de 1933. *Idem, ibidem*, p. 273 [ed. bras.: *idem, ibidem*, p. 114].

Portanto, esse Anjo Novo, emblemática figura do quadro de Klee e que cativou Benjamin desde quando o viu, é também protagonista de "Agesilaus Santander" e da relação entre os dois amantes. Se, anos depois, em "Sobre o conceito da História", essa figura simboliza o "anjo da história", o anjo capaz de ver a "catástrofe sem fim" que vem do passado lançando a seus pés as "ruínas sobre ruínas" que acumulou, agora, durante seu enamoramento, simboliza o "caminho rumo ao futuro" que os amantes devem percorrer, também um caminho "de volta para casa". Porque o Anjo Novo caminha rumo ao futuro de onde veio, inclusive pela mesma trilha, carregando consigo "quem ele elegeu". Dessa maneira, surge a comparação entre as duas figuras angelicais — o Anjo Novo e sua versão feminina, Toet ten Cate —, comparação tecida pelo texto desde o princípio.

> Ele o guarda na retina com força, por muito tempo... Mas logo se retira inexoravelmente agitando suas asas. Por quê? Para segui-lo por esse caminho rumo ao futuro de onde ele veio e que conhece tão bem a ponto de percorrê-lo sem se virar nem desviar a vista daquele que é seu escolhido. Ele busca a felicidade: o enfrentamento em que se encontra o arrebatamento do único, do novo, do que ainda não foi vivido, com aquilo dito da outra vez, do voltar a ter, do vivido. Por isso, o único caminho onde ele pode esperar por algo novo é o caminho de volta para casa, quando leva consigo um novo ser humano. Assim como eu, logo quando a vi pela primeira vez, voltei com você até o lugar de onde tinha vindo.

"Agesilaus Santander" não foi o único texto escrito por Benjamin sobre sua relação amorosa com Toet ten Cate. Naquele mesmo agosto, escreveu dois poemas dedicados igualmente "A Blaupot". No primeiro deles, muito breve, compara a amada com o mar que lhe desperta a cada manhã — a casa onde ele vivia na época ficava em uma pequena praia "a vinte passos" do mar.

> pela manhã, fui despertado pela brisa da tua voz
> tuas palavras eram conchas
> depositadas pelas rochas dos teus lábios
> em cada uma delas topei com o murmúrio
> de um mar ainda não navegado que irrompe
> contra meu ouvido e não mais se chama "alma"

No segundo poema, depois de uma nova descrição comparativa da amada, Benjamin expressa seu reconhecimento da paz conseguida junto a ela. Assim, é representada com maestria a dupla sabedoria amorosa que ela lhe oferece — "puta e sibila" — e diante da qual sua própria vontade se rende em definitivo:

> tua palavra é duradoura como teu corpo
> teu hálito recende a pedra e metal
> teu olhar se desloca até mim feito uma bola
> o silêncio é teu melhor passatempo
>
> como a primeira mulher para o primeiro homem,
> assim chegaste a mim, e que por toda parte
> agora encontre eco em ti minha súplica
> que possui mil línguas e diz: fica
>
> és a desconhecida não convocada
> e vives em mim, no coração de uma paz
> que não retém sonho nem nostalgia

tampouco agem o propósito e a vontade
desde que o primeiro olhar reconheceu em ti
uma senhora dupla, puta e sibila.[261]

Seguramente pode-se dizer que, com esse novo amor e justamente por causa dele, Benjamin pensou em começar uma nova série de textos. Fez anotações em uma folha, traçando um plano de trabalho dedicado a Blaupot e intitulado "História de um amor em três etapas". Entre os títulos que aparecem nesse esboço estão "Agesilaus Santander" e "A luz", acompanhados de outros que provavelmente nunca foram escritos. A série, portanto, não prosperou. Como vimos, "A luz" acabou fazendo parte de uma compilação distinta, as "Histórias da solidão", que não foram publicadas em vida. Dessa forma, todos os textos relacionados a essa história de amor permaneceram inéditos, inclusive os poemas citados anteriormente. É possível que ele não cogitasse publicá-los, dado o caráter intimista.

Em sua correspondência, além das alusões veladas nas cartas enviadas a Scholem em setembro, pedindo que lhe mandasse o poema sobre o Anjo Novo, ele nunca se refere a essa relação. Mas essas mesmas alusões demonstram claramente que, no início de setembro, Toet ten Cate ainda se encontrava na ilha. Nessa mesma época, no entanto, um novo problema se apresentou a Benjamin: uma ferida que tinha lhe aparecido na perna no final de julho, talvez durante o fatídico episódio da bebedeira, ficou seriamente infeccionada, causando a ele fortes dores e febre.

---

[261] Ambos os poemas estão em W. Benjamin, *Escritos Autobiográficos, op. cit.*, pp. 303-4.

Não devia estar exagerando muito quando, em 1º de setembro, descreveu sua situação a Scholem em termos bem dramáticos.

> Quanto a mim, continuo doente, com uma inflamação muito dolorosa na perna. Nem médicos nem sequer remédios se consegue por aqui; pois vivo bem no campo, a trinta minutos de distância da aldeia de San Antonio. Mal podendo levantar-me e caminhar, sem falar quase nada da língua do país e ainda por cima obrigado a trabalhar em condições de vida tão primitivas, não falta muito para a situação ultrapassar o limite do suportável.[262]

Apenas dez dias depois, em carta ao mesmo destinatário, Benjamin insiste na descrição de seu "estado desolador", repetindo quase *ipsis litteris* a carta anterior:

> Estou de cama aqui, no campo, praticamente sem ajuda alguma, sem médico e sem qualquer outra possibilidade a não ser a de dar alguns passos sob fortes dores. Uma triste situação. Em si não é nada grave: várias feridas, pequenas, que se inflamaram seja por causa do calor, seja pela alimentação problemática dos últimos meses, e não há como curá-las.

Seja como for, ao mesmo tempo, diz também:

---

[262] Carta a G. Scholem em 1º de setembro de 1933. W. Benjamin, *Cartas de la Época de Ibiza, op. cit.*, p. 268 [ed. bras.: W. Benjamin/G. Scholem, *Correspondência, 1933-1940, op. cit.*, p. 107].

Como é compreensível, minhas leituras são bastante misturadas neste estado. Por falta de romances policiais que prestem, leio até teologia. Através de um livro francês sobre Lutero, bastante bom, entendi pela quinta ou sexta vez em minha vida, o que é a justificação através da crença. Só que com isso acontece o mesmo que com o cálculo infinitesimal: mal compreendo por algumas horas, e lá desaparece ela de novo, por mais um número infinito de anos.[263]

Parece que, apesar de seu estado, o senso de humor não o abandonou completamente.

A partir de 15 de setembro, a situação piora e Benjamin tem que deixar San Antonio para se instalar em Ibiza e, assim, poder receber tratamento médico. "A questão é que senti uma melhora dois ou três dias depois da minha mudança", escreve a Gretel Karplus em 19 de setembro.[264]

A mudança para a capital da ilha foi definitiva. Benjamin não voltaria mais a San Antonio, alegando que "mais nada me

---

[263] Carta da G. Scholem em 10-12 de setembro de 1933. *Idem, ibidem*, p. 271 [ed. bras.: *idem, ibidem*, pp. 113-4]. Os livros de Simenon que Benjamin leu no início de sua segunda estadia em Ibiza pertenciam a Felix Noeggerath, por isso, quando deixou a casa dele no final de junho, ficou sem eles. Quanto às obras teológicas, segundo Scholem, são *Martin Luther*, de Lucien Febvre, *Geschichte und Dogma*, de Albert Mirgeler, e *Der geschichtliche Jesus*, de Detlev Nielsen. Ver notas 3 e 4 à carta de número 33 em W. Benjamin/G. Scholem, *Correspondencia, 1933-1940, op. cit.* [ed. bras.: *op. cit.*, p. 115].

[264] Carta a Gretel Karplus em 19 de setembro de 1933. Walter Benjamin, *Cartas de la Época de Ibiza, op. cit.*, p. 274.

prende realmente ao lugar",[265] embora tampouco tenha conseguido melhorar de saúde. A infecção da ferida na perna era a manifestação de uma doença muito mais séria: a malária. No entanto, Benjamin só viria a saber disso chegando em Paris. Naquela época, em meados de setembro, Toet ten Cate já tinha partido da ilha. Pouco antes, no fim de agosto, também seu "assistente" Maximilian Verspohl tinha ido embora junto com seus amigos e desocupado La Casita, para onde o casal Selz se mudou como no ano anterior, desta vez para passar as últimas semanas do verão e quase todo o outono. Por mais que as relações tivessem esfriado e eles mal tivessem se visto em agosto, Benjamin e Jean Selz voltaram a se ocupar da tradução de um novo capítulo de *Infância em Berlim por volta de 1900* por mais alguns dias, até que o primeiro teve de se mudar para a cidade de Ibiza para receber tratamento médico.

No dia 26 de setembro, Walter Benjamin abandonou a ilha definitivamente a bordo do Ciudad de Mahón, que o levou até Barcelona para, de lá, tomar o trem para Paris. Ele escreve a Scholem da capital francesa, em 16 de outubro:

> Estava bastante enfermo quando cheguei a Paris. Com isso quero dizer que não me reestabeleci em Ibiza e o dia em que finalmente parti coincidiu com o primeiro de uma série de graves acessos de febre. Fiz a viagem sob condições inimagináveis. Logo após a minha chegada, diagnosticou-se malária. Um enérgico tratamento à base de quinino, entretanto, me devolveu a clareza de pensamento, mas não ainda minhas forças. Estas estão bastante debilitadas devido às mudanças do tempo e do clima e no

---

[265] *Idem, ibidem*, p. 274.

fundo também devido à alimentação irregular durante a permanência em Ibiza.[266]

Naqueles dias, tinha recebido o poema de Scholem dedicado ao Anjo Novo, que "li com renovada admiração". Já era um pouco tarde para lê-lo a Toet ten Cate em Ibiza, como pretendia a princípio, mas não para fazê-lo em Paris, onde os amantes voltaram a se encontrar. Parece indubitável a importância que essa relação amorosa chegou a ter para Benjamin durante aqueles momentos de incerteza pessoal, com todo um exílio pela frente. Graças a essa nova relação, ele parecia ter encontrado uma paz quase esquecida, bem como o afeto necessário para fazer frente às complicadas circunstâncias de seu próprio destino. Durante o outono daquele mesmo ano e nos primeiros meses do ano seguinte, Benjamin e Toet ten Cate continuaram se encontrando na capital francesa, ainda que com frequência cada vez menor. Depois, ela foi morar no sul da França, onde se casou com um francês chamado Louis Sellier naquele mesmo ano de 1934.

Em carta escrita de San Antonio no fim de agosto, quando Toet ten Cate ainda não tinha deixado a ilha, Benjamin expressou abertamente a natureza de seu afeto e também a convicção secreta de que, nos braços dela, "o destino deixaria para sempre de cruzar o meu caminho".

> Amor, acabo de passar uma hora inteira sozinho na varanda pensando em você. Não aprendi nem descobri nada de novo, mas pensei muito e me dei conta de que você

---

[266] Carta a G. Scholem em 16 de outubro de 1933. *Idem, ibidem*, p. 276 [ed. bras.: *idem, ibidem*, p. 121].

preenche completamente a escuridão e de que, onde havia luz em San Antonio, lá estava você; das estrelas, é melhor não falar. Nas outras ocasiões em que amei, a mulher à qual estava unido no momento era naturalmente a melhor e também a única. E quando logo me dava conta de que podia renunciar a qualquer outra, era pelo mesmo motivo: porque aquela que eu amava era e continuava sendo a única. Agora é diferente. Você é aquilo que eu fui capaz de amar em qualquer mulher a qualquer momento: você não o possui, mas sim o é, e muito melhor. De seus traços provém tudo o que torna uma mulher protetora, mãe ou puta. Uma coisa a converte na outra e, para cada uma delas, você dá mil formas diferentes. Em seus braços o destino deixaria para sempre de me atingir. Já não seria mais possível me surpreender com horrores nem com a felicidade.[267]

---

[267] Esta e outras cartas a Blaupot estão disponíveis em W. Benjamin, *Escritos Autobiográficos, op. cit.*, pp. 302-8, e também em W. Benjamin, *Cartas de la Época de Ibiza, op. cit.*, p. 259.

IX
Cohn e os últimos caminhos

Doente e enamorado, Walter Benjamin abandonou Ibiza para sempre e teve que começar uma nova vida em Paris. A perspectiva de se instalar no alojamento oferecido pela baronesa de Goldschmidt-Rothschild a intelectuais judeus foi rapidamente frustrada "devido a uma série de equívocos e adiamentos que seria muito complicado expôr aqui. Além do mais, parece que o dito alojamento não é gratuito".[268] Em consequência disso, teve de se instalar em um hotel, contrariando suas expectativas e à custa de um sacrifício econômico ainda maior. Por outro lado, suas possibilidades de exercer algum trabalho, como ele mesmo tinha previsto, eram mínimas. "Se tiver sorte, poderei ganhar algum dinheiro elaborando bibliografias ou trabalhando como auxiliar de bibliotecário".[269]

Ainda que o período de seu exílio tivesse começado em Ibiza, é bastante possível dizer que ele só começou a levar uma ver-

---

[268] Carta a Gershom Scholem em 16 de outubro de 1933. Walter Benjamin, *Cartas de la Época de Ibiza*, Valência, Pre-Textos, 2008, pp. 277-9 [ed. bras.: Walter Benjamin/Gershom Scholem, *Correspondência, 1933-1940*, trad. Neusa Soliz, São Paulo, Perspectiva, 1993, p. 123]. Sobre o convite da baronesa de Goldschmidt-Rothschild, ver capítulo VII, "Gauguin e os mistérios da identidade".

[269] *Idem, ibidem* [ed. bras.: *idem, ibidem*, pp. 121-2].

dadeira vida de exilado ao chegar em Paris, no início do outono de 1933. Foi então que, pela primeira vez, ele se percebeu imerso em um espaço claramente delimitado por aqueles que carregavam ou não o rótulo de refugiados políticos. "A vida entre imigrantes é insuportável, a solidão também é difícil de aguentar e contato com os franceses não há como estabelecer", escreve a Scholem em 17 de dezembro. Naqueles mesmos dias, Benjamin considerou inclusive a possibilidade de ir morar na Dinamarca com seu amigo Bertolt Brecht, onde a vida era mais barata. Entretanto, acabou decidindo ficar em Paris, onde "ao meu redor não vejo nada encorajador e a única pessoa aqui de quem quero saber, não quer saber de mim".[270]

Parece que a relação com Toet ten Cate, que também estava morando em Paris naquele outono, foi esfriando lentamente. Embora continuassem se encontrando, a pessoa que "não quer saber de mim" só pode ser ela. Talvez também fosse ela o motivo que levou Benjamin a permanecer em Paris e não partir para a Dinamarca. Tanto que, quando Toet ten Cate abandonou a capital francesa definitivamente em fevereiro de 1934, Benjamin voltou a planejar sua ida à Dinamarca e, poucos meses depois, se encontrou com Brecht no país escandinavo no início do verão, onde permaneceu até meados do outono. De lá, nostálgico, escreveu a Toet ten Cate recordando aquele último verão ibicenco:

> Como você pode ver, meu verão também representa
> um contraste significativo em relação ao anterior. Outrora

---

[270] Carta a G. Scholem em 31 de dezembro de 1933. W. Benjamin/G. Scholem, *Correspondencia 1933-1940*, Madri, Taurus, 1987, p. 109 [ed. bras.: W. Benjamin/G. Scholem, *Correspondência, 1933-1940, op. cit.*, p. 136].

nunca me parecia cedo demais para me levantar, coisa que quase sempre é sintoma de uma existência plenamente satisfeita. Agora não só durmo mais tempo, como os sonhos também se reproduzem com maior persistência — e muitas vezes voltam — durante o dia. [...] Sua presença me faz mais falta do que posso dizer e mais do que você pode acreditar.

    Também no meu caso o tempo e a distância esclareceram com mais luz e força o que determina minha ligação com você. Sou tomado pela necessidade de estar próximo de você e essa esperança domina o ritmo dos meus dias e do meu pensamento; se neste não perdurasse também um pedaço seu, eu não sentiria tanto a sua ausência. Agora estou mais seguro disso do que há um ano.[271]

Antes de viajar para a Dinamarca no início do verão de 1934, Benjamin tinha se encontrado também com Jean Selz em Paris. O casal francês deixara Ibiza no final de dezembro de 1933 e retornado à sua casa parisiense, dando assim por encerrada sua aventura insular depois de quase dois anos. Naquela época, Selz escreveu um artigo para a revista *La Nature*, intitulado "Ibiza, ilha da antiguidade mediterrânea".[272] Nesse texto, ele descreve com emoção a sensação compartilhada por quase todos os visitantes da ilha naqueles tempos: se penetrar na antiguidade significava caminhar normalmente entre ruínas e destroços, Ibiza, por sua vez, supunha uma exceção surpreendente ao viajante, posto que a antiguidade continuava viva e intacta no mundo rural de lá. O artigo foi publicado em abril de 1934,

---

[271] Walter Benjamin, *Escritos Autobiográficos*, Madri, Alianza, 1996, p. 305.

[272] Jean Selz, *Viaje a las Islas Pitiusas*, Ibiza, TEHP, 2000.

exatamente o mesmo mês em que ele recebeu notícias de Walter Benjamin pela última vez.

Entre os meses de fevereiro e abril de 1934, Selz e Benjamin mantiveram uma relação epistolar na mesma cidade de Paris em pelo menos cinco ocasiões, embora tenham conseguido marcar apenas dois encontros. O primeiro aconteceu em março, em um café no Boulevard Saint-Germain. Naqueles dias, Selz ainda estava ocupado com a tradução de um novo capítulo de *Infância em Berlim por volta de 1900*, "Caçando borboletas", o último que viria a traduzir. Benjamin cancelou duas vezes o compromisso marcado para o mês de abril. "Não sem certa amargura me submeto à maligna constelação que parece reinar sobre nós há algum tempo. Escrevo-lhe estas linhas uma hora antes de uma viagem precipitada", escreveu a Selz no dia 19 daquele mês.[273] Depois dessa breve desculpa, ambos deram a relação por encerrada e nunca mais voltaram a ter notícias um do outro.

Quando, seis meses mais tarde, em 15 de setembro de 1934, Scholem perguntou sobre a tradução de *Infância em Berlim por volta de 1900* em carta a Benjamin, este lhe respondeu que dava o projeto por encerrado, pois "me zanguei com o meu colaborador em circunstâncias muito pitorescas, mas inapropriadas a uma descrição por carta — o que aliás nada tem a ver com a tradução em si".[274] Seria possível que, um ano depois,

---

[273] Carta a Jean Selz em 19 de abril de 1934. Walter Benjamin, *Gesammelte Briefe IV, 1931-1934*, Frankfurt, Suhrkamp, 1998, pp. 393-4; também em *Aut Aut*, nº 189-190, maio/agosto 1982, p. 64.

[274] Carta a G. Scholem em 15 de setembro de 1934. W. Benjamin/G. Scholem, *Correspondencia 1933-1940, op. cit.*, p. 157 [ed. bras.: W. Benjamin/G. Scholem, *Correspondência, 1933-1940, op. cit.*, p. 194].

Benjamin ainda tivesse presente aquele episódio ridículo no porto de Ibiza? Tudo parece indicar que sim.

Por volta da mesma época em que rompeu definitivamente com Jean Selz, isto é, na primavera de 1934, Benjamin recebeu uma carta de seu amigo Alfred Cohn, que acabara de se instalar com a família em Barcelona. Cohn era um bom amigo de sua infância e juventude, com o qual nunca tinha deixado de se relacionar. Sobre sua irmã, Jula, de quem já falamos em capítulos anteriores,[275] é possível dizer que foi a paixão de Benjamin a vida toda. Também fora apaixonado por sua mulher, Grete Radt, pelo menos nos dois anos em que namoraram, entre 1914 e 1916. Esses laços, portanto, era múltiplos e vinham de longa data. Em Barcelona, Alfred Cohn dirigia um negócio e tinha interesse em estabelecer relações com a ilha de Ibiza. Foi por esse motivo que, no final de abril, ele procurou Benjamin para pedir que lhe facilitasse algum tipo de contato com seu "círculo de conhecidos" da ilha. O que ele fez. Primeiro escreveu a Hans Jakob Noeggerath e logo passou o endereço dele em San Antonio para Cohn. Dessa forma, o fio da meada ibicenca que parecia definitivamente rompido retornou às mãos de Benjamin.

Alfred Cohn entrou em contato com Hans Jakob Noeggerath no verão daquele mesmo ano. É possível até que tenha visitado a ilha a convite dos Noeggerath. Entretanto, como vimos, Benjamin esteve na Dinamarca. De lá, ainda não voltaria a Paris, mas sim passaria o inverno em San Remo, onde sua ex-mulher, Dora Kellner, estava morando há algum tempo. No fim de novembro de 1934, de San Remo, ele escreveu a Alfred Cohn in-

---

[275] Sobre Jula Cohn, ver a nota 187 do capítulo VI, "Selz e a fumaça dos sonhos".

teressado em seu projeto comercial em Ibiza. Este não demorou a responder com más notícias. "Não sei se chegou a seu conhecimento que o jovem Noeggerath morreu de tifo há dois meses. Estava justamente fazendo planos de voltar à Alemanha para terminar seu doutorado sobre Ibiza. Toda a ilha ficou em luto por ele".[276]

Atingido por essa triste novidade, Benjamin respondeu a Alfred Cohn imediatamente:

> As linhas de Ibiza enterradas tão profundamente em mim se contraíram ultimamente em configurações dolorosas. Com isso me refiro não só e em primeiro lugar à morte de Hans Jakob Noeggerath, mas também como seu fio de vida casualmente passou por um laço da minha própria, essa morte me impressionou muito mais do que a natureza de nossa relação poderia supor.[277]

Tudo parece indicar que, entre as "configurações dolorosas" relacionadas à ilha que Benjamin menciona, uma delas se sobrepunha às outras — sem dúvida ele se referia a sua relação amorosa com Toet ten Cate.

Embora seja possível dizer que sua relação com a pintora tenha terminado quando ela deixou Paris em fevereiro de 1934 para se instalar no sul da França com seu amigo e futuro marido Louis Sellier, Benjamin tratou de continuar essa relação impossível pelo menos de maneira epistolar. Através de cartas, conti-

---

[276] Sobre essa carta de Alfred Cohn a Benjamin, ver nota à carta nº 918 em Walter Benjamin, *Gesammelte Briefe IV, 1931-1934, op. cit.* Sobre a morte de Hans Jakob, ver capítulo II, "Noeggerath e a arte de narrar".

[277] Carta a Alfred Cohn em 19 de dezembro de 1934. W. Benjamin, *Gesammelte Briefe IV, 1931-1934, op. cit.*

Busto de Walter Benjamin por Jula Cohn, *c.* 1926.

nuou expressando seus sentimentos por ela, bem como sua resistência em renunciar definitivamente a esse amor. Durante 1934 e 1935, ainda tentou conservar os vínculos através dos quais sentia que ambos, de alguma maneira, continuavam unidos. Nunca chegou a enviar a última carta que escreveu a ela em 24 de novembro de 1935, de Paris.[278]

> Ainda há dias em que não me entra na cabeça que nunca mais vamos vir a saber um do outro. E hoje é um desses domingos em que me encontro casmurro e que me obriga a lhe escrever algumas palavras. Mas o domingo não me imporia sua vontade se fosse somente o caso de perguntar o que você tem feito ou como anda sua saúde, ou ainda de lhe dirigir uma súplica para que me dê notícias de tudo isso. O que realmente tenho vontade de dizer a você é que, ultimamente, sem que as coisas tenham mudado muito em minha vida, ela me tem sido bastante suportável.

Enquanto o amor se afastava de sua vida, o fio da meada de Ibiza permaneceu muito próximo de Benjamin através da correspondência mantida com seu amigo Alfred Cohn. Em 6 de fevereiro de 1935, escreveu a ele que, "à medida que vai se afastando, meu primeiro período de exílio em Ibiza adquire um brilho especial". E como Cohn tinha tido contato com alguns de seus conhecidos da ilha e talvez até tivesse passado por ela recentemente, ele se tornou a pessoa adequada não só para confidenciar sua recente nostalgia em relação ao lugar, mas também para perguntar sobre alguns dos conhecidos que andavam por lá. Nessa mesma carta, Benjamin se interessa primeiramente pela

---

[278] W. Benjamin, *Escritos Autobiográficos*, *op. cit.*, p. 307.

situação dos Noeggerath. Quer saber se, depois da morte de Hans Jakob, o casal, com o qual ele continuava rompido, continuava em Ibiza e se tinham finalmente construído a casa que planejavam. Pergunta também "o que foi feito de Jockisch, o escultor" e se "Guy Selz ainda tem seu bar no porto", o famoso local onde um dia ele sentia ter passado por ridículo.[279]

O interesse em saber, através de seu amigo e quase dois anos depois de sua última estadia, em que situação se encontravam seus conhecidos de Ibiza, demonstra, em primeiro lugar, que Benjamin não se correspondia com nenhum deles, mas também que, ao mesmo tempo, tinha muito presente aquele ambiente cosmopolita, descontraído e pouco convencional, onde ser refugiado político não era um fato determinante. Em outra carta a Alfred Cohn, enviada de Paris em 18 de julho de 1935, ele reconhece que "depois de Ibiza, não voltei a conhecer ninguém destacável".[280] Jockisch, Gauguin, os Selz, os Noeggerath, Blaupot acima de tudo e talvez até Hausmann... A vida naquele microcosmo insular não costumava deixar ninguém indiferente, nem mesmo aqueles que, como Benjamin, tiveram que fugir dele porque acabaram sentindo uma verdadeira asfixia. Era como se, depois de conseguir recuperar o fôlego no continente, a nos-

---

[279] Carta a Alfred Cohn de 6 de fevereiro de 1935. Walter Benjamin, *Gesammelte Briefe V, 1935-1937*, Frankfurt, Suhrkamp, 1999, pp. 35-40. Não foi possível averiguar qual era o negócio que Cohn quis estabelecer em Ibiza, nem se chegou a iniciá-lo. Mas uma carta de sua irmã Jula Radt-Cohn de 9 de julho de 1933 a Benjamin poderia dar uma pista. Nela, afirma que seu irmão, ainda em Berlim, "se dedica duas vezes por semana ao estudo da apicultura para saber fazer alguma coisa no caso de ter que sair da Alemanha". Nota 1 à carta de Benjamin a Jula Radt-Cohn de 24 de julho de 1933. W. Benjamin, *Cartas de la Época de Ibiza*, op. cit., p. 242.

[280] W. Benjamin, *Cartas de la Época de Ibiza*, op. cit., 18 de julho de 1935.

talgia os levasse a querer voltar ou, pelo menos, a não se esquecer com facilidade de todo aquele universo. O próprio Benjamin reconhece isso em outra carta a Alfred Cohn, enviada em 26 de janeiro de 1936 também da capital francesa, quando diz que "não deixo de pensar nessa ilha".[281]

Benjamin não só continuou pensando nos dias vividos na ilha, como também "durante muito tempo tem me seduzido a ideia de voltar a Ibiza para passar uma temporada". Isso é o que confessa uma vez mais a seu amigo Alfred Cohn, agora já no final de junho de 1936, enquanto planejava em que país passaria os meses de verão.[282] Por fim, ele decidiu viajar mais uma vez para a Dinamarca, para se juntar a Bertolt Brecht. Assim, salvou-se por muito pouco de presenciar os primeiros movimentos da Guerra Civil espanhola. Logicamente, tão logo esse episódio teve início, Alfred Cohn abandonou Barcelona e se instalou em Paris, o que fez com que Benjamin perdesse seu único correspondente na Espanha, por quem lhe chegavam os últimos fios daquela singular trama insular.

Como em muitos outros lugares pelo país, o verão de 1936 em Ibiza foi trágico. Entre 19 de julho e 8 de agosto, a ilha ficou sob domínio dos rebeldes. Depois, ao receber tropas da Península, voltou a ser republicana, mas somente até 13 de setembro. A partir de então, Ibiza retornou às mãos do exército de Franco e assim permaneceu até o fim da disputa. Não é demais lembrar que também ali a guerra desatou ódios e vinganças, provocando a morte e o exílio de várias pessoas inocentes. E, claro, também

---

[281] *Idem, ibidem*, 26 de janeiro de 1936.

[282] *Idem, ibidem*, 6 de fevereiro de 1936.

interrompeu o avanço econômico que mal tinha começado com o recém-criado mito turístico internacional. Naquele verão, os ibicencos viveram episódios dramáticos e a ilha ficou dominada por caos e confusão.[283] Quanto aos estrangeiros, é possível dizer que, enquanto fugiam de lá como podiam, tomados por medo e incredulidade, começavam a entender que a violência também tinha chegado, e com muita rapidez, naquela pequena ilha do mediterrâneo, escolhida por eles justamente por seu suposto distanciamento dos acontecimentos que mantinham o resto do mundo em estado de suspensão.

Se Benjamin tivesse voltado a Ibiza para passar o verão de 1936 como chegou a planejar, seu destino não poderia ser muito diferente daquele que tiveram os estrangeiros que ainda continuavam ali. Naquele verão, a maioria deles teve de abandonar a ilha a bordo de barcos alemães ou ingleses. Quase não restava mais ninguém quando, a mando do fascista Arconovaldo Rossi, as tropas italianas, mais conhecidas como "dragões da morte", tomaram Ibiza em 20 de setembro com ajuda de duas companhias da Legião de Maiorca.

Tal foi o caso de Raoul Hausmann, que abandonou a ilha precipitadamente em um barco alemão no começo de setembro. Foi o caso também de Guy Selz, irmão de Jean e proprietário do bar Migjorn, que embarcou no Ciudad de Ibiza, mesmo barco

---

[283] Sobre o início da Guerra Civil em Ibiza, o escritor norte-americano Elliot Paul, que abandonou a ilha em setembro de 1936, escreveu o romance *The Life and Death of a Spanish Town* (Nova York, Random House, 1937), em que dá sua versão do que aconteceu na ilha durante aqueles dias e que obteve um notável sucesso de vendas em seu país.

em que fugiram os milicianos rumo a Valência na noite de 13 de setembro, depois que a cidade fora bombardeada por aviões italianos. E ainda de Felix Noeggerath que, depois de passar poucos meses em Barcelona,[284] tinha voltado a Ibiza pouco antes do começo da Guerra Civil. Junto de sua esposa Marietta, ele partiu de San Antonio, deixando a ilha em um barco alemão enviado para repatriar seus cidadãos. Todos eles deixaram coisas importantes em Ibiza quando tiveram que sair de lá às pressas. Nas últimas páginas de seu romance *Hyle*, Hausmann conta como tiveram que fazer as malas em apenas uma hora, levando nelas somente o indispensável. Guy Selz abandonou seu bar deixando-o como estava, levando consigo apenas um quadro. Felix Noeggerath deixou muito mais em San Antonio. No cemitério do povoado ficou seu filho Hans Jakob, morto há menos de dois anos.

Mas nem todos os estrangeiros fugiram da guerra. Houve ainda aqueles que, como Jockisch, trataram de se adaptar às novas circunstâncias. Desde o primeiro momento, o excêntrico marinheiro de Stuttgart apostou nas forças nacionais e comunicou isso às autoridades pertinentes. Hausmann conta em *Hyle*:

> Somente o porco do Jost tem opinião própria: a dos covardes. Se os italianos vierem, a coisa vai ficar séria. Ele queria ver todos nós fuzilados. Ele está do lado dos bem-educados, e nós, do lado do povo. Ele está do lado de Franco. Ontem, ele passou no *Ayuntamiento* para garantir

---

[284] Felix Noeggerath passou alguns meses em Barcelona entre 1935 e 1936. Benjamin ficou sabendo disso por um amigo em comum e comunicou a Alfred Cohn em carta enviada em 26 de janeiro de 1936, caso desejasse se encontrar com ele, por mais que o desaconselhasse.

que estava sendo bem considerado e bem visto pelo *alcalde* reacionário. O *señor* Jost pode ficar. É um porco e tanto![285]

De fato, Jockisch e suas duas "sobrinhas" permaneceram em San José durante toda a Guerra Civil, ainda que não demorassem a se deparar com uma desagradável surpresa: o governo alemão parou de enviar a pensão mensal de Jockisch. Durante os três anos que durou a disputa, viveram com o pouco que ele conseguiu ganhar fazendo todo tipo de trabalhos e também da confiança das pessoas do povoado, a quem deviam mais dinheiro a cada dia que passava. Como muitos desses vizinhos, ele também fez parte da falange naval, vestido de camisa azul e auxiliando quase que diariamente em uma das enseadas da região, a Cala d'Hort, onde tinha seu posto de guarda costeiro. Entretanto, seu poder de sedução como personagem literário não diminuiu em nada, pois ainda teve a oportunidade de participar de um novo livro: *L'Ismé*, da escritora e navegante suíça Cilette Ofaire.[286]

Antes de virar título de um livro de memórias, L'Ismé era o nome de um iate. Nele, a autora do livro, Cilette Ofaire, chegou a Ibiza em março de 1936, depois de um longo percurso iniciado em Cherbourg e com escalas em La Rochelle, Santander, Lisboa, Málaga e Alicante, entre outros portos. Ignorando todos os conselhos para abandonar a ilha, Ofaire decidiu permanecer todo o verão em seu iate ancorado no Clube Náutico de

---

[285] Raoul Hausmann, *Hyle. Ein Traumsein in Spanien*, Munique, Belleville, 2006, p. 265.

[286] Cilette Ofaire, *L'Ismé*, Paris, Stock, 1940 (edição recente: Arles, Actes Sud, 1990).

Ibiza. Em setembro, a embarcação acabou sendo bombardeada por um daqueles aviões italianos e sua proprietária teve de se refugiar no campo.

Fazia algum tempo que alguém tinha falado a Cilette Ofaire a respeito de um sujeito que vivia na ilha de Ibiza, um marinheiro alemão que "também tinha sido escultor".[287] A mesma pessoa disse ainda que "se você passar por Ibiza em algum momento e precisar de alguma coisa, procure-o que ele irá lhe ajudar no que for". Jockisch, que já havia sido O'Brien em "A sebe de cactos", de Benjamin, e Jost em *Hyle*, o romance dadaísta de Raoul Hausmann, receberia outro nome em *L'Ismé*: Prat. É esse o personagem que sai em socorro da autora e protagonista do livro, conseguindo para ela uma casa no povoado de San José, afastado do movimento perigoso da cidade. Pela descrição que a escritora faz da situação da casa, só pode se tratar de Can Palerm, isto é, a mesma residência que os Hausmann tinham abandonado há apenas alguns dias. Ali, Cilette Ofaire passou algumas semanas até 25 de outubro, tempo necessário para consertar o iate, recuperar-se do susto do bombardeio italiano e depois de ter que se defender de acusações que apontavam-na como "espiã". Passear pelo campo, ler "livros maravilhosos" da biblioteca de Jockisch — alguns dos quais tinham sido deixados por Hausmann — e tomar chá com as "sobrinhas": assim decorreram aquelas primeiras semanas de outono, como ela própria descreveu.

Para Cilette Ofaire, o personagem Prat, ou seja, Jockisch, "depois de ter percorrido os mares e até se instalar nesse lugar onde vivera alguns anos da caça de lagartos", tinha simplesmen-

---

[287] Coincide, portanto, com o depoimento de Benjamin: entre muitas outras coisas, Jockisch era também escultor. Todas as citações do livro de Cilette Ofaire se encontram nas páginas 346-9 da edição mencionada.

te se convertido em um "habitante da ilha". Além disso, nele se via "a distinção, a calma e a modéstia e, embora suas lembranças vagassem em meio a visões tropicais que levavam a pensar em Conrad e Gauguin ao mesmo tempo, encontrava-se em Ibiza e não queria viver em nenhum outro lugar".

Finda a Guerra Civil, um dia Jockisch recebeu todas as suas pensões atrasadas. A primeira coisa que fez foi pagar todas as suas dívidas. Imediatamente depois, foi para a cidade e comprou um terno novo. Acabara de ganhar uma guerra e voltava a ter dinheiro. No entanto, pouco tempo depois, com o início da Segunda Guerra Mundial, Jockisch e suas "sobrinhas" abandonaram a ilha para voltar à Alemanha.

Walter Benjamin acompanhou da Dinamarca os primeiros episódios da Guerra Civil espanhola. Em carta enviada ao poeta Werner Kraft em 11 de agosto, confessa se sentir sobrecarregado pelo acontecido, experimentando "uma estranha sensação", especialmente desde que soube que "também em Ibiza tinha chegado o teatro da guerra civil".[288] Com certeza a guerra espanhola acabou sendo um prelúdio para a guerra mundial, mas devem tê-la sentido assim principalmente aqueles que, como Benjamin, se encontravam em situação de desespero, sem residência fixa nem recursos econômicos. Uma guerra inevitavelmente acabaria levando à outra.

À medida que a Europa se precipitava irremediavelmente no abismo de sua segunda grande disputa, de volta a Paris, Benjamin começava a ver também se fecharem quase todos os acessos a uma saída digna. Primeiro, depois de declarada a guerra,

---

[288] Carta a Werner Kraft em 11 de agosto de 1936. W. Benjamin, *Gesammelte Briefe V, 1935-1937, op. cit.*, pp. 356-9.

em setembro de 1939, ele foi levado a um campo de concentração como alemão não naturalizado na França. Pouco depois foi internado em um centro de trabalhos voluntários em Clos-Saint-Joseph, situado em Nevers. Por último, quando finalmente pôde sair dali graças à mediação de alguns amigos franceses influentes, tentou deixar o país e partir para os Estados Unidos. Para realizar esse último objetivo, precisava primeiro entrar na Espanha, mas, mais uma vez, as sombras daquilo que ele próprio costumava chamar de "maligna constelação" pareciam estar preparadas para atingi-lo de perto.

A última vez que Benjamin tinha entrado na Espanha, em abril de 1933, ele o fizera de trem, vindo de Paris e acompanhado do casal Selz. Foram a Barcelona para, de lá, tomar o barco até Ibiza. Agora, sete anos depois, as circunstâncias eram bastante distintas. A passagem pela fronteira, em sua condição de alemão fugitivo, poderia ser feita somente a pé através dos Pirineus, pela "rota Lister". Saindo de Banyuls-sur-Mer, guiado por Lisa Fittko e acompanhado de um pequeno grupo de pessoas na mesma situação, Benjamin partiu rumo ao posto da fronteira espanhola de Portbou, em 26 de setembro de 1940. O que se sucedeu àquela longa e penosa caminhada em meio às montanhas é fato bastante conhecido. As autoridades espanholas do novo regime de Franco — exatamente o mesmo general com quem ele talvez tenha cruzado em San Antonio, em 6 de maio de 1933 — exigiram dele um visto francês de saída e, como ele não o possuía, lhe negaram passagem. Antes de se ver obrigado a retornar à França mais uma vez no dia seguinte, sem dúvida para ser internado em um campo de concentração, Benjamin decidiu tirar a própria vida naquela mesma noite.[289]

---

[289] Lisa Fittko, "El viejo Benjamin", *De Berlín a los Pirineos: Evocación de una Militancia*, Barcelona, Anaya y Muchnik, 1997.

É possível que naquela noite de 26 de setembro de 1940, completamente sozinho em um quarto de hotel em Portbou, minutos antes de decidir tomar as pílulas de morfina que levava no bolso da jaqueta, Benjamin tenha pensado por alguns instantes no lema do relógio da catedral de Ibiza, aquele simples lema latino — *Ultima multis* — que anunciava que cada nova hora também era a última para muitos. Em 1935, ele tinha feito referência a isso precisamente em seu ensaio "O narrador":

> Antes não havia uma só casa e quase nenhum quarto em que não tivesse morrido alguém. (A Idade Média conhecia a contrapartida espacial daquele sentimento temporal expresso num relógio solar de Ibiza: *Ultima multis*.) Hoje, os burgueses vivem em espaços depurados de qualquer morte e, quando chegar sua hora, serão depositados por seus herdeiros em sanatórios e hospitais. Ora, é no momento da morte que o saber e a sabedoria do homem e sobretudo sua existência vivida — e é dessa substância que são feitas as histórias — assumem pela primeira vez uma forma transmissível.[290]

---

[290] "El narrador", em Walter Benjamin, *Para una Crítica de la Violencia y Otros Ensayos* (Madri, Taurus, 1991) [ed. bras.: Walter Benjamin, *Obras escolhidas I. Magia e técnica, arte e política*, trad. Sergio Paulo Rouanet, São Paulo, Brasiliense, 1987, 3ª ed., p. 207]. Como diz Benjamin, o lema *Ultima multis* não se encontrava no relógio solar, mas sim fazia parte do relógio mecânico situado mais acima dele. Curiosamente, o filósofo E. M. Cioran também fez referência ao mesmo relógio em *El Ocaso del Pensamiento* (Barcelona, Tusquets, 1995): "O relógio solar de Ibiza tinha a seguinte inscrição: *Ultima multis* [...]. Só se pode falar sobre a morte em latim". Cioran também esteve em Ibiza em pelo menos uma ocasião, no verão de 1966, e faz referência a esta viagem em seus diários (*Cuaderno de Talamanca*, Valência, Pre-Textos, 2002). Mas *El Ocaso del Pensamiento* é um livro

No abismo daquela guerra se perderam alguns de nossos personagens principais. Nada mais se soube do jovem Walther Spelbrink, o pesquisador de palavras, depois que a Universidade de Hamburgo aceitou sua tese sobre Ibiza em 23 de junho de 1938. Tampouco chegaram mais informações sobre Jockisch: sabe-se somente que ele voltou à Alemanha em 1939, decidido a participar da nova disputa e a enfrentar novamente os mesmos horrores que tinha vivido entre 1914 e 1917, sobreviveu mais uma vez, e por fim decidiu casar-se com uma de suas duas "sobrinhas".[291]

Felix Noeggerath, que tinha se separado de Marietta em 1937, foi obrigado a incorporar-se ao exército. Realizou diversos trabalhos no Ministério de Assuntos Estrangeiros, inclusive o de tradutor. Também escreveu relatórios sobre política internacional, especialmente sobre as relações entre Inglaterra, Espanha e América. Também esteve em Paris entre 1942 e 1943, investigando as relações entre França e Rússia. Como muitos outros, ele teve que ser habilidoso em combinar sua missão no exército alemão com seus sentimentos inequivocamente contrários a Hitler.

Jean Selz passou quase toda a guerra em um campo de concentração alemão, onde chegou a exercer cerca de vinte trabalhos diferentes, desde pedreiro e motorista até tipógrafo e redator. Durante esse tempo, sua mulher Guyet se apaixonou por outro homem em Paris e foi viver com ele. Somente em 1945 Selz pôde voltar a Paris e começar uma nova vida. Em 1947, foi no-

---

dos anos 1940, de modo que talvez tenha visitado Ibiza naquela época ou lido o ensaio de Benjamin.

[291] O mistério em torno de Jockisch não terminou, pois alguns depoimentos afirmam tê-lo visto novamente em Ibiza no final da década de 1950.

A catedral de Ibiza em fotografia de Joaquim Gomis.

meado diretor do *L'Album de Mode du Figaro* e sempre se manteve vinculado ao mundo das artes, atuando como curador de exposições internacionais, crítico e ensaísta.

Paul Gauguin, depois de haver participado na Guerra Civil Espanhola com as Brigadas Internacionais, atuando também como correspondente de imprensa, regressou à Noruega em 1939 e ali passou os anos da Segunda Guerra Mundial. Blaupot ten Cate, depois de se separar de Louis Sellier em 1936, apenas dois anos após ter se casado com ele, voltou para sua Holanda natal. Raoul Hausmann, quando teve que deixar Ibiza às pressas, instalou-se primeiro em Zurique e pouco depois em Stehelceves, muito perto de Praga; suas fotografias da ilha foram expostas em ambas as cidades. Em 1938, com a invasão nazista da Tchecoslováquia, ele voltou a viver em Paris. Ao final da guerra, estabeleceu residência definitiva em Limoges, onde trabalhou como professor de idiomas — inclusive o espanhol aprendido em Ibiza — até sua morte em 1971.

Entre 1936 e até meados dos anos 1950, a ilha de Ibiza voltou a adentrar seu longo sonho de séculos, aquele mesmo esquecimento que tinha propiciado a persistência de sua sociedade arcaica e da paisagem intacta, mas também de sua pobreza material. Como no prognóstico feito por Walter Benjamin, toda aquela magnificência de "mercadores e apreciadores de um fresco veraneio" foi posta abaixo.[292] Tudo voltou a ser como sempre

---

[292] Carta a G. Scholem em 16 de junho de 1933. W. Benjamin, *Cartas de la Época de Ibiza, op. cit.*, p. 210 [ed. bras.: W. Benjamin/G. Scholem, *Correspondência, op. cit.*, p. 89]. A citação completa é a seguinte: "Em suma, desde já estou ansiando pela sombre farte que se estenderá por aqui, quando as asas da falência,

tinha sido: os costumes arcaicos, a beleza das paisagens e casas rurais, as condições de vida austeras. Dessa forma, aqueles que visitaram a ilha a partir da década de 1950 puderam reconstruir o mito de Ibiza com facilidade. Os novos visitantes, em sua maioria bastante jovens, chegaram fugindo das ruínas da guerra, muitas vezes em busca de uma vida sonhada. A ilha ainda permitiu a eles e a muitos outros que chegaram depois, fugidos de outras guerras, que vivessem aquele sonho.

De nossos protagonistas, Jean Selz — então acompanhado de seu irmão Guy —, Paul Gauguin e Felix Noeggerath retornaram a Ibiza. Maximilian Verspohl, o "assistente" nazista de Benjamin, também voltaria. O primeiro o fez em 1950. Percorreu todos os lugares que tinham significado algo para si mesmo. Tirou várias fotografias e, de volta a Paris, escreveu um novo artigo, "Ibiza, a ilha que guarda suas tradições". Esse texto foi publicado na revista da UNESCO em 1957[293] e, em que pese seu título, tem um tom predominantemente nostálgico de perda. Durante essa mesma época, ele escreveu ainda suas lembranças de Walter Benjamin em Ibiza e publicou as traduções francesas de *Infância em Berlim por volta de 1900*. Aparentemente, depois de tudo o que aconteceu na Europa e principalmente em sua própria vida nos anos anteriores, voltar àqueles lugares não foi uma experiência agradável. Embora tenha vivido bastante — viria a morrer em 1997 — nunca mais quis voltar. No entanto, seu irmão Guy tornou a fazê-lo por mais alguns verões, que havia deixado na ilha um bom grupo de amigos ibicencos que o apreciavam e dele se lembravam.

---

dentro de alguns anos, tiverem enterrado todo esse esplendor dos mercadores e apreciadores de um fresco veraneio".

[293] J. Selz, *Viaje a las Islas Pitiusas, op. cit.*

Quanto a Paul Gauguin, também voltou à ilha no fim dos anos 1950 e continuou a visitá-la nas duas décadas seguintes; morreu em 1976. No pequeno povoado de San Vicente, onde fora o único estrangeiro por algum tempo, pôde contar a seus amigos camponeses o que tinha lhe ocorrido recentemente na cidade francesa de Castres, quando foi visitar o Museu Jaurès. Em uma das paredes do museu, tinha se deparado com a fotografia do homem que havia assassinado o político socialista francês em 1914. Para sua surpresa, era ninguém menos que Raoul Alexandre Villain, isto é, o mesmo louco a quem ele tinha ajudado a construir sua casa na enseada de San Vicente entre 1933 e 1934. O mesmo indivíduo agora estava enterrado, desde 1936, sob uma simples cruz de madeira no pequeno cemitério do povoado.

Também Maximilian Verspohl sobreviveu à Segunda Guerra Mundial e voltou a San Antonio em meados dos anos 1950, onde construiu uma nova casa que também foi batizada de La Casita, na qual passou todos os verões junto com sua segunda esposa, Helga, até morrer precisamente em San Antonio, em 1983. Ele nunca difundiu seus conhecimentos sobre Walter Benjamin; limitou-se a dizer em conversas privadas que o conhecera em 1932 e 1933.[294] Foi enterrado no cemitério de San Antonio, o mesmo onde cinquenta anos antes seu amigo Hans Jakob Noeggerath também o fora e bem perto da lápide de José Roselló Cardona, o "Don Rosello". Este último tinha falecido poucos anos antes, em 1979.

---

[294] Ele nunca soube que Benjamin mencionou seu nome em carta a Jean Selz. Tampouco que três de suas cartas foram conservadas no arquivo do escritor berlinense. Por último, também não chegou a seu conhecimento que seu nome seria vinculado ao de Walter Benjamin. Ver nota 229 do capítulo VII, "Gauguin e os mistérios da identidade".

Felix Noeggerath retornou a Ibiza acompanhado de sua nova mulher, Marga Bauer, no final dos anos 1950. Teve então a oportunidade de revisitar seus amigos ibicencos e de ali encontrar, não sem certa surpresa, alguns estrangeiros que tinha conhecido em San Antonio há mais de vinte anos. Tinha a intenção de comprar uma casa e de nela viver afastado. No entanto, não teve tempo de realizar esse desejo, pois morreu na Alemanha em 1960.

O acaso ou algum tipo de "constelação" muito especial tinha determinado que, em um dia frio do inverno de 1932, em uma rua qualquer de Berlim, Felix Noeggerath se encontrasse com Walter Benjamin, a quem não via há alguns anos, e sugerisse a ele, que se encontrava mergulhado em uma grande crise pessoal, a ideia de viajar junto consigo e sua família para a então remota e desconhecida ilha de Ibiza.

O autor deste livro se reconhece devedor de tal encontro.

Cronologia

1892   Walter Benjamin nasce em Berlim, em 15 de julho. É o primogênito dos três filhos de Emile Benjamin e Pauline Schönflies.

1912-1916   Conclui o bacharelado e começa seus estudos de filosofia em Freiburg e Berlim. Viaja para a Itália e Paris. Conhece sua futura esposa Dora Kellner e também Gerhard Scholem. Preside o Movimento de Estudantes Livres. Tem início a Primeira Guerra Mundial e um amigo seu, o jovem poeta Fritz Heinle, se suicida. Realiza seus estudos em Munique, onde conhece Felix Noeggerath e Rainer Maria Rilke.

1917   Considerado inapto para o serviço militar. Casa-se com Dora Kellner e o casal vai viver na Suíça.

1918   Nasce seu único filho, Stefan Rafael.

1919   Tese de doutorado: *O conceito de crítica de arte no Romantismo alemão*.

1920   Retorno a Berlim.

1921-1924   Em Munique, adquire o quadro "Angelus Novus", de Paul Klee. Projetos para publicar uma revista com o mesmo nome do quadro. Conhece Siegfried Kracauer e Theodor Wiesengrund Adorno. Traduz os "Quadros parisienses" de Charles Baudelaire. Viaja a Capri, onde conhece uma mulher letã chamada Asja Lacis, por quem se apaixona. Começa a se interessar pelo marxismo.

1925   É reprovado em sua habilitação (livre-docência) na Universidade de Frankfurt. Começa a escrever para o *Frankfurter Zeitung* e para o *Literarische Welt*. Viaja para a Espanha a partir de Hamburgo. Conhece Sevilha, Córdoba e Barcelona. Nos postais que envia a seus amigos, demonstra grande interesse pelas pinturas de Valdés Leal.

1926-1927   Seu pai morre. Viaja a Moscou, onde se encontra com Asja Lacis e pode conhecer de perto a situação do comunismo na Rússia. Escreve o *Diário de Moscou*. Viaja para Paris, onde traduz *À sombra das raparigas em flor*, de Proust, em colaboração com Franz Hessel. Dá início ao projeto das *Passagens*. Primeiras experiências com haxixe.

1928   Publica dois livros: *Rua de mão única* e *Origem do drama barroco alemão*.

1929   Conhece Bertolt Brecht. Encontro com Asja Lacis em Berlim. Começa a fazer trabalhos para o rádio.

1930   Sua mãe morre. Divórcio. Nova tradução de Proust, *O caminho de Guermantes*, mais uma vez com Franz Hessel. Viagem à Noruega. Publica artigos de crítica literária sobre Brecht, Valéry, Kafka, Gide, Julien Green e Karl Kraus.

1931   Projeto de reunir em livro seus ensaios literários. Viagem ao sul da França, junto com Brecht, Brentano, Wissing e Speyer. Em agosto, faz anotações em um diário sobre o desejo de suicidar-se. Dificuldades econômicas.

1932   De abril a julho: estadia em Ibiza com a família Noeggerath no povoado de San Antonio. Escreve a *Crônica de Berlim*, o diário "Espanha 1932", o texto "Ao sol", "Sequência de Ibiza", um texto sobre astrologia ("Zur Astrologie") e outros textos breves incluídos em

"Sombras curtas (II)", "Autorretratos do sonhador" e "Imagens do pensamento". Em parte graças à tese de doutorado que o jovem filho de seu amigo Felix Noeggerath está realizando na ilha, ele recobra seu interesse pela arte de narrar e começa a escrever narrativas próprias inspiradas pela viagem a Ibiza, protagonizadas por pessoas que acaba de conhecer: "A viagem da Mascote", "O lenço", "O anoitecer da viagem" e "A sebe de cactos". No final de junho, Olga Parem, que ele tinha conhecido anos antes por intermédio de Franz Hessel, visita Ibiza e se hospeda também na casa dos Noeggerath. Benjamin a pede em casamento, sem sucesso. Conhece Jean Selz e Max Verspohl, com os quais virá a se relacionar com frequência durante sua segunda estadia na ilha. Em meados de julho, viaja a Nice, onde planeja o suicídio em um quarto de hotel e chega até a escrever seu testamento. Pouco depois viaja à Itália, onde passa o outono em companhia do escritor W. Speyer. Começa a escrever os breves capítulos de *Infância em Berlim por volta de 1900*.

1933   Em janeiro, Hitler assume o cargo de chanceler da Alemanha. Em março, Benjamin opta pelo exílio e escolhe Ibiza como primeira parada. Hospeda-se novamente em San Antonio com os Noeggerath. Dificuldades econômicas. Começa a trabalhar para o Instituto de Pesquisa Social, dirigido por Max Horkheimer, escrevendo um primeiro ensaio chamado "Sobre a situação social ocupada pelo escritor francês na atualidade". Em 6 de maio, o general Francisco Franco, novo Comandante Militar das Baleares, chega a San Antonio em visita oficial. Começa a traduzir *Infância em Berlim por volta de 1900* para o francês em colaboração com Jean Selz, ao mesmo tempo em que escreve novos capítulos do livro. Experiências com haxixe e ópio. Ruptura com Felix Noeggerath. Muda-se para uma moradia ainda em construção. Estadia em Maiorca entre 1º e 10 de julho. Consegue um passaporte novo no consulado e visita a colônia de escritores alemães em Cala Ratjada. Começa a assinar seus textos com pseudônimos. Em Ibiza, conhece Paul Gauguin, neto do célebre pintor, o dadaísta Raoul Hausmann e talvez também o escritor Pierre Drieu La Rochelle. Durante os meses de julho e agosto, Benjamin conta com a ajuda de um "assistente", um jovem de 24 anos chamado Max Verspohl, que poucos meses depois viria a se tornar um membro destacado das SS em Hamburgo. Durante o mês de agosto, mantém relação amorosa com uma pintora holandesa chamada Toet Blaupot ten Cate. Em homenagem a ela, escreve o texto "Agesilaus Santander". Durante essa segunda estadia em Ibiza, Benjamin escreve também dois de seus ensaios mais importantes, "Experiência e pobreza" e "Sobre a faculdade mimética", os três textos curtos que compõem as "Histórias da solidão", resenhas de livros para o *Frankfurter Zeitung*, além dos relatos "Conversa assistindo ao corso (Ecos do carnaval de Nice)" e "A mão de ouro (Uma conversa sobre o jogo)". Depois de contrair malária, ele abandona a ilha em 26 de setembro e se instala definitivamente em Paris, onde se encontra com Toet Blaupot ten Cate e tenta continuar a relação iniciada em Ibiza.

1934-1935   Retoma o trabalho das *Passagens*. Estadia de seis meses na Dinamarca na casa de Bertolt Brecht. Visita sua ex-mulher em San Remo.

1936-1938   Publica os ensaios "A obra de arte na era da reprodutibilidade técnica", "O narrador", "História e colecionismo: Eduard Fuchs". Publica o livro *Personagens alemães*. Visita Brecht em duas outras ocasiões na Dinamarca. Trabalha em texto sobre Baudelaire.

1939   Quando eclode a guerra, é internado por dois meses em um Campo de Trabalhadores Voluntários na França. Publica "Sobre alguns temas em Baudelaire".

1940   Escreve "Sobre o conceito da História". Em junho, refugia-se em Lourdes. Em agosto, por intermédio de Max Horkheimer, consegue visto para ir aos Estados Unidos. Em 26 de setembro tenta cruzar a fronteira franco-espanhola sem sucesso. Nesse mesmo dia, suicida-se em um hotel em Portbou.

Sobre o autor

Vicente Valero nasceu em Ibiza em 1963 e formou-se pela Universidade de Barcelona. Publicou até o momento:

Poesia
Jardín de la Noche (1986)
Herencia y Fabula (1989)
Teoría Solar (1992)
Poesía (1994)
Vigília en Cabo Sur (1999)
Libro de los Trazados (2005)
Poemas (2006)
Días del Bosque (2008), tradução para o inglês: *One Day in the Secret Forest of Words* (2019)
Canción del Distraído (antologia, 2015)

Ficção
Diario de un Acercamiento (2008)
Los Extraños (2014), tradução para o alemão: *Die Fremden* (2017)
El Arte de la Fuga (2015)
Las Transiciones (2016), tradução para o alemão: *Übergänge* (2019)
Enfermos Antiguos (2020)

Ensaio
Experiencia y Pobreza. Walter Benjamin en Ibiza, 1932-1933 (2001); 2ª ed. (2017); tradução para o francês: *Experience et Pauvreté: Walter Benjamin à Ibiza,*

1932-1933 (2003); tradução para o alemão: *Der Erzähler: Walter Benjamin auf Ibiza, 1932-1933* (2008)
Viajeros Contemporáneos. Ibiza. Siglo XX (2004)
Duelo de Alfiles (2018)
Breviario Provenzal (2021)

Organização
Cartas de la Época de Ibiza (2008), de Walter Benjamin

Este livro foi composto
em Adobe Garamond pela
Franciosi & Malta,
com CTP e impressão
da Edições Loyola
em papel Pólen Natural
80 g/m² da Cia. Suzano de
Papel e Celulose para a
Duas Cidades/Editora 34,
em julho de 2023.